新编21世纪职业教育精品教材

# 办公自动化
# 项目教程

主　编　陈怀珍　陈伟杰　赖建林

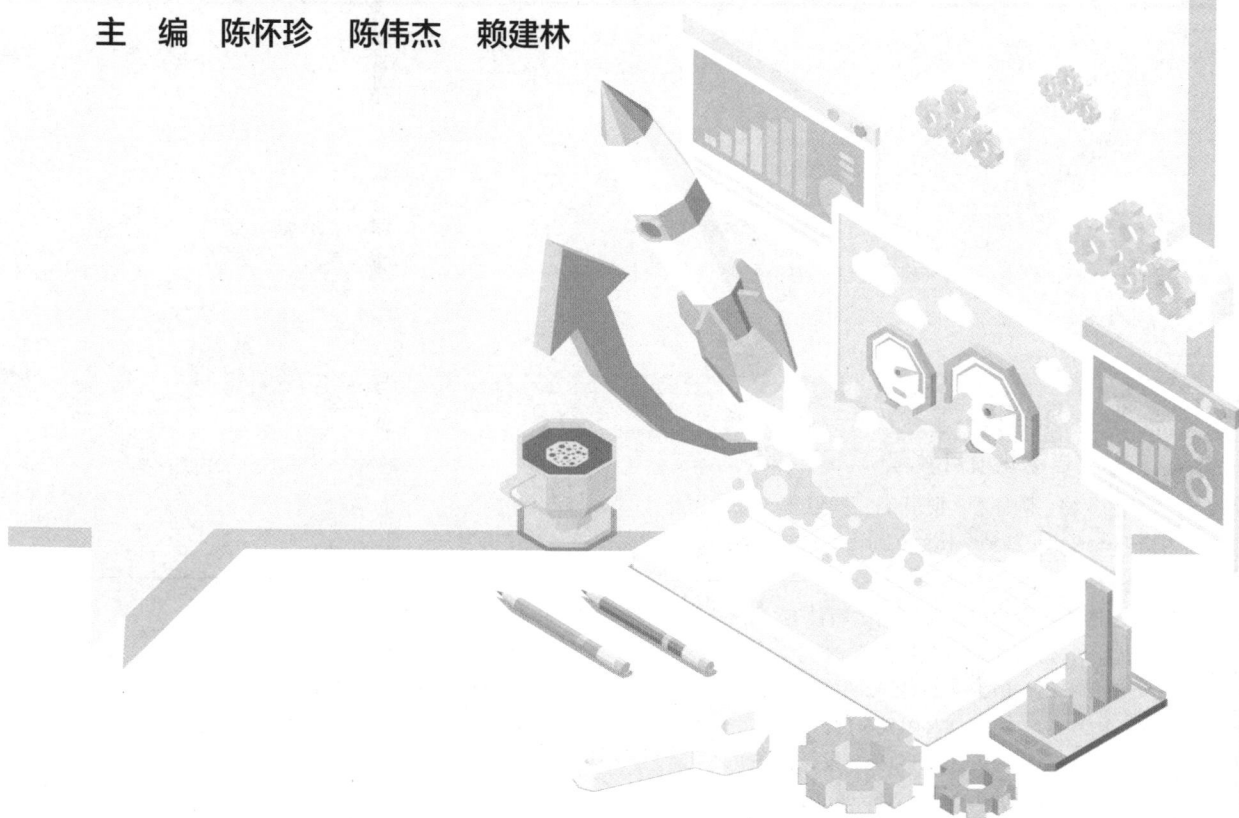

中国人民大学出版社
·北京·

**图书在版编目（CIP）数据**

办公自动化项目教程/陈怀珍，陈伟杰，赖建林主编. -- 北京：中国人民大学出版社，2024.9. --（新编21世纪职业教育精品教材）. --ISBN 978-7-300-33167-6

Ⅰ. C931.4

中国国家版本馆 CIP 数据核字第 2024S4U301 号

新编21世纪职业教育精品教材

# 办公自动化项目教程

主　编　陈怀珍　陈伟杰　赖建林

Bangong Zidonghua Xiangmu Jiaocheng

| | | |
|---|---|---|
| 出版发行 | 中国人民大学出版社 | |
| 社　　址 | 北京中关村大街31号 | 邮政编码　100080 |
| 电　　话 | 010 - 62511242（总编室） | 010 - 62511770（质管部） |
| | 010 - 82501766（邮购部） | 010 - 62514148（门市部） |
| | 010 - 62515195（发行公司） | 010 - 62515275（盗版举报） |
| 网　　址 | http://www.crup.com.cn | |
| 经　　销 | 新华书店 | |
| 印　　刷 | 天津中印联印务有限公司 | |
| 开　　本 | 787 mm×1092 mm　1/16 | 版　　次　2024年9月第1版 |
| 印　　张 | 14.75 | 印　　次　2024年9月第1次印刷 |
| 字　　数 | 390 000 | 定　　价　49.5元 |

# 编委会

主　编　陈怀珍　陈伟杰　赖建林

副主编　雷国建　卢婉婷　谢定珍　罗燕舞

参　编　黄晓旋　黎志文　周晓红　贾一竹　杨远琴

本教材以习近平新时代中国特色社会主义思想为指导，深入贯彻落实党的二十大精神，将思想道德建设与专业素质培养融为一体，着力培养爱党爱国、敬业奉献，具有工匠精神的高素质技能人才。

随着信息技术的飞速发展，我国步入了信息化、数字化高速发展的时代，信息技术在提高社会生产力的同时，也深刻地影响着社会生活的方方面面，信息处理能力已成为社会上广泛需要的职业能力，信息处理员也成为社会基层的专业技术人员。

当前，中等职业学校（以下简称中职学校）的定位发生了改变，时任教育部职业教育与成人教育司司长陈子季说，"推动中职学校多样化发展，从单纯以就业为导向转变为就业与升学并重，抓好符合职业教育特点的升学教育"。现实中，中职生无论是升学还是就业，都要求具有一定的信息技术水平。在中职职教高考"3+证书"背景下，全国计算机等级考试一级证书的含金量不断提升，各中职学校都对学生顺利获得该证书提出了相应的要求。

与传统教学方法相比，项目式教学具有以项目为主线，以学生为主体，以教师为主导，以实际应用为目的的特点。它强调学生在完成项目的过程中，通过自主学习、协作学习和探究学习等方式，掌握知识和技能，提高实际应用能力和创新能力。该方法深受学生的喜爱，也备受老师的推崇。

根据新修订的《中华人民共和国职业教育法》第三十六条的规定，职业学校在办学中可以基于职业教育标准制定人才培养方案，依法自主选用或者编写专业课程教材。为此，我们根据项目式教学的特点，结合多年中职学校计算机学科的教学经验，并根据《全国计算机等级考试一级计算机基础及 MS Office 应用考试大纲（2023 年版）》的要求，精心设计并编写了本教材。

全书共分为六个模块，各模块安排如下：

模块一：办公自动化概述，由陈怀珍和赖建林编写。主要介绍办公自动化、计算机基本概念、计算机原理、计算机组成等知识。

模块二：文件和文件夹，由陈怀珍和罗燕舞编写。主要介绍文件和文件夹的基本概念及基本操作等知识。

模块三：文字处理，由谢定珍、卢婉婷和贾一竹编写。主要介绍文字的编排、文字格式化、段落格式化、页面设置、图片和表格的设置、目录生成、邮件合并等知识。

模块四：电子表格处理，由雷国建、黎志文和杨远琴编写。主要介绍电子表格的基本知识，常用函数的应用，图表的设置，数据清单内容的排序、筛选、分类汇总，数据合并，数据透视表的建立等。

模块五：演示文稿，由陈伟杰和周晓红编写。主要介绍PPT的基本操作功能、PPT修饰和母版的制作等。

模块六：计算机网络相关知识，由赖建林和黄晓旋编写。主要介绍计算机网络的基础知识、电子邮件的发送和接收、网页的浏览和保存等知识。

全书由陈怀珍组织分工、统稿和审阅。感谢东莞市轻工业学校和普宁职业技术学校的相关领导和老师们。

因水平有限，书中难免存在错漏和不妥之处，望读者指正并提出宝贵意见，以便改进和修订。

编者

2024 年 5 月

# 目 录
CONTENTS

W | 模块五　演示文稿

W | 模块六　计算机网络相关知识

**参考文献**　/ 228

# W 模块一

# 办公自动化概述

# 项目一

## 了解办公自动化

### 📄 项目概述

本项目将学习办公自动化的概念，帮助同学们了解办公自动化的发展历程、主要技术、应用领域和未来发展趋势，并对全国计算机一级考试的概况进行介绍，帮助同学们了解一级考试题型、学习方法和考试流程，树立正确的学习观。

## 任务一　办公自动化的应用和发展

### 📖 任务描述 ▶

小明在某教育局办公室实习，实习期间，每天跟着实习指导老师完成办公室的相关工作，比如文案制作、表格制作和文件打印等。指导老师常常跟小明说，工作要注意方法，要学会用办公自动化工具来提高工作效率。本任务将带领大家了解办公自动化的概念及相关技术应用。

### 🔗 知识链接 ▶

办公自动化是指通过计算机、网络、通信等现代信息技术手段，将传统的手工办公方式转化为自动化办公方式。它涵盖了文档处理、数据处理、信息传递、决策支持等多个方面，是一种全方位、多层次的新型办公方式。

### 📘 任务实现 ▶

#### 一、办公自动化的发展历程

办公自动化的发展历程可以追溯到 20 世纪 50 年代，当时美国的一些公司开始尝试使用计算机技术来处理办公文档，这标志着办公自动化的起步。当前，随着计算机技术的不断发展，办公自动化也逐渐成熟，并经历了三个阶段，见表 1–1。

表 1–1　办公自动化发展阶段介绍

| 序号 | 阶段 | 时间 | 代表技术 | 特征 |
|------|------|------|----------|------|
| 1 | 初级阶段 | 20 世纪 80 年代以前 | 文字处理机、复印技术 | 文件处理、档案管理 |
| 2 | 发展阶段 | 20 世纪 80 年代至 20 世纪 90 年代 | 计算机、网络技术 | 数据处理、信息管理、决策支持 |

续表

| 序号 | 阶段 | 时间 | 代表技术 | 特征 |
|---|---|---|---|---|
| 3 | 高级阶段 | 21 世纪以来 | 云计算、大数据、人工智能等 | 更高效、智能化 |

## 二、办公自动化的应用领域及目标

办公自动化广泛应用于各种行业和领域，包括政府机关、企事业单位、教育科研机构等。在具体应用中，办公自动化可以帮助组织实现以下目标：

### 1. 提高工作效率

通过自动化处理文档、数据等信息，可以大大减少人工操作的时间和精力，提高工作效率。

### 2. 降低成本

通过办公自动化，组织可以实现资源的优化配置，减少人力成本，同时也可以降低其他办公成本。

### 3. 提升组织竞争力

通过办公自动化，组织可以更好地实现信息共享、决策支持等目标，提高组织的竞争力和创新能力。

随着技术的不断发展，还需要不断更新和升级办公自动化系统，以适应新的需求和技术环境。

## 三、办公自动化的发展趋势

未来，随着技术的不断发展和应用领域的不断拓展，办公自动化将呈现以下发展趋势：

### 1. 移动化

随着移动设备的普及和移动网络技术的发展，办公自动化将逐渐向移动化方向发展，员工可以随时随地使用移动设备进行办公。

### 2. 云端化

随着云计算技术的发展，越来越多的企业将采用云端化的办公自动化系统，可以节省成本和提高效率。

### 3. 智能化

随着人工智能技术的发展，未来的办公自动化系统将更加智能化，可以更好地实现自动化处理和智能化决策。

### 4. 协同化

未来的办公自动化系统将更加注重员工之间的协同合作，可以通过协同工具和社交平台等促进员工之间的沟通和协作。

# 任务二　全国计算机等级考试（一级）介绍

### 📝 任务描述 ▶

2022 年新修订的《中华人民共和国职业教育法》明确了职业学校学生在升学、就业、职业发展等方面与同层次普通学校学生享有平等机会。这为职业教育特别是中等职业教育的发展指明了方向，越来越多的中职学校开始重视"3＋证书"高考。"3＋证书"高考是中职生升学的一个重要途径，"3"指的是"语文、数学、英语"，证书可以是职业资格证书，也可以是计算机等级证书。本任务将带领大家了解全国计算机等级考试（一级）的相关规程及注意事项。

### 🔗 知识链接 ▶

根据全国计算机等级考试考试大纲（2023年版），一级计算机基础及MS Office应用考试（简称一级考试）共有4个科目：计算机基础及MS Office应用、计算机基础及WPS Office应用、计算机基础及Photoshop应用、网络安全素质教育。一级的考核内容由计算机基础知识和MS Office应用两部分组成，计算机基础知识主要是理论知识，以选择题的形式来考核；MS Office应用则考核Word 2016、Excel 2016、PowerPoint 2016几款办公软件的操作，以及Windows 7操作系统文件和文件夹的管理、使用IE上网、使用Outlook软件收发邮件。

### 📋 任务实现 ▶

## 一、一级考试题型分析

一级考试的题型分为两类：选择题和操作题。选择题考查理论测试，内容涵盖计算机基础和网络基础的理论知识。操作题考核动手操作能力。例如，设置一段文字的段落格式等。操作题的题型分别是单项选择题、基本操作题、字处理题、电子表格题、演示文稿题和上网题，见表1-2。

表1-2　全国计算机等级考试一级考试题型分布表

| 题型 | 考试内容 | 分值 | 难度解析 |
|---|---|---|---|
| 单项选择题 | 计算机基础和网络基础知识 | 20 | 理论知识点杂，需要记忆 |
| 基本操作题 | 文件/文件夹的操作 | 10 | 操作相对简单 |
| 字处理题 | 图文排版、制作表格等 | 25 | 考点多，分值多 |
| 电子表格题 | 公式或函数计算、图表制作或数据处理等 | 20 | 图表题、函数有难度 |
| 演示文稿题 | 幻灯片的制作和修饰 | 15 | 操作相对简单 |
| 上网题 | 收发邮件及附件、浏览网页和保存文件或图片 | 10 | 操作相对简单 |

## 二、一级考试备考方法

### 1. 单项选择题

单项选择题主要考查理论性知识，需要多看书，可结合本书的模块一和模块六将计算机基础知识和网络基础知识熟悉一遍，并掌握好相关的知识，再通过模拟考试刷题，提高得分率。

### 2. 基本操作题

基本操作题就是考查学生的实操能力，必须多上机练习才能熟悉操作、掌握考点。可以安装学校配套的一级题库软件，勤加练习。对于不懂的操作，可以通过阅读试题的解析来答疑解惑或者请教老师。此外，要善于总结归纳，尽管考试题库有多套试题，但其考核点是有一定范围的。在练习时不仅要提高操作的熟悉度，还要总结出操作的方法和经验，学会举一反三。

### 三、上机考试环境

考生在平时训练时，应当按考试要求配置模拟考试环境，特别是操作系统、Office 软件必须使用规定的版本，否则到了考场会因为考试环境不熟悉而紧张。全国计算机考试一级考试硬件环境和软件环境分别见表 1-3 和表 1-4。

表 1-3　全国计算机等级考试一级考试硬件环境

| 设备 | 具体要求 |
| --- | --- |
| 主机 | CPU 主频 3GHz 或以上 |
| 内存 | 2GB 或以上 |
| 显卡 | SVGA 彩显 |
| 硬盘空间 | 10GB 或以上可供考试使用的空间 |

表 1-4　全国计算机等级考试一级考试软件环境

| 项目 | 软件要求 |
| --- | --- |
| 操作系统 | Windows 10 中文版 |
| 字处理题、电子表格题、演示文稿题 | MS Office 2016 中文版（含 Word 2016，Excel 2016，PowerPoint 2016） |
| 上网题 | 浏览器：Internet Explorer；收发邮件：Outlook |

### 四、考试指南

当拿到准考证后，要清楚自己考试的时间和地点，尽量提前 1 个小时到考点，找到自己的考场，熟悉考场环境，并注意以下事项：

（1）开考前 30 分钟进入候考室，迟到考生不得进入考场。

（2）进入机房后，交验准考证和身份证，配合监考老师做好人脸识别，抽签确定上机考试的机器号，坐在抽签决定的机器号前，不允许乱坐位置。

（3）不得擅自登录与自己无关的考号或者登错考场场次。

（4）不得擅自拷贝或删除与自己无关的目录和文件。

（5）考生要遵守考场纪律，不得在考场中交头接耳、大声喧哗。

（6）考试中如出现计算机故障、死机、死循环、电源故障等异常情况（即无法进行正常考试时），应举手示意，并与监考人员联系，不得擅自关机。

（7）答题完毕后应立即离开考场，不得干扰其他考生答题。

### 五、考试流程

#### 1.登录考试系统

当考生到达指定的机位后，单击桌面的"考试系统"图标，输入准考证号，确认身份后进入考试系统。下面我们以某校的模拟考场软件讲解操作步骤。

步骤 1：启动考试系统，出现登录界面，如图 1-1 所示，输入准考证号（模拟软件用班级、姓名、学号替代），单击"下一步"，开始考试的登录过程。

步骤 2：核对好准考证信息无误后，单击"确认"按钮，软件随机抽取一份题目。

步骤 3：认真阅读有关考试的题型、分值及相关规定后，勾选"已阅读"，单击"开始考试"按钮，如图 1-2 所示，进入正式考试界面，开始作答。

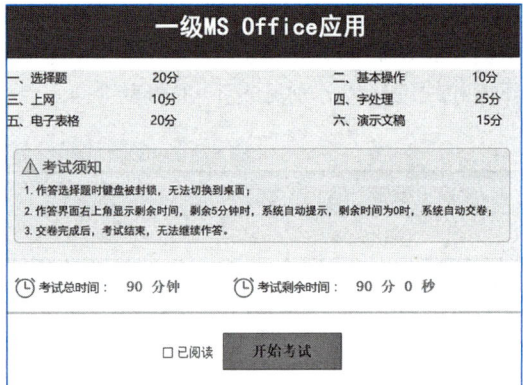

图 1-1　登录界面　　　　　　　图 1-2　单击"开始考试"按钮

### 2. 进入考试界面

当考生登录成功后就进入正式考试界面，此界面由考试信息条和考试窗口组成。

（1）考试信息条（见图 1-3）。考试信息条位于屏幕顶部，显示考生的班级、姓名、学号、考试剩余时间以及"交卷"按钮和"隐藏窗口"按钮。"隐藏窗口"按钮表示屏幕中间的考试窗口正在显示着，当用鼠标单击"隐藏窗口"按钮时，屏幕中间的考试窗口就被隐藏。

图 1-3　考试信息条

（2）考试窗口（见图 1-4）。考试窗口位于屏幕中央，用于显示试题内容、启动试题，由工具箱、题目选择按钮、考生文件夹及原始素材、题目要求显示区 4 个部分组成。

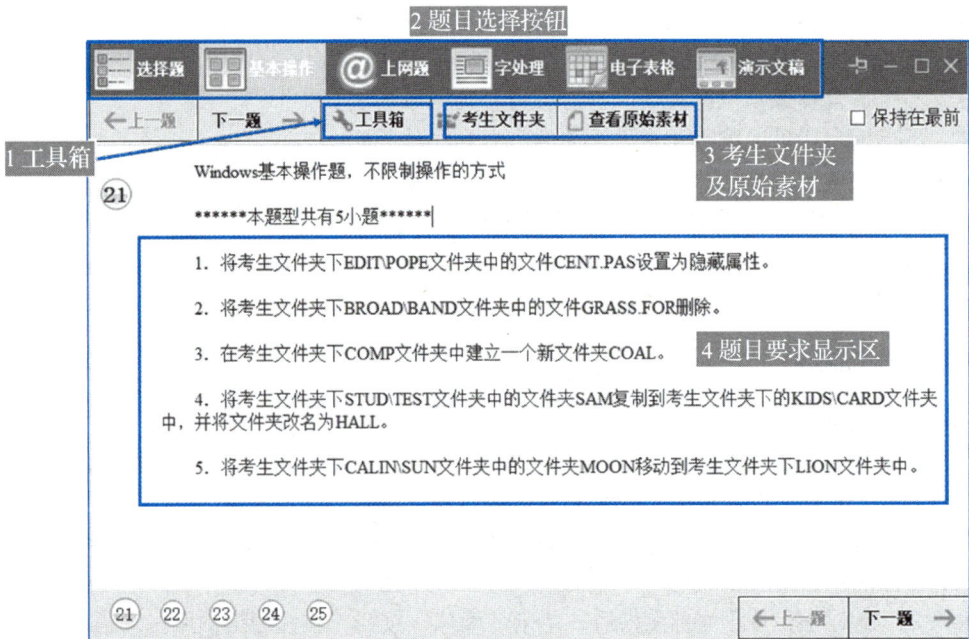

图 1-4　考试窗口

注意：单击"选择题"按钮后，会出现"开始作答"按钮，单击后可进入选择题作答界面。各组件的介绍如表1-5。

表1-5　操作界面介绍

| 序号 | 组件 | 功能 |
|---|---|---|
| 1 | 工具箱 | 通过"工具箱"中各项命令来启动对应的软件 |
| 2 | 题目选择按钮 | 单击按钮可以查看对应题型的题目要求 |
| 3 | 考生文件夹及原始素材 | 可打开考生文件夹，查看原始素材 |
| 4 | 题目要求显示区 | 用于显示不同题目的做题要求 |

### 3. 答题

当考生登录成功后，考试系统将会自动产生一个考生考试文件夹（见图1-5），该文件夹将存放该考生所有考试的内容。考生不能随意删除该文件夹以及该文件夹下与考试题目要求有关的文件及文件夹，以免在考试和评分时产生错误，影响考试成绩。

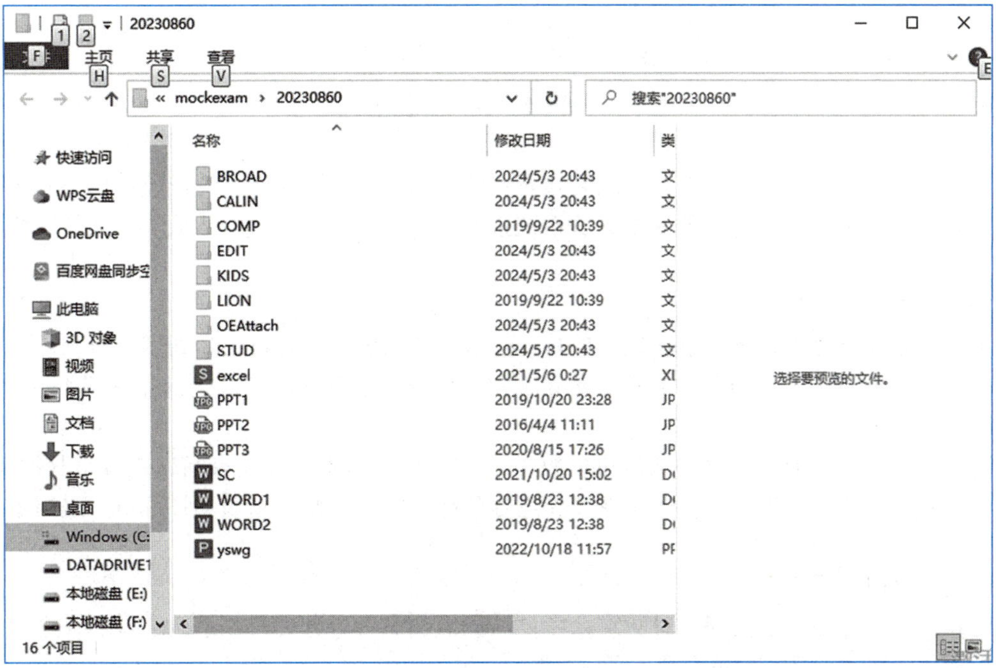

图1-5　考试系统自动产生一个考生考试文件夹

单击相应的题目选择按钮，阅读有关试题的要求，认真进行作答。

注意：在考试过程中所操作的文件和文件夹都不能脱离考生文件夹，否则将会直接影响考试成绩。做完试题，一定要将试题按要求保存在考生文件夹中。

### 4. 交卷

（1）提前交卷。

如果考生要提前结束考试并交卷，则在屏幕顶部"考试信息条"中单击"交卷"按钮，考试系统将弹出"交卷确认"提示信息框，如图1-6所示。

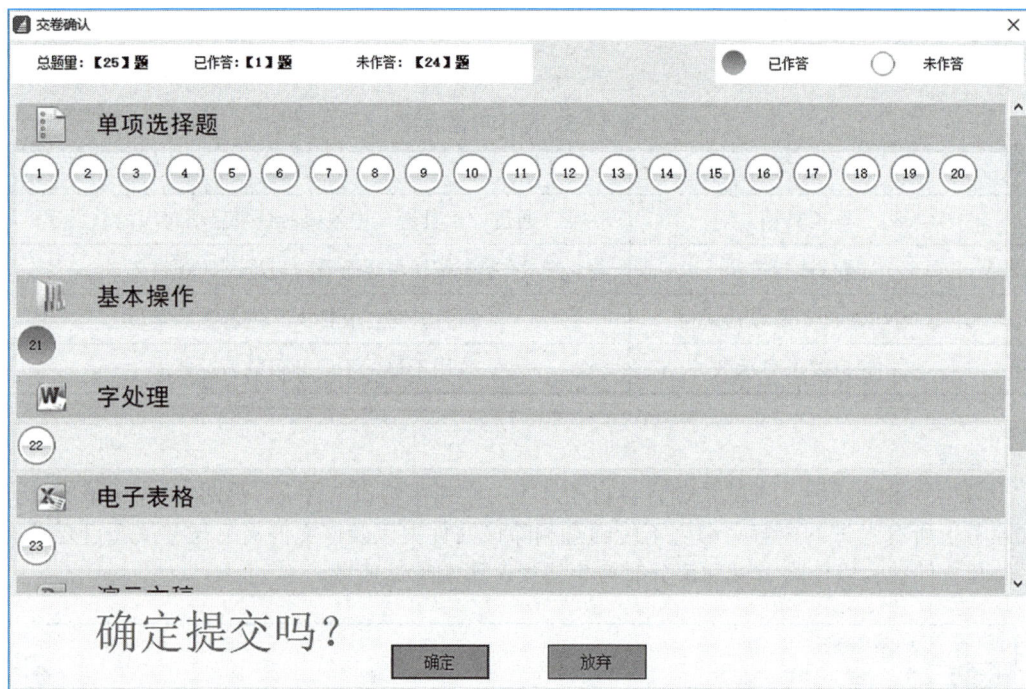

图1-6 "交卷确认"提示信息框

此时考生若单击"确定"按钮，如果还有一些应用程序没有关闭，会继续提醒要关闭相应的应用程序；如果均已关闭，则退出考试系统进行交卷处理。如果选择"放弃"按钮，则返回考试界面，继续进行考试。

（2）最终处理。

如果进行交卷处理，系统首先锁住屏幕，并显示"系统正在进行交卷处理，请稍候！"，当系统完成了交卷处理，在屏幕上显示"交卷正常，请输入结束密码："。至此，考生结束考试，可以离开考场。

如果出现"交卷异常，请输入结束密码："，说明这个考生文件夹有问题或者是其他问题，此时就必须请监考老师来解决。如果在交卷过程中出现死机，则重新启动计算机，进行第二次登录后再交卷。

（3）考试时间用完。

考试过程中，系统会为考生计算剩余考试时间。在剩余5分钟时，系统会显示一个提示信息，提示考生注意存盘并准备交卷。

---

### ⊘ 温馨提示

全国计算机等级考试一级考试一般每年举行两次，分别在3月和9月，部分省份12月会增加1次。报名一般都在每年的6月和1月，报名时一定要选择好考点，尽量按就近原则选择，如果本校是考点，最好选择自己的学校。考试成绩一般在考试后一个月左右公布，考生可以通过登录报名系统，输入自己的身份证号或者准考证号进行查询。所以提醒大家一定要提前做好报名准备。

## 项目小结

　　本项目介绍了办公自动化的概念及全国计算机等级考试一级计算机基础和 MS Office 应用考试的概况。通过对本项目的学习，应重点掌握以下知识点：

　　（1）办公自动化的概念及发展趋势。

　　（2）全国计算机等级考试的题型及考试范围。

　　（3）全国计算机等级考试的备考方法。

　　（4）全国计算机等级考试软件的使用流程。

# 项目二

# 计算机基础知识

## 项目概述

本项目将学习计算机基础知识，帮助学生了解计算机的发展历史、特点、应用、分类和未来发展趋势；学习信息的表示与存储，帮助学生了解数制的概念，掌握不同进制之间的转换，认识并理解常见的编码；了解多媒体技术、计算机病毒与其防治的方法。

# 任务一　计算机概述

## 任务描述

计算机诞生于 20 世纪中叶，是人类最伟大的技术发明之一，它的出现和广泛应用把人类从繁重的脑力劳动中解放出来，提高了社会各个领域中信息收集、处理和传播的速度与准确性，直接促进了人类向信息化社会的迈进。本任务将带领同学们了解计算机的发展简史。

## 知识链接

计算机俗称电脑，其英文是 Computer。它是一种能高速运算、具有内部存储能力、由程序控制其操作过程及自动进行信息处理的电子设备。目前，计算机已成为我们学习、工作和生活中使用最广泛的工具之一。

## 任务实现

### 一、计算机发展简史

1946 年，世界上第一台电子数字积分式计算机（简称 ENIAC）在美国宾夕法尼亚大学研制成功。这台计算机研制的初衷是计算弹道和研制氢弹，其结构复杂、体积庞大，但功能远不及现代的一台普通微型计算机。

ENIAC 的诞生宣告了电子计算机时代的到来，其意义在于奠定了计算机发展的基础，开辟了计算机科学技术的新纪元。从第一台电子计算机诞生到现在，计算机技术经历了大型机阶段和微型机阶段。在计算机研制过程中，美籍匈牙利数学家、计算机科学家冯·诺依曼总结了 3 大要点：

（1）采用二进制。在计算机内部，程序和数据采用二进制代码表示。

（2）存储程序控制。程序和数据存放在存储器中，即采用程序存储的概念。计算机执行程序时无须人工干预，能自动、连续地执行程序，并得到预期的结果。

（3）由运算器、控制器、存储器、输入设备和输出设备 5 个基本部件构成。它们之间的关系如图 1-7 所示。

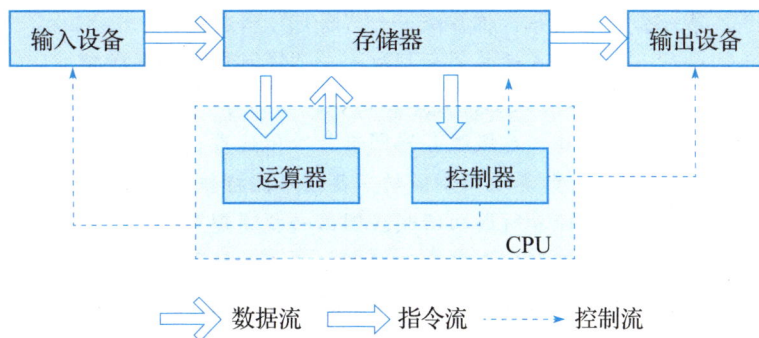

图 1-7　ENIAC 的 5 个基本部件及它们之间的关系

人们通常根据计算机所采用电子元器件的不同将计算机的发展过程划分为电子管、晶体管、中小规模集成电路、超大规模集成电路 4 个阶段，分别称为第一代至第四代计算机，见表 1-6。在这 4 个阶段的发展过程中，计算机的体积越来越小，功能越来越强，价格越来越低，应用越来越广泛。

表 1-6　计算机的发展过程

| 阶段 | 时间 | 元器件 | 特点 | 运用领域 | 代表性机型 |
|---|---|---|---|---|---|
| 第一代计算机 | 1946—1959 年 | 电子管 | 体积大、造价贵、速度低、存储容量小、可靠性差、不易掌握及维护 | 军事和科学研究 | UNIVAC-I |
| 第二代计算机 | 1959—1964 年 | 晶体管 | 体积小、重量轻、耗电量少、速度快、可靠性高、工作稳定 | 数据处理和事务处理 | IBM-7000 系列机 |
| 第三代计算机 | 1964—1972 年 | 中小规模集成电路 | 功耗、体积、价格等进一步下降，而速度及可靠性相应提高 | 科学计算、数据处理以及过程控制 | IBM-360 系列机 |
| 第四代计算机 | 1972 年至今 | 超大规模集成电路 | 体积、重量、功耗进一步减小 | 社会各个领域 | IBM 4300/3080/3090/9000 系列机 |

### 知识拓展

我国对计算机的研究起步晚、起点低，但随着改革开放的深入和国家对高新技术的扶持、对创新能力的提倡，计算机技术的水平正在逐步提高。我国计算机技术的发展历程如下所述。
- 1956 年，开始研制计算机。
- 1958 年，第一台电子管计算机——103 机研制成功。
- 1959 年，104 机研制成功，这是我国第一台大型通用数字电子计算机。
- 1964 年，第二代晶体管计算机研制成功。
- 1971 年，以集成电路为主要元器件的 DJS 系列机研制成功。

- 1983 年，我国第一台亿次巨型计算机——"银河"诞生。
- 1992 年，10 亿次巨型计算机——"银河Ⅱ"诞生。
- 1995 年，第一套大规模并行机系统——"曙光"研制成功。
- 1997 年，每秒 130 亿浮点运算的巨型机——"银河Ⅲ"研制成功。
- 1998 年，"曙光 2000-I"诞生，其峰值运算速度为每秒 200 亿次浮点运算。
- 1999 年，"曙光 2000-Ⅱ"超级服务器问世，峰值速度达每秒 1 117 亿次。
- 1999 年，"神威"并行计算机研制成功，其技术指标位居世界第 48 位。
- 2001 年，中国科学院计算所成功研制我国第一款通用 CPU——"龙芯"芯片。
- 2002 年，我国第一台拥有完全自主知识产权的"龙腾"服务器诞生。
- 2005 年，联想集团并购 IBM PC（Personal Computer，个人计算机），一跃成为全球第三大 PC 制造商。
- 2008 年，我国自主研发制造的百万亿次超级计算机——"曙光 5000"获得成功。
- 2009 年，国内首台百万亿次超级计算机——"魔方"在上海正式启用。第一台千万亿次超级计算机——"天河一号"亮相，其峰值运算速度达到千万亿次 / 秒。
- 2013 年 5 月，国防科技大学研制出"天河二号"，其峰值运算速度达到亿亿次 / 秒。
- 2016 年 6 月，由国家并行计算机工程技术研究中心研制的"神威·太湖之光"成为世界上第一台突破 10 亿亿次 / 秒的超级计算机。
- 2020 年 6 月，中国科学技术大学研制的"九章"量子计算机原型机，实现了"高斯玻色取样"任务的快速求解，处理速度是当时最快超级计算机处理速度的 100 万亿倍。
- 2021 年 5 月，国家超级计算无锡中心的"神威·太湖之光"超级计算机，以每秒 1.3 亿亿次的峰值性能和每秒 9.3 亿亿次的持续性能，连续四次位居全球超级计算机 TOP500 排行榜首位。
- 2021 年 10 月，国防科技大学研制的"天河三号"原型机通过验收，其理论峰值性能达到每秒 1.3 亿亿次。
- 2022 年 5 月，国家超级计算济南中心的"神威·太湖之光"超级计算机，以每秒 1.44 亿亿次的峰值性能，再次位居全球超级计算机 TOP500 排行榜首位。
- 2023 年 6 月，中国科学院计算技术研究所研制的"光量子计算原型机"，实现了"量子随机数生成"任务的快速求解，处理速度比当时最快的超级计算机快 10 万亿倍。

## 二、计算机的特点

计算机具有以下特点。

### 1. 运算速度快

现在运算速度高达 10 亿次 / 秒的计算机，使过去人工计算需要几年或几十年完成的科学计算能在几小时或更短时间内完成。

### 2. 计算精度高

随着字长的增加和配合先进的计算技术，计算机的高精度计算能力解决了其他计算工具根本无法解决的问题。

### 3. 存储容量大

主存储器（内存）的容量越来越大；辅助存储器（外存）随着大容量的磁盘、光盘、U 盘等外部存储器的发展，存储容量达到海量。

### 4. 可靠性高

计算机发展到今天，其可靠性很高，一般很少发生错误。人们通常所说的"计算机错误"，其实大多是计算机的外设错误和人为造成的错误。

### 5. 全自动工作

在编制好的程序控制下自动工作，不需要人工干预，工作完全自动化。

### 6. 适用范围广，通用性强

计算机预先将数据编制成计算机识别的编码，将问题分解成基本的算术运算和逻辑运算，再通过编制和运用不同的软件，就可以解决大部分复杂的问题。

## 三、计算机的应用

计算机技术的发展极大地推动了现代社会的变革，其应用领域广泛，涉及科学、工业、教育、娱乐等多个方面。计算机涉及的应用领域主要分为以下几类：

（1）科学计算（数值计算）：计算机在科学计算中的应用非常广泛，它能够处理复杂的数学问题，为科学研究提供强大的计算支持。例如，在天体物理学中，计算机模拟可以帮助科学家理解星系的形成和演化；在生物学中，计算机辅助的基因序列分析加速了对遗传信息的解码。

（2）信息处理（数据处理）：在商业和政府机构中，计算机被用于处理和分析大量数据，以支持决策制定。数据库管理系统（DBMS）和数据仓库是信息处理中的关键技术。

（3）过程控制：在工业自动化中，计算机实时监控和控制生产过程，提高了效率和安全性。例如，自动化生产线可以根据实时数据调整生产参数。

（4）计算机辅助设计和辅助制造：CAD 和 CAM 技术使得设计和制造过程更加高效和精确。CIMS 技术整合了设计、制造和管理，进一步提升了生产自动化水平。

（5）网络通信：互联网的发展极大地促进了信息的共享和交流。网络技术包括但不限于网络协议、数据传输、网络安全等。

（6）人工智能：AI 技术模仿人类智能，可以执行学习、推理、感知和语言处理等任务。AI 在医疗、金融、自动驾驶等领域有广泛应用。

（7）多媒体：计算机技术使得多媒体内容的创建、编辑和分发成为可能，极大地丰富了人们的娱乐生活。

（8）嵌入式系统：嵌入式系统在消费电子和工业控制设备中无处不在，它们通常体积小、功耗低，用于执行特定的控制任务。

计算机的这些应用领域相互交织，共同推动了技术进步和社会的发展。随着技术的不断进步，计算机的应用领域还将继续扩展和深化。

## 四、计算机的分类

依照不同的标准，计算机有多种分类方法，常见的分类有以下几种。

### 1. 按性能分类

按计算机的主要性能，如字长、存储容量、运算速度、外部设备以及允许同时使用一台计算机的用户数量等，计算机可分为超级计算机、大型计算机、小型计算机、微型计算机、工作站和服务器 6 类。这是最常用的分类方法。

（1）超级计算机（也称巨型机）主要用于气象、太空、能源和医药等领域以及战略武器研制的复杂计算中，如美国的 Cray-1、Cray-2、Cray-3 等计算机，中国的"银河""曙光""神威"等计算机。

（2）大型计算机主要应用于大型软件企业、商业管理和大型数据库，也可用作大型计算机网络的主机，如 IBM 4300、IBM 9000 系列。

（3）小型计算机的价格低廉，适合中小型单位使用，如 DEC 公司的 VAX 系列，IBM 公司的 AS/4000 系列。

（4）微型计算机（也称个人计算机）小巧、灵活，一次只允许一个用户使用，如台式机、笔记本电脑、便携机、掌上电脑、PDA 等。

（5）工作站主要应用于图像处理、计算机辅助设计以及计算机网络等领域。

（6）服务器通过网络对外提供服务。相对于普通 PC 来说，其对稳定性、安全性、性能等方面的要求更高。

### 2. 按处理数据的类型分类

按处理数据的类型不同，可将计算机分为数字计算机、模拟计算机和混合计算机。

### 3. 按使用范围分类

按使用范围大小，计算机可以分为专用计算机和通用计算机。

## 五、计算机科学研究与应用

计算机科学研究与应用是推动现代科技革命和社会发展的关键力量。随着新技术的不断涌现，计算机科学已经渗透到社会的各个层面，并在以下几个主要领域发挥着重要作用：

### 1. 人工智能（AI）

AI 是计算机科学的一个核心领域，它致力于创造能够模拟、延伸和扩展人类智能的智能系统。AI 技术正在推动机器人技术、自动化、数据分析、医疗诊断、语言识别和自然语言处理等领域的发展。

### 2. 网格计算

网格计算是一种分布式计算模式，它通过网络将地理上分散的计算机资源整合起来，形成一个虚拟的超级计算机。这种计算模式特别适合于解决大规模的科学计算问题，如气候模拟、生物信息学分析等。

### 3. 中间件

中间件是位于应用软件和操作系统之间的软件层，它提供了一种标准化的方式来促进不同应用程序之间的通信和数据交换。中间件的应用简化了复杂系统的开发和维护，提高了软件的互操作性和可扩展性。

### 4. 云计算

云计算代表了一种新的计算资源使用和交付模式。它允许用户通过网络访问大量的计算资源和服务，而无须关心底层的硬件和软件基础设施。云计算的弹性、按需服务和成本效益等特点，使其成为支持大数据、移动计算和社交网络等现代应用的关键技术。

---

📝 **知识拓展**

随着技术的不断进步，计算机科学研究还将继续拓展到更多的领域，如：

物联网（IoT）：通过嵌入式系统将物理设备连接到互联网，实现智能化的监测和控制。

区块链技术：一种分布式账本技术，通过加密和共识机制确保数据的安全性和不可篡改性。

　　量子计算：利用量子力学的原理进行计算，有望解决传统计算机难以处理的复杂问题。

　　虚拟现实（VR）和增强现实（AR）：通过计算机生成的模拟环境提供沉浸式的用户体验。

### 六、未来计算机的发展趋势

未来计算机的发展趋势将朝着巨型化、微型化、网络化、智能化方向发展。而未来新一代的计算机将诞生模糊计算机、生物计算机、光子计算机、超导计算机、量子计算机。

#### 1. 巨型化

巨型化是指计算机向高速运算、大存储容量和强功能的方向发展。巨型计算机的运算能力一般在每秒百亿次以上、内存容量在几百吉字节以上。巨型计算机的发展集中体现了计算机科学技术的发展水平，主要用于尖端科学技术和军事、国防系统等的研究开发。

#### 2. 微型化

微型化是指计算机系统的体积更小、功能更强、可靠性更高、携带更方便、价格更便宜、适用范围更广。微型计算机可以渗透到仪表、家电、导弹弹头等小型机无法进入的领域。

#### 3. 网络化

计算机网络是计算机技术发展的又一重要分支，是现代通信技术与计算机技术相结合的产物。网络化就是利用现代通信技术和计算机技术，将分布在不同地点的计算机连接起来，按照网络协议互相通信，共享软件、硬件和数据资源。

#### 4. 智能化

第五代计算机要实现的目标是"智能"，让计算机来模拟人的感觉、行为、思维过程，使计算机具有视觉、听觉，具备语言、推理、思维、学习等能力，成为智能型计算机。

# 任务二　信息的表示与存储

### 📖 任务描述 ▶

　　计算机科学中的信息通常被认为是能够用计算机处理的有意义的内容或消息，它们以数据的形式出现，如数值、文字、语言、图形、图像等。信息不仅维系着人类的生存和社会的发展，而且在不断地推动着经济的发展。本任务探索计算机信息的表示与存储的方法、数制的转换和编码规则。

### 🔗 知识链接 ▶

　　为了让计算机能处理及存储各种数据，如数字、字母、符号、汉字等，必须先将这些数据转换为计算机能够识别和处理的二进制数字。计算机内部之所以采用二进制数来表示信息，是因为二进制只需要两个数字符号"0"和"1"，而计算机的电路中，刚好反映出这两种物理状态。脉冲有无、电位高低或磁性正负，都可以用"0"和"1"来表示（如用低电平表示"0"，用高电平表示"1")。如图 1-8 所示，每一个二进制数都要用一连串电子器件的"0"或"1"状态来表示，如用 8 位二进制表示一个数据，可以用 $b_0 b_1 \cdots b_7$ 标注每一位。

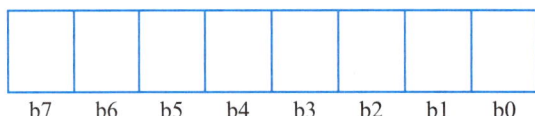

图 1-8　8 位二进制表示一个数据

### 任务实现 ▶

### 一、数制的基本概念

数制也称进位计数制，它是按照进位方式计数的一种表示数的方法。进位计数制有数码、数位、基数、位权等要素。使用 $R$ 个数字符号来表示数据，按 $R$ 进位的方法进行计数，称为 $R$ 进位计数制，简称 $R$ 进制。对于任意具有 $n$ 位整数的 $R$ 进制数有同样的基数 $R$、位权 $R^i$（其中 $i = n - 1$）和按权展开表示式。

（1）数码：是数制中表示基本数值大小的不同数字符号。

例如：十进制有 0、1、2、3、4、5、6、7、8、9 共 10 个数码，二进制有 0、1 共 2 个数码。

（2）数位：是指数码在一个数中所处的位置。从右到左数起分别为第 0 位、第 1 位、第 2 位、……、第 $N$ 位。

（3）基数：是数制所使用数码的个数，常用 $R$ 来表示。

例如：二进制数码的个数为 2，所以基数为 2，可以表示为 $R = 2$；十进制数码的个数为 10，所以基数为 10，可以表示为 $R = 10$。

（4）位权：数制中每一固定位置对应的单位值称为位权。整数部分第 $n$ 位数码的位权等于基数的 $n - 1$ 次方。

例如：十进制数 123，基数 $R = 10$，从高位到低位的位权分别为 $10^2$、$10^1$、$10^0$；二进制数 1011，基数 $R = 2$，从高位到低位的位权分别为 $2^3$，$2^2$，$2^1$，$2^0$。

既然有不同的数制，那么在计算机程序中给出一个数时就必须指明它属于哪种数制，否则计算机程序就不知道该把它看成是哪一种数了。例如：11 这个数，既可能是二进制，也可能是八进制或者十进制，所以"数"需要有专门的标记来进行区分。默认情况下，十进制数不需要特别标记。

二进制数、八进制数、十进制数和十六进制数如表 1-7 所示。

表 1-7　二进制数、八进制数、十进制数和十六进制数

| 进制数 | 数码 | 进位 | 标记 |
| --- | --- | --- | --- |
| 二进制 | 两个数码：0 和 1 | 逢二进一 | B |
| 八进制 | 八个数码：0～7 | 逢八进一 | O |
| 十进制 | 十个数码：0～9 | 逢十进一 | D |
| 十六进制 | 十六个数码：0～9、A～F | 逢十六进一 | H |

十进制数与二、八、十六进制数对照表如表 1-8 所示。

表1-8 十进制数与二、八、十六进制数对照表

| 十进制 | 二进制 | 八进制 | 十六进制 | 十进制 | 二进制 | 八进制 | 十六进制 |
|---|---|---|---|---|---|---|---|
| 0 | 0000 | 00 | 0 | 8 | 1000 | 10 | 8 |
| 1 | 0001 | 01 | 1 | 9 | 1001 | 11 | 9 |
| 2 | 0010 | 02 | 2 | 10 | 1010 | 12 | A |
| 3 | 0011 | 03 | 3 | 11 | 1011 | 13 | B |
| 4 | 0100 | 04 | 4 | 12 | 1100 | 14 | C |
| 5 | 0101 | 05 | 5 | 13 | 1101 | 15 | D |
| 6 | 0110 | 06 | 6 | 14 | 1110 | 16 | E |
| 7 | 0111 | 07 | 7 | 15 | 1111 | 17 | F |

计算机中采用二进制数制是因为二进制具有如下特点：

（1）简单可行，容易实现。

（2）运算规则简单。以加法为例，二进制加法规则是"逢二进一"。

（3）适合逻辑运算。

## 二、数制间的转换

通常，数制间的转换较为复杂，方法也比较多，详细参考图1-9，而在一级考试中常见的考查内容是二进制转十进制、十进制转二进制，我们将重点介绍。

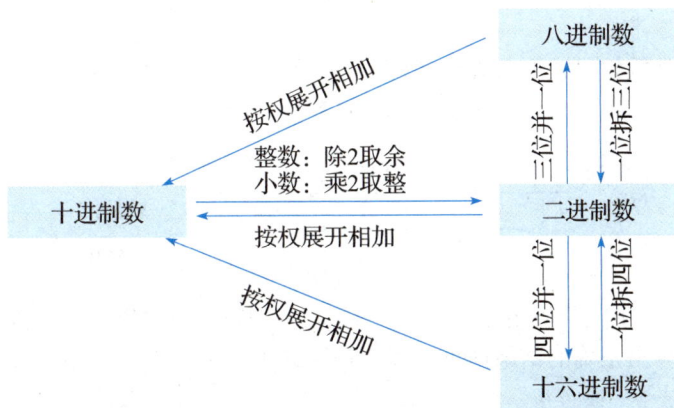

图1-9 数制间的转换

### 1.二进制转十进制

基本原理：将二进制数从右边开始，往左从0开始对各位进行正序编号，即0，1，2，3…到最高位为止，然后分别将各个位上的数乘以2的$n$次幂，对所得的值求和，其中$n$的值为各个位所对应的上述编号。

例如，将二进制数（1101）$_2$转换为十进制数，其转换式结果如下：

$$(1101)_2 = 1 \times 2^3 + 1 \times 2^2 + 0 \times 2^1 + 1 \times 2^0 = 8 + 4 + 0 + 1 = (13)_{10}$$

十六进制转十进制基本原理：与二进制转化为十进制原理一致，只是将各个位上的数乘以 16 的 $n$ 次幂，对所得的值求和，其中 $n$ 的值为各个位所对应的编号。例如，将十六进制 $(A6D)_{16}$ 转换成十进制数，转换式结果如下：

$$(A6D)_{16} = 10 \times 16^2 + 6 \times 16^1 + 13 \times 16^0 = 2560 + 96 + 13 = (2669)_{10}$$

**2. 十进制转二、八、十六进制**

（1）将十进制整数转换成二进制整数，遵循"除 2 取余数，逆序排列"的原则。

例如：把 $(27)_{10}$ 转成二进制。结果：$(27)_{10} = (11011)_2$。

| 2 | 27 | 余数 | |
|---|----|------|---|
| 2 | 13 | 1 | 最低位 |
| 2 | 6 | 1 | |
| 2 | 3 | 0 | |
| 2 | 1 | 1 | |
| | 0 | 1 | 最高位 |

（2）将十进制整数转换成八进制整数，遵循"除 8 取余数，逆序排列"的原则。

例如：将 $(99)_{10}$ 转换为八进制。结果：$(99)_{10} = (143)_8$。

| 8 | 99 | 余数 | |
|---|----|------|---|
| 8 | 12 | 3 | 最低位 |
| 8 | 1 | 4 | |
| | 0 | 1 | 最高位 |

（3）将十进制整数转换成十六进制整数，遵循"除 16 取余数，逆序排列"的原则。

例如：将 $(135)_{10}$ 转换为十六进制。结果：$(135)_{10} = (87)_{16}$。

| 16 | 135 | 余数 | |
|----|-----|------|---|
| 16 | 8 | 7 | 最低位 |
| | 0 | 8 | 最高位 |

注意：在做除法的时候不要出错，结果应该"逆序排列"，否则功亏一篑。我们在一级考试的时候，往往只要算出正确的结果即可，并不需要列出计算过程。因此，为了降低出错率，这里再介绍另一种方法——凑位法。

凑位法：依次默写出 8 位二进制的位权值，把要转换的数依次和每个位权值比较，比该位权值大，则取 1，否则，取 0。

例如：将十进制数（27）$_{10}$ 转成二进制。

| 128 | 64 | 32 | 16 | 8 | 4 | 2 | 1 |
|-----|----|----|----|----|----|----|----|
| 0 | 0 | 0 | 1 | 1 | 0 | 1 | 1 |

第 1 步：27 和 128 比较，比 128 小，该位取 0。

第 2 步：27 和 64 比较，比 64 小，该位取 0。

第 3 步：27 和 32 比较，比 32 小，该位取 0。

第 4 步：27 和 16 比较，比 16 大，该位取 1，取完后，数值余数 27 − 16 = 11。

第 5 步：11 和 8 比较，比 8 大，该位取 1，取完后，数值余数 11 − 8 = 3。

第 6 步：3 和 4 比较，比 4 小，该位取 0，继续往后面比较。

第 7 步：3 和 2 比较，比 2 大，该位取 1，取完后，数值余数 3 − 2 = 1。

第 8 步：1 和 1 比较，一样大，该位取 1，余数 1 − 1 = 0，数值刚好取完。

所以，$(27)_{10} = (00011011)_2$，即从 0 ～ 128 这 8 个数中，凑出 16 + 8 + 2 + 1 = 27。

### 三、计算机内的数据

由于在计算机内部指令和数据都是用二进制表示的，因此，计算机系统中信息存储、处理也都是以二进制数为基础的。计算机中的数分为整数和浮点数，整数分有符号数和无符号数，计算机中的地址和指令通常用有符号数表示。有符号数最高位为符号位，用 0 表示正，用 1 表示负，而无符号数的最高位也是数值的一部分。计算机中的数据常用的单位有位（bit）、字节（Byte）、字（Word）和字长。

#### 1. 位（bit）

位是计算机中最小的数据单位，存放一位二进制数，即 0 或 1。它是存储器存储信息的最小单位，也叫作"比特"，通常用"bit"或"b"来表示。

#### 2. 字节（Byte）

字节是计算机中表示存储容量的最常用的基本单位。一个字节由 8 位二进制数组成，通常用"B"表示。

#### 3. 字（Word）

在计算机处理数据时，一次存取、处理和传输的数据长度称为字。字是二进制数码作为一个整体参加运算或处理的单位，一个字通常由一个或多个字节构成，用来存放一条指令或一个数据。

#### 4. 字长

计算机中用字长来表示数据或信息的长度，它由若干个字节组成，通常把组成一个字的二进制位数叫作该字的字长。字长一般由计算机本身性能决定，它事实上是允许数据进出 CPU 的宽度，字长是计算机性能的一个重要指标，字长越长，同一时间内传输数据越多，计算机运行速度就越快。

例如：一个字由两个字节（16 位）组成，则字长为 16 位；

一个字由四个字节（32 位）组成，则字长为 32 位；

一个字由八个字节组成，则字长为 64 位。

现代计算机中存储数据是以字节作为处理单位的，如一个英文（西文字符、数字）用一个字节表示，而一个汉字和国标图形字符需用两个字节表示。常见的存储单位如表 1–9 所示。

表 1–9　常见的存储单位

| 单位 | 名称 | 含义 | 说明 |
|---|---|---|---|
| bit | 位 | 表示 1 个 0 或 1，称为 1bit | 最小的数据单位 |

续表

| 单位 | 名称 | 含义 | 说明 |
|------|------|------|------|
| B | 字节 | 8bit 为 1B | 数据处理的基本单位 |
| KB | 千字节 | $1KB = 1024B = 2^{10}B$ | 适用于文件计量 |
| MB | 兆字节 | $1MB = 1024KB = 2^{20}B$ | 适用于内存、软盘、光盘计量 |
| GB | 吉字节 | $1GB = 1024MB = 2^{30}B$ | 适用于硬盘的计量单位 |
| TB | 太字节 | $1TB = 1024GB = 2^{40}B$ | 适用于硬盘的计量单位 |

## 四、字符的编码

### 1. 西文字符的编码

计算机中常用的字符（西文字符）编码有两种：EBCDIC（Extended Binary Coded Decimal Interchange Code）码和 ASCII（American Standard Code for Information Interchange）码。微型计算机通常采用 ASCII 码，它用于将特定的数字值与字符进行对应。ASCII 码通常分为 7 位码（标准 ASCII 码）和 8 位码两个版本。

7 位码：最初的 ASCII 码使用 7 位二进制数来表示这 128 个字符，因此可以表示 $2^7 = 128$ 个不同的字符。

8 位码：随着计算机技术的发展，ASCII 码被扩展到 8 位，即一个字节，这样可以表示 $2^8 = 256$ 个字符，这为更多字符和符号提供了空间。

通常，计算机存储器在存放 ASCII 码时，占用一个字节 1Byte = 8bit（计算机在存放 ASCII 码时，只占用 1 个字节的右 7 位，最左位补 0，形式如 0xxxxxxx）。标准 ASCII 码表如表 1-10 所示。

表 1-10　标准 ASCII 码表

| $b_3b_2b_1b_0$ \ $b_6b_5b_4$ | 000 | 001 | 010 | 011 | 100 | 101 | 110 | 111 |
|------|-----|-----|-----|-----|-----|-----|-----|-----|
| 0000 | NUL | DLE | SPACE | 0 | @ | P | ` | p |
| 0001 | SOH | DC1 | ! | 1 | A | Q | a | q |
| 0010 | STX | DC2 | " | 2 | B | R | b | r |
| 0011 | ETX | DC3 | # | 3 | C | S | c | s |
| 0100 | EOT | DC4 | $ | 4 | D | T | d | t |
| 0101 | ENQ | NAK | % | 5 | E | U | e | u |
| 0110 | ACK | SYN | & | 6 | F | V | f | v |
| 0111 | BEL | ETB | ' | 7 | G | W | g | w |
| 1000 | BS | CAN | ( | 8 | H | X | h | x |
| 1001 | HT | EM | ) | 9 | I | Y | i | y |
| 1010 | LF | SUB | * | : | J | Z | j | z |
| 1011 | VT | ESC | + | ; | K | [ | k | { |

续表

| b₃b₂b₁b₀ ＼ b₆b₅b₄ | 000 | 001 | 010 | 011 | 100 | 101 | 110 | 111 |
|---|---|---|---|---|---|---|---|---|
| 1100 | FF | FS | , | < | L | \ | l | \| |
| 1101 | CR | GS | - | = | M | ] | m | } |
| 1110 | SO | RS | . | > | N | ^ | n | ~ |
| 1111 | SI | US | / | ? | O | _ | o | DEL |

注意：一级考试中，常常考查比较字符的 ASCII 码值大小。一般来说，可见控制符＜数字＜大写字母＜小写字母。例如，空格的 ASCII 码是 32，！的 ASCII 码是 33，0 的 ASCII 码是 48，A 的 ASCII 码是 65，Z 的 ASCII 码是 90，a 的 ASCII 码是 97，z 的 ASCII 码是 122。

### 📝 知识拓展

例题：已知字符"X"的 ASCII 码为 0101 1000（16 进制为 58H），求字符"s"的 ASCII 码。

解：0101 1000 的 10 进制数为 88（用凑位法 64＋16＋8）。

由 ASCII 码表得知，从 X 到 s 中间隔着 Y 和 Z 两个大写字母、6 个特殊符号、19 个小写字母，故得出 s 的排位是 88＋2＋6＋19＝115。

把 115 转换为二进制数为 0111 0011（其十六进制为 73H）。

#### 2. 汉字的编码

（1）汉字输入码（外码）。

汉字输入码有许多种不同的编码方案，大致分为以下几类，如表 1-11 所示。

表 1-11　汉字输入码的编码分类

| 序号 | 类型 | 代表 |
|---|---|---|
| 1 | 音码 | 全拼输入法、双拼输入法 |
| 2 | 形码 | 五笔字型输入法 |
| 3 | 音形码 | 自然码输入法 |
| 4 | 数字码 | 区位输入法 |

（2）汉字内码。

汉字内码是为在计算机内部对汉字进行处理、存储和传输而编制的汉字编码。一个汉字的内码用两个字节存储。国标码（汉字信息交换用编码字符集）是中国国家标准局为了统一汉字的计算机编码而制定的一系列标准。国标码可以作为汉字输入码。国标码与内码之间的关系：内码＝汉字的国标码＋$(8080)_{16}$。

在汉字的编码体系中，将国标码转换为计算机内部使用的内码（机内码）时，需要对国标码的每个字节进行处理，以避免与 ASCII 码产生冲突。由于 ASCII 码的字符范围是 0 至 127（7 位），因此在设计汉字编码时，需要将汉字编码的数值设在 ASCII 码范围之外，以保证两者不会混淆。

国标码的取值范围是 32 至 126（十六进制为 20H 至 7EH），为了将国标码转换为内码，需要进行以下操作：

1）最高位加 1：由于国标码的每个字节的最高位是 0，为了区分 ASCII 码和汉字编码，需要将每个字节的最高位从 0 变为 1。

2）加上 128：由于计算机中每个字节由 8 位二进制组成，数值范围从 0 至 255（十六进制为 00H 至 FFH）。为了将国标码的数值范围移出 ASCII 码的范围，需要将每个字节的数值加上 128（十六进制为 80H）。

3）内码计算：因此，如果用十六进制表示，内码 = 国标码 + 8080H。这意味着，对于国标码的高字节和低字节，各自加上 80H，得到内码的高字节和低字节。

例如，如果某个汉字的国标码是 4E61H（"您"字），那么其内码是：

高字节：4EH + 80H = CEH。

低字节：61H + 80H = E1H。

因此，该汉字的内码为 CEE1H。

（3）汉字字形码。

汉字字形码是存放汉字字形信息的编码，它与汉字内码一一对应。每个汉字的字形码是预先存放在计算机内的，常称为汉字库。当输出汉字时，计算机根据内码在字库中查到其字形码，得知字形信息，再打印输出显示。描述汉字字形的方法主要有点阵字形和轮廓字形两种，如表 1-12 所示。

表 1-12　描述汉字字形的方法

| 序号 | 类型 | 表示方法 | 优点 | 缺点 |
| --- | --- | --- | --- | --- |
| 1 | 点阵字形法 | 用一个排列成方阵、黑白交错的点阵来表示汉字 | 方法简单 | 放大后出现锯齿现象 |
| 2 | 轮廓字形法 | 采用数学方法描述汉字的轮廓曲线 | 字形精度高 | 输出前要经过复杂的数学运算处理 |

通常，计算机用一组二进制数表示一个点阵。当某一点的二进制数是 1 时，表示该点为黑点，是 0 时为白点。由于汉字是由笔画组成的"方块字"，所以无论汉字笔画是多少，都可以写在相同大小的方框里。如果用 $m$ 行 $n$ 列小圆点组成这个方框（称为点阵），那么每一个汉字都可以用点阵中的某些点组成，如图 1-10 所示的是汉字"工"字的 16×16 点阵字形。一个 16×16 点阵有 256 个点，需要 16×16÷8 = 32 个字节来表示。同理，24×24 点阵的汉字输出码需要 24×24÷8 = 72 字节的存储空间，32×32 点阵的汉字输出码需要 32×32÷8 = 128 字节的存储空间，48×48 点阵的汉字输出码需要 48×48÷8 = 288 字节的存储空间。

（4）汉字地址码。

汉字地址码是指汉字库中存储汉字字形信息的逻辑地址码。在汉字库中，字形信息都是按一定顺序连续存放在存储介质中的，所以汉字地址码大多是连续有序的，而且与汉字内码间有着简单的对应关系，从而简化了汉字内码到汉字地址码的转换。

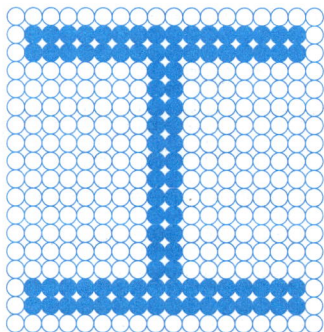

图 1-10　汉字"工"字的 16×16 点阵字形

（5）各种汉字编码之间的关系。

汉字的输入、输出和处理的过程，实际上是汉字的各种代码之间的转换过程。汉字通过汉字输入码输入计算机内，然后通过输入字典转换为内码，以内码的形式进行存储和处理。在汉字通信过程中，处理机将汉字内码转换为适合于通信用的交换码，以实现通信处理。在汉字的显示和打印输出过程中，处理机根据汉字内码计算出地址码，按地址码从字库中取出汉字输出码，从而实现汉字的显示或打印输出，如图1-11所示。

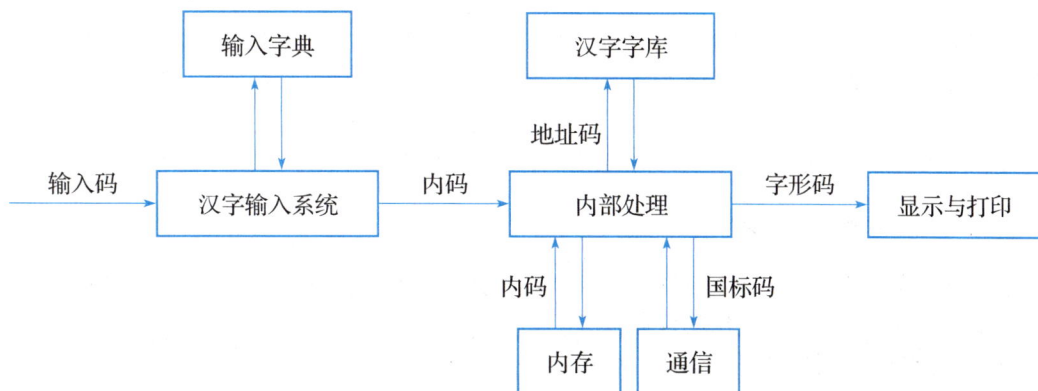

图 1-11　汉字的输入、输出和处理的过程

# 任务三　多媒体技术简介

## 任务描述 ▶

随着信息技术的发展，互联网上处理的信息不再仅限于文本，还有图像、声音、视频等新媒体。多媒体技术是计算机交互式综合处理多媒体信息，使多种信息建立逻辑连接，集成为一个具有交互性系统的计算机技术。本任务主要梳理多媒体技术的相关知识点。

## 知识链接 ▶

多媒体的英文单词是 Multimedia，它由 Multi 和 Media 两部分组成，一般理解为多种媒体的综合。多媒体技术不是各种信息媒体的简单复合，它是一种能够对文本、图形、图像、声音、视频、动画进行采集、存储、加工或集成的计算机技术。

## 任务实现 ▶

### 一、多媒体的概念及特点

多媒体技术是一种先进的计算机应用技术，它通过数字化手段将文本、图形、声音、视频等多种媒体信息综合处理，形成具有交互性的集成系统。多媒体技术具有以下特点：

#### 1. 交互性

多媒体技术允许用户与信息进行双向互动，如编辑和处理各种媒体内容，增强了用户的参与感和信息的吸引力。

## 2. 集成性

这项技术将多种单一技术（如图像和声音处理）融合，实现信息的统一获取、存储、组织和合成，为用户提供无缝的体验。

## 3. 多样性

多媒体信息不仅包括多种形式（如图像和声音），也包括多种输入、传播、再现和展示手段，极大地扩展了计算机处理信息的范围。

## 4. 实时性

多媒体系统能够实时处理声音和视频图像，满足对时序和速度的严格要求，使得音频、视频和动画等时间敏感的媒体可以流畅地播放。

总的来说，多媒体技术通过计算机交互式地综合处理多种媒体信息，不仅提高了信息的可访问性和可理解性，而且增强了信息的表现形式和用户的互动体验。

## 二、多媒体个人计算机

多媒体个人计算机（Multimedia Personal Computer，MPC）是一种可以对多媒体信息进行获取、编辑、存储、处理和输出的计算机。

配置一台多媒体计算机需要以下部件：

（1）一台高性能的微机。

（2）一些多媒体硬件，包括 CD-ROM 驱动器、声卡、视频卡、音箱（或耳机）。另外，可以根据需要安装视频捕获卡、语音卡等插件，或安装数码相机、数字摄像机、扫描仪与触摸屏等采集与播放视频和音频的专用外部设备。

（3）相应软件：支持多媒体的操作系统、多媒体开发工具和压缩／解压缩软件等。

## 三、媒体的数字化

在计算机和通信领域，最基本的媒体有声音和图像。

### 1. 声音的数字化

采样：声音信号通过输入设备以固定时间间隔采样，转换为离散信号。

量化：采样得到的信号转换为数值，并以二进制形式表示；常见的量化位数是 8 位或 16 位。

转换器：使用 A/D 转换器将模拟信号转换为数字信号，D/A 转换器进行反向转换。

编码：将量化后的数值转换为二进制码组，有时量化和编码过程统称为量化。

数据量计算：音频数据量 = 采样时间 × 采样频率 × 量化位数 × 声道数 / 8。

文件格式：WAV、MIDI、VOC、AU、AIF 等。

### 2. 图像的数字化

静态图像：通过采样和量化，将图像分解为像素并赋予颜色值。

颜色深度：表示每个像素存储颜色信息的二进制位数。

动态图像：利用人眼的视觉暂留效应，快速连续播放静态图像，形成连续画面。

图像类型：位图，直接存储每个像素的信息；矢量图，使用数学公式和指令来描述图像，便于放大和修改。

文件格式：图像，BMP、GIF、TIFF、PNG、WMF、DXF 等；视频，MP4、AVI、MOV 等。

## 四、多媒体的数据压缩

由于多媒体信息数字化后数据量非常大，因而需要经过压缩才能满足实际需求。数据压缩分为无损压缩和有损压缩两种类型。

### 1. 无损压缩

无损压缩是利用数据的统计冗余进行压缩，又称可逆编码，其原理是统计被压缩数据中重复数据的出现次数并进行编码。无损压缩能够确保解压后的数据不失真，是对原始对象的完整复制。它的主要特点是压缩比较低，广泛应用于文本数据、程序以及重要图形和图像的压缩。常用的无损压缩编码如下：

（1）行程编码：行程编码是一种简单的编码技术，它通过识别数据中的重复序列（即行程），并用一个计数值和单个数据值来代替连续的重复数据，从而实现压缩。它的优点是简单直观，编码和解码速度快。其压缩比与压缩数据本身有关，行程长度大，压缩比就高。它适用于计算机绘制的图像，如 BMP、AVI 格式文件。对于彩色照片，由于色彩丰富，采用行程编码压缩比会较小。

（2）熵编码：根据信源符号出现概率的分布特性进行码率压缩的编码方式称为熵编码，也称统计编码。其目的是在信源符号和码字之间建立——对应关系，以便在恢复时能准确地再现原信号，同时要使平均码长或码率尽量小。熵编码包括霍夫曼编码和算术编码。

### 2. 有损压缩

有损压缩又称不可逆编码，是指压缩后的数据不能够完全还原成压缩前的数据，与原始数据不同但是非常接近的压缩方法。有损压缩也称破坏性压缩，以损失文件中某些信息为代价来换取较高的压缩比，其损失的信息多是对视觉和听觉感知不重要的信息，但压缩比通常较高，常用于音频、图像和视频的压缩。典型的有损压缩编码如下：

（1）预测编码：利用信号之间的相关性，通过预测下一个信号值来减少编码所需的信息量。预测误差（实际值与预测值之差）通常比原始信号的幅度小，因此可以用更少的比特进行编码。在视频和音频压缩中非常常见，如 MPEG 标准中就大量使用了预测编码技术。

（2）变换编码：通过将信号从其原始域转换到另一个域（如频域或小波域），使得信号的能量更集中，便于量化和编码。它的关键步骤包括变换、量化、编码等。变换如 DCT 常用于 JPEG 图像压缩，小波变换则用于一些视频压缩标准。

（3）基于模型编码：不直接对原始信号进行编码，而是建立信号的模型，并对模型参数进行编码。这种方法通常用于图像压缩，可以提供更高的压缩比。过程是发送端提取图像的描述信息（模型参数），接收端根据这些参数重建图像。

（4）分形编码：基于分形几何的自相似性质，通过寻找图像块之间的相似性（通过仿射变换确定）来实现压缩。它的压缩率高，但编码和解码过程比较复杂。

（5）矢量量化编码：是一种将信号分割成矢量，然后对这些矢量进行量化的技术。它通常用于图像和语音信号的压缩。矢量量化可以在保持信号质量的同时提供高压缩比，但计算复杂度较高。

---

### 📝 知识拓展

人们每天从互联网接收的信息中，图像和视频占据了大部分，JPEG 和 MPEG 分别作为常见的图像、视频格式，具有占据存储空间小、清晰度高等优点，被广泛应用于互联网信息传播中。JPEG 标准是为静态图像所建立的第一个国际数字图像压缩标准，也是至今应用最广的图像压缩标准。JPEG 标准可以提供有损压缩，其压缩比是其他传统压缩算法无法比拟的。MPEG 标准是一种高效的压缩标准，它规定了声音数据和电视图像数据的编码和解码过程、声音和数据之间的同步等问题。MPEG-1 和 MPEG-2 标准为数字电视标准；MPEG-4 是基于内容的压缩编码标准；MPEG-7 是"多媒体内容描述接口标准"；MPEG-21 是有关多媒体框架的协议。

# 任务四  计算机病毒与防治

## 📋 任务描述 ▶

病毒是一个医学名称，生物病毒比细菌还小，能侵入人、动物、植物体中，引起一些疾病。计算机有一类有害的程序，因为像生物病毒一样有复制能力，也能使计算机引起"疾病"，我们称它为计算机病毒。本任务主要学习计算机病毒与其防治的方法。

## 🔗 知识链接 ▶

计算机病毒（Computer Virus）在《中华人民共和国计算机信息系统安全保护条例》中被明确定义为：计算机病毒，是指编制或者在计算机程序中插入的破坏计算机功能或者毁坏数据，影响计算机使用，并能自我复制的一组计算机指令或者程序代码。简单讲，计算机病毒是一种人为编制的计算机程序。

## 📝 任务实现 ▶

### 一、计算机病毒的概念及特点

计算机病毒是一种人为制造的、在计算机运行中能对计算机信息或系统起破坏作用的程序。这种程序轻则影响机器运行速度，使机器不能正常运行；重则使机器瘫痪，给用户带来不可估量的损失。

计算机病毒具有破坏性、寄生性、传染性、潜伏性、隐蔽性等特点。

#### 1. 破坏性

计算机病毒可以破坏系统、删除或修改数据，甚至格式化整个磁盘、占用系统资源、降低计算机运行效率。

#### 2. 寄生性

计算机病毒寄生在其他程序之中，当执行这个程序时，病毒就起破坏作用，而未启动这个程序之前，它是不易被人发觉的。

#### 3. 传染性

计算机病毒不但本身具有破坏性，而且具有传染性，一旦病毒被复制或产生变种，其传播速度之快令人难以置信。

#### 4. 潜伏性

有些病毒像定时炸弹一样，发作时间是预先设计好的。如"黑色星期五"病毒不到预定时间一点都觉察不出来，等到条件具备的时候一下就"爆炸"开来，对系统进行破坏。

#### 5. 隐蔽性

计算机病毒具有很强的隐蔽性，有的可以通过杀毒软件检查出来，有的根本查不出来，这类病毒处理起来通常很困难。

## 二、计算机感染病毒后的常见症状

计算机病毒虽然很难检测，但只要细心留意计算机的运行状况，就可以发现计算机感染病毒时的一些异常情况。例如：

（1）磁盘文件数目无故增多；
（2）系统的内存空间明显变小；
（3）文件的日期／时间值被修改（用户自己并没有修改）；
（4）可执行文件的长度明显增加；
（5）正常情况下可以运行的程序却突然因内存不足而不能装入；
（6）程序加载或执行时间比正常明显变长；
（7）计算机经常出现死机现象或不能正常启动；
（8）显示器上经常出现一些莫名其妙的信息或异常现象。

## 三、计算机病毒的分类

从已发现的计算机病毒来看，小的病毒程序只需几十条指令，不到百字节，而大的病毒程序简直像个操作系统，由上万条指令组成。计算机病毒一般可分成 5 种主要类型。

（1）引导区型病毒：主要通过 U 盘在 DOS 操作系统里传播。一旦硬盘中的引导区被病毒感染，病毒就试图感染每一个插入计算机的从事访问的磁盘的引导区。

（2）文件型病毒：它是文件的感染者。它隐藏在计算机存储器里，通常它感染扩展名为 COM、EXE、DRV、OVL、SYS 等的文件。

（3）混合型病毒：它有引导区型病毒和文件型病毒二者的特征。

（4）宏病毒：它一般是指用 Basic 语言书写的病毒程序，寄存在 Microsoft Office 文档的宏代码中，影响 Word 文档的各种操作。

（5）Internet 病毒（网络病毒）：此类病毒大多是通过 E-mail 传播的，破坏特定扩展名的文件，并使邮件系统变慢，甚至导致网络系统崩溃。"蠕虫"病毒是典型的代表。

## 四、计算机病毒的清除

一旦发现电脑染上病毒，一定要及时清除，以免造成损失。清除病毒的方法有两种：一是手工清除，二是利用反病毒软件。

用手工方法清除病毒不仅烦琐，而且对技术人员素质要求很高，只有具备计算机专业知识的人员，才能采用此方法。

利用反病毒软件清除是当前比较流行的方法。反病毒软件通常提供较好的界面与提示，不会破坏系统中的正常数据，使用相当方便。但遗憾的是，反病毒软件只能检测出已知的病毒并将其清除，很难处理新的病毒或病毒变种，所以各种反病毒软件都要随着新病毒的出现不断地升级。目前国内常用的反病毒软件有 360 杀毒、金山毒霸等。

### 五、计算机病毒的预防

当计算机感染病毒后，再去想办法杀毒，这实际上已经是"亡羊补牢"了。我们要像"讲究卫生，预防疾病"一样，对计算机病毒采取"预防为主"的方针，并从切断其传播途径入手。计算机病毒主要通过移动存储设备（如软盘、光盘、U 盘或移动硬盘）和计算机网络两大途径进行传播，可以采取以下几条预防措施。

（1）专机专用：重要部门应专机专用，禁止与任务无关的人员接触该系统，以防止潜在的病毒传入。

（2）利用写保护：对那些保存有重要数据文件且不需要经常写入的系统，应使其处于写保护状态，以防止病毒的侵入。

（3）固定启动方式：对配有硬盘的机器，应该从硬盘启动系统，如果非要用软盘启动系统，则一定要保证系统软盘无病毒。

（4）慎用网上下载的软件：网上下载的软件一定要检测后再用，更不要随便打开陌生人发来的电子邮件。

（5）分类管理数据：各类数据文档和程序应分类备份保存。

（6）建议备份：对软件拷贝副本，定期备份重要的文件，以免遭受病毒危害后无法恢复。

（7）采用防病毒卡或病毒预警软件：在计算机上安装防病毒卡或个人防火墙预警软件。

（8）定期检查：定期用杀病毒软件对计算机系统进行检测，发现病毒应及时清除。

（9）准备系统启动盘：为了防止计算机系统被病毒攻击而无法正常启动，应准备系统启动盘。系统染上病毒无法正常启动时，用系统盘启动，然后用杀毒软件杀毒。

---

📝 **知识拓展**

木马，全称为特洛伊木马（Trojan Horse）。"特洛伊木马"一词最早出现在希腊神话传说中。相传在 3 000 年前，在一次希腊战争中。麦尼劳斯（人名）派兵讨伐特洛伊（王国），但久攻不下。他想出了一个主意：首先他们假装被打败，然后留下一个木马。而木马里面却藏着最强悍的勇士。最后等时间一到，木马里的勇士全部冲出来把敌人打败。

木马的含义就是把预谋的功能隐藏在公开的功能里，掩饰真正的企图。当木马植入了你的电脑后，电脑就会被监控起来。轻者，偷取用户资料，会把你的 QQ 密码、游戏账号和密码等发给编写病毒的人；重者，木马制作者可以像操作自己的机器一样控制你的机器，甚至可以远程监控你的所有操作，你的一举一动，都在他们的眼皮底下进行。

---

W📄 **项目小结**

本项目系统地介绍了计算机基础知识，包含计算机概述、信息的表示与存储、多媒体技术、计算机病毒与防治。通过对本项目的学习，应重点掌握以下知识点：

（1）计算机的特点、应用、分类和未来发展趋势。

（2）信息在计算机中的表示与存储、数制的转换及编码。

（3）多媒体技术的概念，了解常见的多媒体载体。

（4）计算机病毒的特征及防治方法。

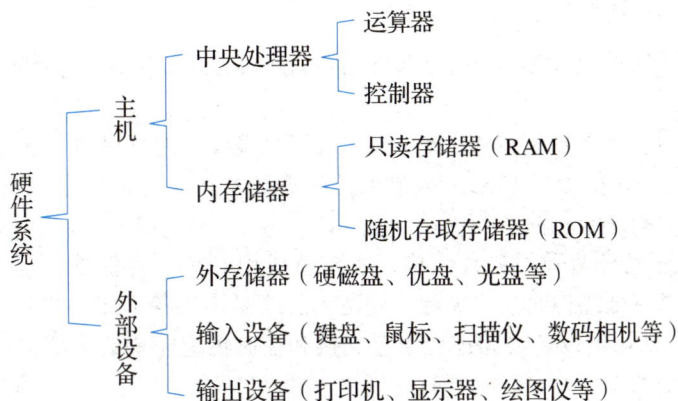

# 项目三

# 计算机系统

## 项目概述

计算机系统由硬件系统和软件系统两大部分组成。硬件系统主要包括控制器、运算器、存储器、输入设备、输出设备、接口和总线等；软件系统主要包括系统软件和应用软件。本项目将学习计算机硬件、软件系统，并简要介绍计算机操作系统。

## 任务一 计算机硬件系统

### 任务描述 ▶

计算机硬件（Hardware）是指那些由电子元器件和机械装置组成的"硬"设备，它们是计算机能够工作的物质基础。计算机硬件系统（Hardware System）由主机和外部设备组成，本任务将探索组成计算机的硬件有哪些设备。

### 知识链接 ▶

计算机一般采用冯·诺依曼体系结构，其硬件系统由5个基本部分组成，即运算器、控制器、存储器、输入设备、输出设备。运算器和控制器构成计算机的中央处理器（Central Processing Unit，CPU），CPU与内存储器构成计算机的主机，外存储器、输入和输出设备统称为外部设备，如图1-12所示。

```
                          ┌─ 运算器
              ┌─ 中央处理器 ─┤
              │            └─ 控制器
       ┌─ 主机 ─┤
       │      │            ┌─ 只读存储器（RAM）
       │      └─ 内存储器 ──┤
硬件系统 ─┤                  └─ 随机存取存储器（ROM）
       │      ┌─ 外存储器（硬磁盘、优盘、光盘等）
       │      │
       └─ 外部设备 ─ 输入设备（键盘、鼠标、扫描仪、数码相机等）
              │
              └─ 输出设备（打印机、显示器、绘图仪等）
```

图1-12 计算机的硬件系统

## 任务实现 ▶

### 一、计算机的硬件组成

根据冯·诺依曼（Von Neumann）体系结构，计算机有运算器、控制器、存储器、输入设备和输出设备 5 大基本部件，以存储器为中心，其硬件系统的组成如图 1-13 所示。运算器也称为算术逻辑部件（Arithmetical and Logical Unit，ALU），是执行各种运算的装置，主要功能是对二进制数码进行算术运算或逻辑运算。控制器（Control Unit，CU）是计算机的神经中枢，指挥计算机各个部件自动、协调地工作，主要功能是按预定的顺序根据指令要求向运算器、存储器等各部件发出控制信号，使其完成指令所规定的操作。存储器（Memory）是计算机中用来存放程序和数据的部件，具备存储数据和取出数据的功能。输入设备（Input Device）把准备好的数据、程序、命令及各种信号信息转变为计算机能接收的电信号送入计算机。输出设备（Output Device）则负责显示或打印屏幕、图像或文字。

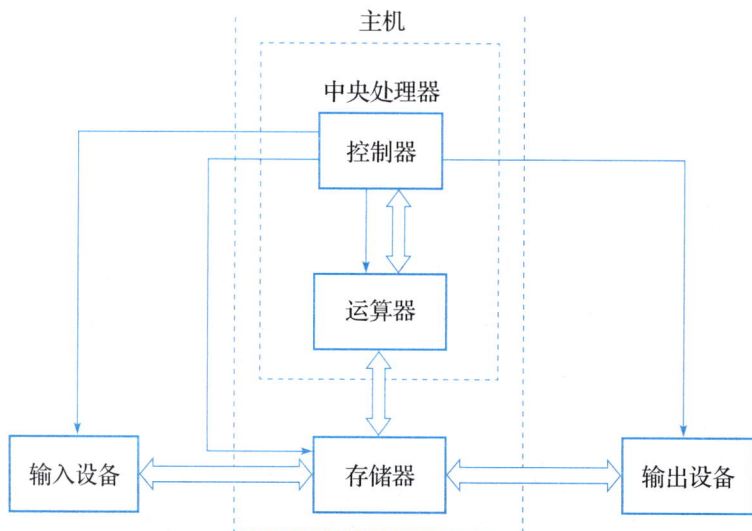

图 1-13　以存储器为中心的计算机硬件系统的组成

### 二、计算机的结构

计算机的结构反映了计算机各个组成部件之间的连接方式，常见的结构有以下两种。

#### 1. 直接连接

运算器、存储器、控制器和输入/输出设备之间任意 2 个组成部件，相互之间基本上都有单独的连接线路。冯·诺依曼于 1952 年研制的计算机 ISA 基本上就采用了直接连接的结构。

#### 2. 总线结构

目前，微型计算机普遍采用总线结构，系统总线把 CPU、存储器、输入/输出设备连接起来，使微型计算机系统结构简洁、灵活、规范。总线是连接各个部件的公共通信线路，负责 CPU、存储器、输入/输出设备之间进行信息交换和控制传递需要的全部信号。微型计算机总线结构如图 1-14 所示。

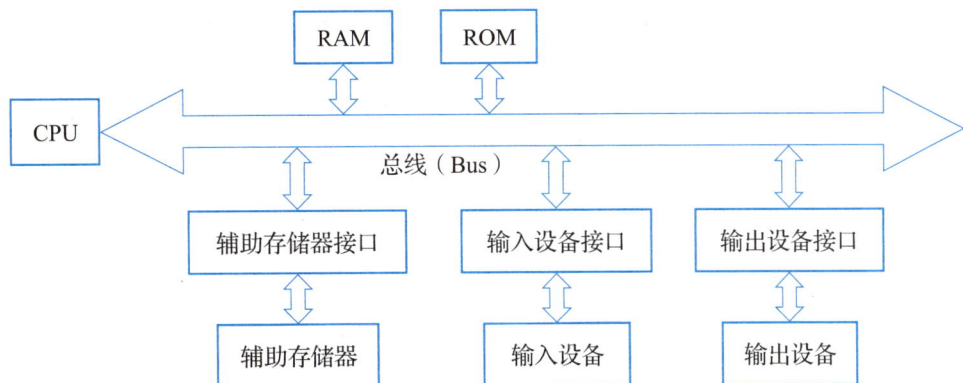

图1-14　微型计算机总线结构示意图

---

### 知识拓展

根据信号不同的特性，可以将总线分为以下3部分。

数据总线：在存储器、运算器、控制器和输入/输出设备部件之间传输数据信号的公共通路。数据总线的位数是计算机的一个重要指标，它体现了传输数据的能力，通常与CPU的位数相对应。

地址总线：CPU向主存储器和输入/输出设备接口传送地址信息的公共通路。

控制总线：在存储器、运算器、控制器和输入/输出部件之间传输控制信号的公共通路。

## 三、认识各种硬件设备

### 1. 中央处理器（Central Processing Unit，CPU）

CPU（见图1-15）是体积小、元件集成度非常高、功能强大的芯片，故又称微处理器（Micro-Processor Unit，MPU）。它是计算机系统的核心，计算机所发生的全部动作都受CPU的控制。CPU在计算机中的地位类似于人的大脑，CPU品质的高低直接决定了计算机系统的档次。CPU的性能指标主要有字长与主频。

图1-15　CPU

CPU主要由运算器（ALU）和控制器（CU）两大部件组成，还包括若干个寄存器和高速缓冲存储器（Cache），它们通过内部总线连接。Cache是为了解决CPU与内存RAM速度不匹配而设计的，一般在几十KB到几百KB之间，存取速度为15～35ns。

### 2. 存储器（Memory）

存储器是存放程序和数据的部件，可存储原始数据、中间计算结果及命令等信息。下面先介绍与存储相关的两个概念。存储地址是由许多个二进制位（bit）的线性排列构成的，为了存取指定位置的数据，通常用1字节（Byte）作为一个存储单元，并给每个字节编上号码，这个号码称为该数据的存储地址（Address）。存储器可容纳的二进制信息量称为存储容量，其基本单位是字节，此外，还有KB、MB、GB和TB能表示存储的单位。

计算机的存储器有主存储器和辅助存储器两类，可分为内部存储器（简称内存储器、内存或主存）和外部存储器（又称为辅助存储器，简称外存储器、外存或辅存）。

（1）主存储器。

主存储器是用来暂时存放处理程序、待处理的数据和运算结果的主要存储器，直接和中央处理器交换信息，故称为主存，由半导体集成电路构成。主存分为只读存储器（ROM）和随机存储器（RAM）两种。

ROM 存放固定不变的程序和数据，关机后不会丢失，ROM 中存储的程序或数据是在组装计算机之前就写好了的。ROM 在计算机工作时只能读出（取），不能写入（存）。ROM 芯片有 3 类：MROM 称为掩模 ROM，存储内容在芯片生产过程中就写好；PROM 称为可编程 ROM，存储内容由使用者一次写定，不能再更改；EPROM 称为可擦除可编程 ROM，使用者可以多次更改写入的内容。

RAM 用来在计算机运行时存放系统程序、应用程序、数据结果等，安装在主板上 CPU 的附近，关机后内容消失。在计算机系统中，内存容量主要由 RAM 的容量来决定，有 1GB（吉字节）到几十 GB 不等，如 1GB、4GB、8GB、16GB 等，用户可根据需要配置。习惯上将 RAM 直接称为内存，内存条如图 1-16 所示。

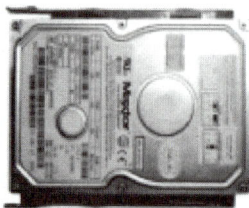

图 1-16    内存条

（2）辅助存储器。

除了主存储器，一般还有辅助存储器，用于存储暂时不用的程序和数据。目前，常用的辅助存储器有硬磁盘、光盘和优盘。

1）硬磁盘：硬磁盘简称硬盘，通常采用温彻斯特技术，故也称为温彻斯特盘（温盘），包括硬盘、USB 移动硬盘。硬盘的容量大、转速快、存取速度高，如图 1-17（a）所示；USB 移动硬盘的优点是体积小、重量轻、容量大、存取速度快，可以通过 USB 接口即插即用，如图 1-17（b）所示。

（a）硬盘              （b）USB移动硬盘

图 1-17    各类硬磁盘

2）光盘：光盘（Optical Disk）是利用光学原理读写信息的圆盘，需要用光盘驱动器（简称光驱）来读写。根据存储容量的不同，光盘可分为 CD 光盘和 DVD 光盘两大类。

CD 光盘：存储容量一般达 650MB，单倍速为 150Mbit/s。它可以分为只读型光盘 CD-ROM、一次性写入光盘 CD-R 和可擦除型光盘 CD-RW。

DVD 光盘：存储容量极大，120mm 的单面单层 DVD 盘片的容量为 4.7GB。DVD 可以分为 DVD-ROM、DVD-R、DVD-RAM、DVD-Video、DVD-Audio 等。

3）优盘：又称 U 盘、拇指盘，如图 1-18 所示。它是利用闪存（Flash Memory）在断电后还能保持存储的数据不丢失的特点而制成的。其优点是重量轻、体积小、即插即用。优盘有基本型、增强型和加密型 3 种。

图 1-18　优盘

### 3. 输入设备

输入设备是将原始信息（数据、程序、命令及各种信号）送入计算机的设备。微机常用输入设备的种类和功能如下：

（1）键盘。

键盘是最常用、最基本的一种输入设备，如图 1-19 所示，用户通过按键将各种命令、程序和数据送入计算机中。目前比较流行的是 101 键的标准键盘。

图 1-19　键盘及鼠标

（2）鼠标。

鼠标（Mouse）也是计算机常用的输入设备，如图 1-19 所示。它可以用来移动显示器上的光标、选择菜单或按钮，向主机发出各种操作命令，是绘图的好帮手。

根据结构，鼠标可分为机械鼠标和光电鼠标两大类。机械鼠标通过一个橡胶滚动球把位置的移动转换成 0/1 信号。光电鼠标通过底部的一个光电检测器来确定位置。

（3）其他输入设备。

除键盘和鼠标外，还有扫描仪、条形码阅读器、光学字符阅读器（OCR）、触摸屏、手写笔、麦克风和数码相机等。

### 4. 输出设备

（1）显示器。

显示器又称监视器。它是计算机必不可少的外部设备之一，用于显示输出各种数据。常用的显示器有阴极射线管（CRT）显示器和液晶（LED）显示器两种，如图 1-20 所示。

显示器还必须配置显示适配器，简称显卡，主要用于控制显示屏幕上字符与图形的输出。显示器主要性能有像素与点距、分辨率、显示器的尺寸等。

（a）CRT显示器　　　（b）LED显示器

图 1-20　显示器

（2）打印机。

打印机是计算机的主要输出设备，它的种类和型号很多，按印字的方式可分为以下两大类。

1）击打式打印机：利用机械动作，将活字压向打印纸和色带进行印字。针式打印机属于击打式打印机，如图 1-21（a）所示。

2）非击打式打印机：非击打式打印机是靠电磁的作用实现打印的。喷墨打印机［见图 1-21（b）］、激光打印机［见图 1-21（c）］、热敏打印机和静电打印机等都属于此类。喷墨打印机是应用最普遍的非击打式打印机。

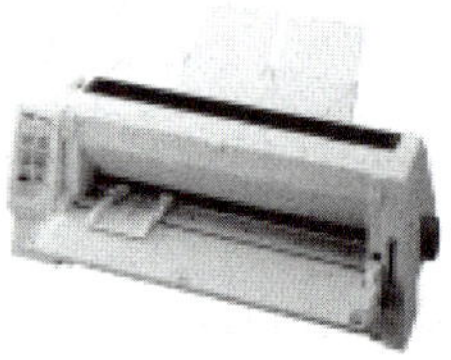

（a）针式打印机 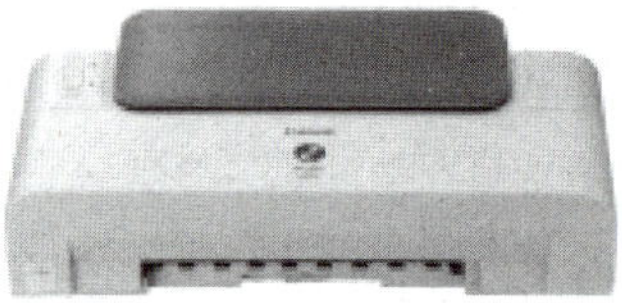　　　　（b）喷墨打印机 　　　　（c）激光打印机

图 1-21　各类打印机

（3）其他输出设备。

其他输出设备还有绘图仪、声音输出设备（音箱或耳机）、视频投影仪等。

此外，目前不少设备同时集成了输入／输出两种功能，例如触摸屏、光盘刻录机等。

### 四、计算机的主要性能指标

评定计算机的优劣，不能只依据一两项指标，需要综合考虑计算机的核心指标。

#### 1. 字长

字长是计算机 CPU 能够直接处理的二进制数据的位数。字长越长，运算精度越高，处理能力越强。通常，字长总是 8 的整数倍，如 8 位、16 位、32 位、64 位等。

#### 2. 时钟频率

时钟频率也叫主频，是指计算机 CPU 的时钟频率。一般主频越高，计算机的运算速度就越快。主频的单位为兆赫兹（MHz）或吉赫兹（GHz）。

#### 3. 运算速度

通常所说的计算机的运算速度（平均运算速度），是指每秒钟所能执行的加法指令的条数。一般用百万次／秒（MIPS）来描述。它是用于衡量计算机运算速度快慢的指标。

#### 4. 存储容量

存储容量分为内存容量与外存容量。这里主要讲内存容量。内存容量越大，处理数据的范围就越广，运算速度一般也越快，处理能力就越强。

#### 5. 存取周期

存取周期是 CPU 从内存储器中存取数据所需的时间。存取周期越短，运算速度越快。目前，内存的存储周期为 7 ～ 70ns。

除上述这些主要性能指标外，还有其他一些指标，如系统的兼容性、平均无故障时间、性能价格比、可靠性与可维护性、外部设备配置与软件配置等。

# 任务二　计算机软件系统

📁 **任务描述** ▶

随着计算机技术和人工智能技术的发展，计算机软件得到了迅速发展，从早期的二进制指令输入，到现在只需单击鼠标就可以编制色彩丰富的多媒体应用软件，经过数十年的发展，已经形成了庞大的计算机软件系统，它们是人类智慧的结晶。本任务将通过系统软件和应用软件两个方面来分析计算机软件系统。

### 知识链接 ▶

软件是指那些在硬件设备上运行的各种程序、数据和有关的技术资料。软件系统是指各种软件的集合，软件系统可分为系统软件（System Software）和应用软件（Application Software）两大类，如图 1-22 所示。

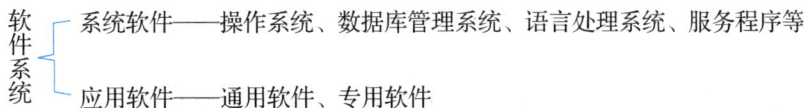

软件系统 ┌ 系统软件——操作系统、数据库管理系统、语言处理系统、服务程序等
　　　　 └ 应用软件——通用软件、专用软件

**图 1-22　计算机的软件系统**

### 任务实现 ▶

### 一、程序设计语言

程序设计语言是用来编写计算机程序的，是人们与计算机交互的语言。按其指令代码的类型，程序设计语言可分为机器语言、汇编语言和高级语言。

#### 1. 机器语言

计算机的指令系统即为机器语言，它的效率高，但不易被掌握和使用，具有以下特征：

（1）它是计算机唯一能识别并且直接执行的语言。

（2）每条指令是由 0、1 组成的一串二进制代码，可读性差、不易记忆。

（3）用它编写的程序执行速度快，占用内存空间少。

（4）编写程序难且繁多，易出错，难调试修改。

（5）直接依赖于机器。

（6）由于不同型号（或系列）计算机的指令系统不完全相同，故可移植性差。

#### 2. 汇编语言

用比较容易识别、记忆的助记符代替机器语言的二进制代码。这种符号化了的机器语言叫作汇编语言，也称为符号语言。汇编语言主要有以下特征：

（1）指令一般采用相近英语词汇的缩写，如加法运算的指令为 ADD（加），减法运算的指令为 SUB（减）。

（2）在编写程序时，比指令代码容易记忆，出错时也容易修改。简单可行，容易实现。

（3）汇编语言其实就是用助记符表示的机器语言，同机器语言一样，都依赖于具体的机器。

（4）计算机不能直接识别和执行汇编语言源程序，汇编语言源程序必须经过汇编过程翻译成机器语言程序（称目标程序）才能被执行。

#### 3. 高级语言

高级语言是接近于生活语言的计算机语言。常见的高级语言有 Basic 语言、Fortran 语言、C 语言和 Pascal 语言等。和汇编语言程序一样，高级语言程序不能直接被计算机识别和执行，必须由编译程序把它翻译成机器语言后才能被执行。

编译程序可分为解释方式和编译方式两种。解释方式是在程序的运行中，将高级语言逐句解释为机器语言，解释一句，执行一句，所以运行速度较慢，如 Basic 源程序的执行就是采用这种方式。编译方式是指用相应的编译程序先把源程序编译成机器语言的目标程序,再将目标程序和各种标准库函数连接装配成一个完整的可执行机器语言程序,然后执行。简单而言,一个高级语言源程序必须经过"编译"和"连接装配"两步后才能成为可执行的机器语言程序。尽管编译的过程复杂一些,但它形成的可执行文件可以反复执行,速度较快。目前,常用的编译程序有 C、C++、Visual C++、Visual Basic 等高级语言。

## 二、软件系统的组成

软件系统是为运行、管理和维护计算机而编制的各种程序、数据和文档的总称。软件系统可分为系统软件(System Software)和应用软件(Application Software)两大类。

### 1. 系统软件

系统软件由一组控制计算机系统并管理其资源的程序组成,提供操作计算机最基础的功能。没有系统软件,就无法使用应用软件。常见的系统软件有操作系统、数据库管理系统、语言处理系统和服务性程序等。

(1)操作系统。操作系统(Operation System,OS)是系统软件的重要组成和核心部分,是管理计算机软件和硬件资源、调度用户作业程序和进行各种中断处理,保证计算机各个部分协调、有效工作的软件。操作系统通常包括 5 大功能模块:处理器管理、内存管理、信息管理、设备管理和用户接口。

(2)数据库管理系统。用户通常把要处理的数据按一定的结构组织成数据库文件,再由相关的数据库文件组成数据库。数据库管理系统(Data Base Management System,DBMS)是对数据库进行建立、存储、筛选、排序、检索、复制、输出等一系列管理的计算机软件。用于微型计算机的小型数据库管理软件有 FoxPro、Visual Fox Pro、Access 等;大型数据库管理软件有 Oracle、SyBase、DB2、Informix 等。

(3)语言处理系统。目前,计算机程序是用接近生活语言的计算机高级语言编写的,但计算机系统并不认识高级语言命令。高级语言程序必须经过编译系统翻译成由 0 和 1 组成的机器语言后,才能被计算机识别和运行。因此,计算机要执行一种高级语言程序,就必须配置该种语言的编译系统。Fortran、Cobol、Pascal、C、Basic、Lisp 都是语言处理程序。

(4)服务性程序。用于计算机的检测、故障诊断和排除的程序统称为服务性程序。例如,软件安装程序、磁盘扫描程序、故障诊断程序、纠错程序等。

### 2. 应用软件

应用软件是为解决某一具体问题而编制的程序。根据服务对象的不同,可以分为通用软件与专用软件。

(1)通用软件。通用软件是为解决某一类问题所设计的软件,具有通用性和代表性。常见的通用软件见表 1-13。

表 1-13 常见的通用软件

| 序号 | 软件 | 说明 |
|---|---|---|
| 1 | 办公软件 | 用于文字处理、表格处理、电子演示等 |
| 2 | 财务软件 | 用于处理财务会计业务 |
| 3 | 绘图软件 | 用于机械设计的绘图软件(如 AutoCAD) |
| 4 | 图像处理 | 用于图像处理的软件(如 Photoshop) |

（2）专用软件。专门适应特殊需求的软件称为专用软件。例如，用户自己组织人力开发的能自动控制车床，以及能将各种事务性工作集成起来的软件。

### 📝 知识拓展

　　由于软件版权问题，计算机硬件生产商出厂的计算机整机一般不配备软件系统，此时的计算机称为"裸机"。此时的计算机好比只有身体而没有任何知识和能力的人，既听不懂语言也不会做任何事情，因此，"裸机"不能正常运行，用户无法使用。但是，只要"裸机"具有基本的输入和输出功能，用户（或计算机销售公司）就可以将系统软件、应用软件等安装上去，使其成为一台符合用户要求的计算机。

　　"裸机"必须具备基本输入/输出系统（Basic Input/Output System，BIOS），它是固化在计算机硬件系统之中的软件，也可以说是和计算机硬件融为一体的最基础层面的软件。用户应逐层安装的顺序为 BIOS、操作系统、高级语言和数据库、应用软件等软件环境。

# 任务三　操作系统

### 📒 任务描述 ▶

　　操作系统是人与计算机之间通信的桥梁，它直接运行在裸机上，是对计算机硬件系统的第一次扩充。只有在操作系统的支持下，计算机才能运行其他软件。用户可以通过操作系统提供的命令和交互功能实现各种访问计算机的操作。本任务系统学习操作系统的相关知识。

### 🔗 知识链接 ▶

　　没有安装操作系统的计算机叫作"裸机"。操作系统（Operating System，OS）简单说是一组程序的集合，是计算机硬件之上的第一个软件，是最基本的系统软件。它是管理和控制计算机所有的硬件和软件资源的一组程序，是用户与硬件的接口。操作系统和应用程序的关系如图1-23所示。

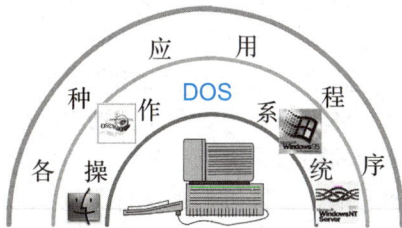

图1-23　操作系统和应用程序的关系

### 📖 任务实现 ▶

#### 一、操作系统的概念

　　操作系统中的重要概念有进程、线程、内核态和用户态。

　　进程是程序的一次执行过程，是一个正在执行的程序，是系统进行调度和资源分配的一个独立单位。一个程序被加载到内存，系统就创建了一个进程，或者说进程是一个程序与其数据一起在计算机上顺利执行时所发生的活动。为了提高CPU的利用率，控制程序在内存中的执行过程，就引入了"进程"的概念。在Windows、UNIX、Linux等操作系统中，用户可以看到当前正在执行的进程。有时"进程"又称"任务"。

线程是进程中某个单一顺序的控制流，也被称为轻量进程，是 CPU 调度和分派的基本单位。线程基本不拥有系统资源，只拥有在运行中必不可少的资源，一个线程可以创建和撤销另一个线程，同一个进程中的多个线程之间可以并发执行。CPU 是以时间片轮询的方式为进程分配处理时间的。计算机的多线程是指 CPU 会分配给每一个线程极少的运行时间，时间一到，当前线程就交出所有权，所有线程被快速地切换执行。因为 CPU 的执行速度非常快，所以在执行的过程中，用户认为这些线程是"并发"执行的。

计算机的特权态即内核态，拥有计算机中所有的软硬件资源；普通态即用户态，其访问资源的数量和权限均受到限制。由于内核态享有最大权限，其安全性和可靠性尤为重要。一般能够运行在用户态上的程序就让它在用户态中执行。

## 二、操作系统的功能

操作系统管理的核心是资源管理，即有效地发掘资源、监控资源、分配资源和回收资源，是最底层的软件。操作系统可以控制所有计算机上运行的程序并管理所有计算机资源（包括硬件资源和软件资源）。操作系统管理的硬件资源有 CPU、内存、外存和输入 / 输出设备，操作系统管理的软件资源为文件。

配置操作系统的目的有两个，首先是方便用户使用电脑，用户通过操作系统提供的命令和服务去操作电脑，而不必去直接操作电脑的硬件；其次，操作系统能尽可能地使电脑系统中的各项资源得到充分合理地利用。

操作系统提供了存储器管理、处理机管理、设备管理、文件管理和作业管理 5 个方面的功能。

（1）存储器管理：包括内存分配、地址映射、内存保护和内存扩充管理。

（2）处理机管理：对 CPU 进行合理分配和调度，包括进程调度、进程控制和进程通信管理。

（3）设备管理：包括缓冲区管理、设备分配、设备驱动和设备无关性管理。

（4）文件管理：包括文件存储空间的管理、文件操作的一般管理、目录管理、文件的读写管理和存取控制。

（5）作业管理：是对用户提交的诸多作业进行管理，包括作业的组织、控制和调度等，尽可能高效地利用整个系统的资源。

任何一个需要在计算机上运行的软件都需要合适的操作系统支持，因此人们把基于操作系统的软件称为一个"环境"。各种软件对操作系统环境有不同的要求，并不是任何软件都可以随意地在计算机上被执行。如 Microsoft Office 软件是 Windows 环境下的办公软件，但它并不能运行于其他操作系统环境。

## 三、操作系统的发展

操作系统并不是与计算机硬件一起诞生的，它是在人们使用计算机的过程中，为了满足提高资源利用率、增强计算机系统性能两大需求，伴随着计算机技术本身及其应用的日益发展，而逐步地形成和完善起来的。

操作系统的发展大致经历了 6 个阶段，见表 1-14。

表 1-14　操作系统的发展阶段

| 发展阶段 | 类型 | 时间 |
| --- | --- | --- |
| 第一阶段 | 人工操作方式 | 20 世纪 50 年代中期——1946 年第一台计算机诞生 |

续表

| 发展阶段 | 类型 | 时间 |
|---|---|---|
| 第二阶段 | 单道批处理操作系统 | 20 世纪 50 年代后期 |
| 第三阶段 | 多道批处理操作系统 | 20 世纪 60 年代中期 |
| 第四阶段 | 分时操作系统 | 20 世纪 70 年代 |
| 第五阶段 | 实时操作系统 | 20 世纪 70 年代 |
| 第六阶段 | 现代操作系统 | 20 世纪 80 年代至今 |

## 四、常用操作系统简介

### 1.DOS

DOS（Disk Operating System）是 Microsoft 公司在 20 世纪 70 年代研制的配置在 PC 上的单用户命令行（字符）界面操作系统。DOS 的特点是简单易学、硬件要求低，但存储能力有限，现已被 Windows 替代。

### 2.Windows

Windows 是 Microsoft 公司在 20 世纪 80 年代末推出的基于多用户多任务的图形化操作系统，对计算机的操作是通过对"窗口""图标""菜单"等图形画面和符号的操作来实现的。用户的操作不仅可以用键盘，还可以用鼠标来完成。由于操作简便，Windows 操作系统自发布以来风靡全球，深受用户的喜爱。Windows 内核系列发布见表 1-15。

表 1-15　Windows 内核系列发布

| 日期 | 版本 | 日期 | 版本 |
|---|---|---|---|
| 1983.11 | Windows 宣布诞生 | 1993.8 | Windows NT 3.1 |
| 1985.11 | Windows 1.0 | 1994.9 | Windows NT 3.5 |
| 1987.12 | Windows 2.0 | 1996.8 | Windows NT 4.0 |
| 1990.5 | Windows 3.0 | 1997.9 | Windows NT 5.0 Beta 1 |
| 1992.4 | Windows 3.1 | 1998.8 | Windows NT 5.0 Beta 2 |
| 1995.8 | Windows 95 | 1999.4 | Windows 2000 Beta 3 |
| 1998.6 | Windows 98 | 2000.2 | Windows 2000 |
| 2000.6 | Windows ME | 2000.7 | Windows 2000 SP1 |
| 2001.10 | Windows XP | 2003.4 | Windows Server 2003 |
| 2006.11 | Windows Vista | 2008.2 | Windows Server 2008 |
| 2009.10 | Windows 7 | 2012.9 | Windows Server 2012 |
| 2012.10 | Windows 8 | 2016.9 | Windows Server 2016 |
| 2015.7 | Windows 9 | 2018.3 | Windows Server 2019 |
| 2021.6 | Windows 10 | 2021.8 | Windows Server 2022 |

### 3.UNIX

UNIX 是一种发展比较早的操作系统，在操作系统市场一直占有较大的份额。UNIX 的优点是可移植性好，可运行于许多不同类型的计算机上，可靠性和安全性较高，支持多任务、多处理、多用户、网络管理和网络应用，常常应用于要求苛刻的高端服务器上。UNIX 取得成功的重要原因是系统的开放性、公开源代码、易理解、易扩充、易移植性。UNIX 的缺点是缺乏统一的标准，应用程序不够丰富且不易学习，这些都限制了 UNIX 的普及应用。

### 4.Linux

Linux 是一种源代码开放的操作系统，用户可以通过 Internet 免费获取 Linux 及其生成工具的源代码，然后进行修改。

Linux 实际上是从 UNIX 发展起来的，与 UNIX 兼容，能够运行大多数的 UNIX 工具软件、应用程序和网络协议。Linux 还支持多任务、多进程和多 CPU。

Linux 版本众多，厂商们利用 Linux 的核心程序，加上外挂程序，就演变成现在的各种 Linux 版本。现在主要流行的版本有 Red Hat Linux、Turbo Linux 等。我国自行开发的有红旗 Linux、蓝点 Linux 等。

### 5.macOS

macOS 是在苹果公司的 Power Macintosh 机及 Macintosh 一族计算机上使用的。它是最早成功的基于图形用户界面的操作系统，具有较强的图形处理能力，因与 Windows 缺乏较好的兼容性影响了普及。

### 6.Novell NetWare 和 OS/2

Novell NetWare 是早期一种基于文件服务和目录服务的网络操作系统，主要用于构建局域网。1987 年，IBM 公司在推出 PS/2 的同时，发布了为 PS/2 设计的操作系统——OS/2。20 世纪 90 年代初，OS/2 的整体技术水平超过了当时的 Windows 3.x，但因缺乏大量的应用软件支持而失败。

---

📝 **知识拓展**

Windows 系列操作系统是目前桌面型操作系统最常用的一款系统软件，常见的版本如下：

个人版：Windows 95、Windows 98、Windows 2000、Windows XP、Windows Vista、Windows 7、Windows 8、Windows 10 等。

服务器版：Windows NT、Windows Server 2000、Windows Server 2003、Windows Server 2008 等。

---

W **项目小结**

本项目系统地介绍了计算机系统的组成，包含计算机硬件系统、计算机软件系统和操作系统。通过对本项目的学习，应重点掌握以下知识点：

（1）计算机硬件系统的组成、计算机的结构。

（2）衡量计算机性能的主要指标。

（3）计算机软件系统的组成及常见的程序设计语言。

（4）操作系统的概念、功能及发展阶段。

# W 模块二

# 文件和文件夹

项目一

# 认识文件和文件夹

## 项目概述

本项目将学习 Windows 10 中文件和文件夹的相关概念，掌握文件的命名规则和文件夹的规划。

## 任务描述

实训课上，老师要求同学们用自己的名字创建一个文件夹，并在文件夹下创建好下一级文件夹和相应的文件，如图 2-1 所示。

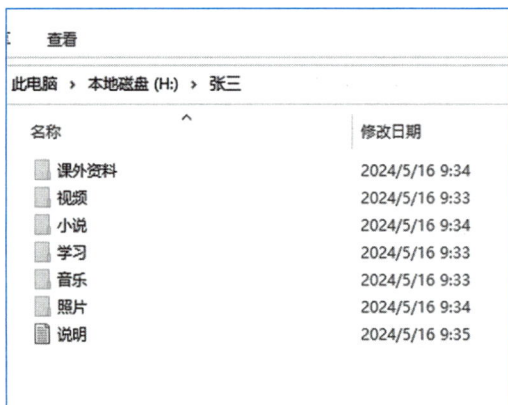

图 2-1 文件和文件夹操作题

## 知识链接

文件是计算机系统中存储信息的最小单位。它可以包含文本、图像、视频、音频或任何其他类型的数据。文件通常由文件名和文件扩展名组成，后者用于表示文件的类型。

## 任务实现

### 一、基本概念

#### 1. 文件

文件是计算机存储设备上的一段连续的数据，具有特定的命名和格式。它是信息的基本单位，用来存储和组织数据，以供用户访问和处理。它是 Windows 操作系统管理的最小单位。

文件名由主文件名和扩展名两部分组成，中间用小圆点隔开。类似于我们的姓名，名字是人类为区分个体，给每个人特定的名称符号，是通过语言文字信息区别人群个体差异的标志。有了姓名，人类才能正常有序地交往，因此每个人都有一个属于自己的姓名。只是我们是姓在前，名在后。计算机中的文件名，其主文件名用来表示文件的名称，一般通过它可以大概知道文件的作用或内容的大概含义；扩展名表示的是文件类型。

主文件名可以由英文字符、汉字、数字以及一些符号等组成，但不能使用"＋""＜""＞""＊""？""\"等符号。

不同的扩展名所代表的文件类型不同，它们的图标也不同，常见文件类型及扩展名如表 2-1 所示。

表 2-1　常见文件类型及扩展名

| 文件类型 | 扩展名 | 文件类型 | 扩展名 |
|---|---|---|---|
| 文本文件 | .txt | 视频文件 | .mp4 .mpg |
| Word 文件 | .doc | 网页文件 | .htm |
| 声音文件 | .wav .mid .mp3 | 可执行文件 | .exe .com |
| 图形文件 | .bmp .jpg .gif | 批处理文件 | .bat |

### 2. 文件夹

文件夹也称为目录，是在计算机系统中用来组织和存储文件的容器。它可以包含文件和其他文件夹，形成层级结构（见图 2-2）。文件夹本身也是一个特殊类型的文件，它可以包含文件和文件夹的列表。我们在日常学习和工作中，要养成将文件分类存放的习惯，方便日后查找。

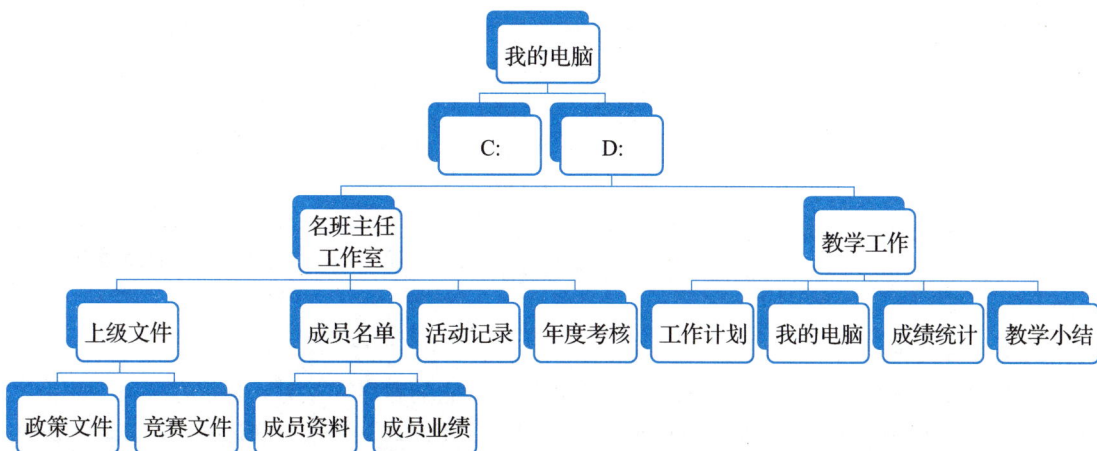

图 2-2　文件夹的层级结构

注意：在同一个文件夹下不能有相同名称的文件或文件夹。

### 3. 路径

路径用来指定文件或文件夹在文件系统中的位置。每个文件或文件夹都有一个唯一的路径，路径由一系列文件夹的名称组成，一般通过斜杠（\）分隔。文件夹的路径可以是绝对路径或相对路径，绝对路径从文件系统的根目录开始，如"D：\名班主任工作室\上级文件\政策文件\……"是相对于当前工作目录的文件或文件夹的位置。例如，我们打开了"名班主任工作室"文件夹，那么相同的文件位置就可以表示为"\上级文件\政策文件\……"。

#### 4. 文件系统

文件系统是计算机中用于存储、组织和访问磁盘上数据的系统。它定义了数据保存在存储设备上的方式和结构。

#### 5. 权限

权限是控制对文件或文件夹访问的规则。它们可以指定哪些人可以读取、写入或执行特定的文件或文件夹。

#### 6. 文件属性

文件属性是指将文件分为不同类型的文件，以便存放和传输，它定义了文件的某种独特性质。文件一般有四种属性。

（1）只读。只能查看，不能改变内容和删除内容。

（2）隐藏。操作系统默认不显示的文件，通常用于存储系统配置或应用程序数据。我们可以通过设置文件的属性来设置是否隐藏，也可以让隐藏的文件显示出来（与"资源管理器"中"工具"的"文件夹选项"中的"查看"选项卡中的设置有关）。

（3）系统。具有最高的保护级别，自动具有隐藏、只读属性。在一般情况下，系统文件不能被查看，也不能被删除，这是操作系统对重要文件的一种保护属性，以防止这些文件被意外损坏，一旦被损坏，系统将不能正常启动。

（4）文档。在文件建立和修改后由系统自动添加的属性（又称为存档）。

## 二、浏览文件和文件夹

### 1. 打开文件

打开文件或文件夹可以通过"我的电脑"或者"资源管理器"（快捷键 win + E）。方法是，先找到要打开的文件（夹），然后双击所要打开的文件（夹）图标就可以打开这个文件（夹）。不同类型的文件，打开的效果是不一样的，如果该文件是程序文件（以".exe"".bat"".com"结尾，可以直接执行），则会打开对应的应用程序；如果是常用的普通文件，则会打开对应的关联程序；如果是不常见的文件类型，则系统会有提示，如图 2-3 所示。

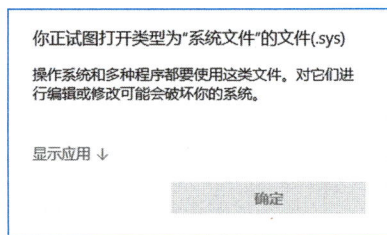

图 2-3 打开不常见文件所弹出的提示对话框

### 2. 文件的关联

文件的关联就是将一种类型的文件与一个可以打开它的程序建立起一种依存关系。一个文件可以与多个应用程序发生关联。可以利用文件的"打开方式"进行关联选择。例如，位图文件（BMP 文件）在 Windows 中的默认关联程序是"图片"，如果将其默认关联改为用 ACDSee 程序来打开，那么 ACDSee 就成了它的默认关联程序。具体方法是右键单击文件，从弹出的快捷菜单中选择"打开方式"，再选择具体的程序，如图 2-4 所示。

### 3. 文件的查看

为了方便对同一个文件夹下的文件进行查阅或预览，可以通过设置文件的查看方式来实现。方法是右键单击某一文件夹窗口的任一地方，在弹出的快捷菜单中选择"查看"，再选择不同的查看方式，如图 2-5 所示，有"超大图标""大图标""中等图标""小图标""列表""详细信息""平铺""内容"。当需要快速查看图片时，我们一般选择不同大小的图标；当需要查看文件的详细资料，如文件的大小、创建的时间等，就选择"详细信息"。

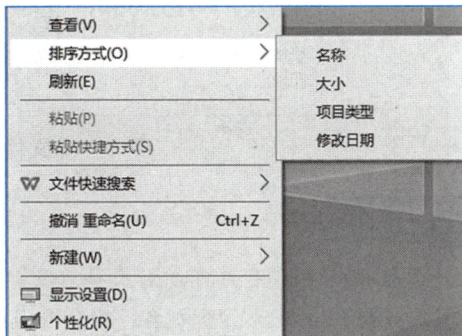

图 2-4　文件的打开方式

### 4. 文件的排序

将文件按照一定的要求进行排序，有"名称""大小""项目类型""修改日期"几种形式。当选择"项目类型"时，不同扩展名的文件就会排列在一起。方法是右键单击窗口空白处，在弹出的快捷菜单中选择"排列方式"，再选择不同的选项，如图 2-6 所示。

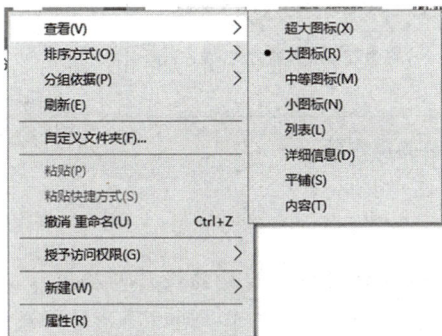

图 2-5　文件的不同查看方式

图 2-6　文件的排序方式

## 项目小结

文件是计算机系统中存储信息的最小单位，也是最基本的单位；文件夹用于管理和归类文件。文件的命名要严格遵守一定的规则，不同类型的文件其扩展名不同，同一文件夹下不能有相同文件名的文件，每一个文件都有自己的属性和具体的位置（路径）。不同类型的文件对应的图标不同，常用文件都有默认的打开它的应用程序，也可以通过设置，让文件关联指定的应用程序并由它打开。

項目二

# 文件和文件夹的基本操作

## 项目概述

本项目将了解和学习 Windows 10 中文件和文件夹的基本操作，包含文件（夹）的选择、创建、复制、移动、删除、属性改变、查找等。

## 任务描述 ▶

实训课上，老师给同学们布置了几套操作题，如图 2-7 所示，要求大家完成。

请单击"试题文件夹"按钮进入，并按要求完成下列操作。

1. 将试题文件夹下TURO文件夹中的文件POWER.DOC删除。
2. 在试题文件夹下KIU文件夹中新建一个名为MING的文件夹。
3. 将试题文件夹下INDE文件夹中的文件GONG.TXT设置为只读和隐藏属性。
4. 将试题文件夹下SOUP\HYR文件夹中的文件ASER.FOR复制到试题文件夹下PEAG文件夹中。
5. 搜索试题文件夹中的文件READ.EXE，为其建立一个名为READ的快捷方式，放在试题文件夹下。

图 2-7  文件和文件夹操作题

## 知识链接 ▶

在计算机系统中，用户可以对文件和文件夹进行各种操作。常见的操作包括选择、创建、读取、写入、复制、移动、重命名、删除和属性改变等。这些操作可以通过图形界面或命令行界面进行。

## 任务实现 ▶

### 一、文件的选择

选择单个文件时，只需直接单击。

选择多个连续的文件，可以用鼠标把需要选择的文件圈起来；也可以先选择第一个文件，然后按住 Shift 键选择最后一个文件。

选择多个不连续的文件，按住 Ctrl 键，然后一个一个地单击需要选择的文件。

### 二、文件的创建

用户可以通过特定编辑工具或命令创建新的文件。在创建文件时，用户需要指定文件名和

46

文件类型。例如，在指定文件夹下新建"基本情况 .txt"文件。

在空白处单击鼠标右键，在弹出的快捷菜单中选择"新建"中的"文本文档"，如图 2-8 所示，然后输入文件名。

图 2-8　选择"文本文档"

注意：如果默认设置隐藏了扩展名，就不需要再输入" .txt"；如果没有隐藏扩展名，扩展名也会显示出来。具体操作如图 2-9 所示。

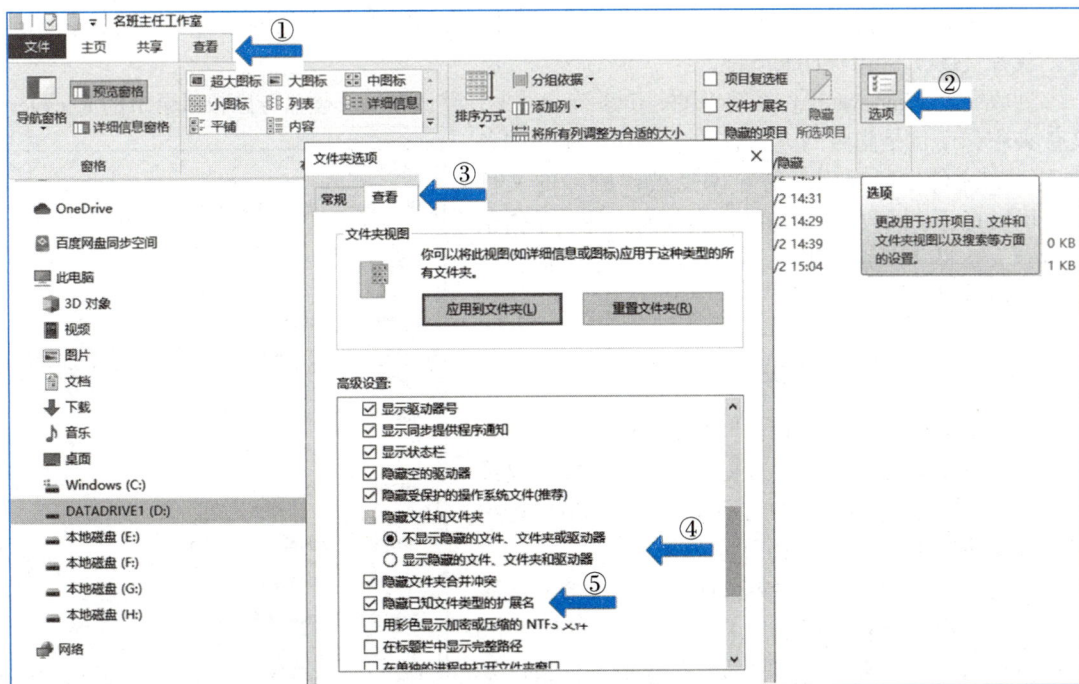

图 2-9　查看文件夹选项并设置

## 三、文件的复制和移动

用户可以复制文件到另一个文件夹，或将文件移动到其他位置。复制文件会在目标位置创建一个副本，而移动文件会将文件从原位置删除并添加到目标位置。

（1）文件复制的方法。方法一：打开源文件夹，选择需要复制的文件，单击鼠标右键，选择"复制"，打开目标文件夹，再单击鼠标右键，选择"粘贴"。方法二：用快捷键，选择需要复制的文件，按 Ctrl + C 键，打开目标文件夹，按 Ctrl + V 键。

（2）移动文件的方法类似于复制文件的方法，只是选择的命令为"剪切"，快捷键为 Ctrl + X，其余一样。

## 四、文件的重命名

用户可以修改文件的名称，以便更好地组织和管理文件。重命名文件只改变文件名，不会改变文件的内容和位置。

具体方法：打开源文件夹，选择需要重命名的文件，单击鼠标右键，选择"重命名"；或者直接单击该文件，按 F2 键，这时文件处于编辑状态，输入新的名称即可；也可以再次单击已经选择的文件，这时文件处于编辑状态，输入新文件名。

## 五、文件的删除

用户可以删除不再需要的文件。删除文件时需要注意文件的重要性和价值，避免误删重要的文件。

删除有两种情况，一是删除到"回收站"，当发现误删除后，还可以通过"回收站"撤回。方法是，选择需要删除的文件，直接按 Delete 键即可，或者单击鼠标右键，选择"删除"。二是完全删除，即删除后不可以通过"回收站"撤回。具体操作方法是删除时要同时按住 Shift 键，或者直接按 Shift + Delete 键。

回收站是 Windows 操作系统中的一个系统文件夹，默认在每个硬盘分区根目录下的 Recovery 文件夹中，而且是隐藏的。回收站中保存了删除的各类文件和文件夹。当用户需要恢复被误删除的文件时，可以打开"回收站"，选择要恢复的文件，单击鼠标右键，选择"还原"即可。我们要注意定时清空回收站，把空间释放出来。

## 六、文件属性的改变

一般情况下，文件都有"只读"和"隐藏"属性，我们可以通过右击指定的文件，在弹出的快捷菜单中选择"属性"，在打开的对话框中单击相应的选项来设置文件属性，如图 2-10 所示。

还可以通过设置"文件夹选项"把隐藏的文件显示出来。单击"查看"菜单，下移鼠标，找到"（不）显示隐藏的文件、文件夹或驱动器"选项，再通过复选选项来设置是否"隐藏已知文件类型的扩展名"，如图 2-9 中④和⑤所示。

## 七、文件和文件夹快捷方式的创建

方法一：按住鼠标右键拖动要创建快捷方式的文

图 2-10　设置文件属性

件或者文件夹，松开鼠标，在弹出的快捷菜单中选择"在当前位置创建快捷方式"，即在原文件夹下创建了一个快捷方式，再按要求移动到目标位置，修改名字。

方法二：右击文件或文件夹，在弹出的快捷菜单中选择"发送到"中的"桌面快捷方式"，然后再到桌面修改或者移动。

## 八、文件和文件夹的查找

首先，我们来介绍通配符。通配符可代替一个或多个真正的字符。通配符只有两个符号，分别为星号（"＊"）和问号（"？"），两者均表示 0 个或多个字符。例如，当我们需要查找包含"东莞"的所有 Word 文档时，只需要在查找框中输入"东莞＊.docx"，就可以查找所有含有"东莞"的 .docx 文件，如图 2-11 所示。

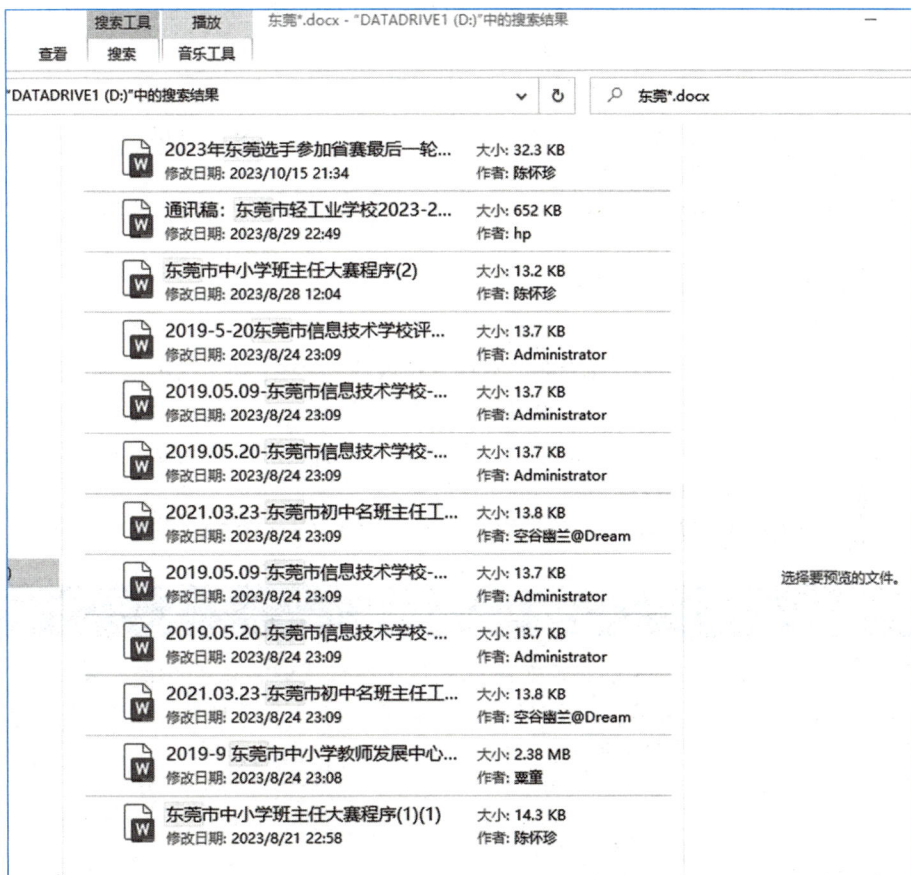

图 2-11　根据关键词查找文档

其次，我们可以根据文件的类型、文件保存的时间、文件的大小或者文档中包含的关键词来查找文件。

## 九、例题讲解

打开试题文件夹，如图 2-12 所示。

题目 1：删除文件 POWER.DOC

打开试题文件夹下的 TURO 文件夹，选定文件 POWER.DOC，直接按 Delete 键。或者右键单击文件 POWER.DOC，在弹出的快捷菜单中选择"删除"。

题目 2：新建文件夹

打开试题文件夹下的 KIU 文件夹，在空白处单击鼠标右键，弹出浮动菜单，选择"新建"/"文件夹"命令；输入名称为"MING"，按 Enter 键完成操作。

| 名称 ^ | 修改日期 | 类型 |
| --- | --- | --- |
| INDE | 2024/5/1 16:56 | 文件夹 |
| KIU | 2019/9/22 10:53 | 文件夹 |
| PEAG | 2019/9/22 10:53 | 文件夹 |
| QEYA | 2019/9/22 10:53 | 文件夹 |
| SOUP | 2024/5/1 16:56 | 文件夹 |
| TURO | 2024/5/1 16:56 | 文件夹 |

图 2-12　打开试题文件夹

题目 3：更改文件属性

（1）打开试题文件夹下的 INDE 文件夹，选定 GONG.TXT 文件；

（2）选择"组织"/"属性"命令，即可打开"属性"对话框；

（3）在"属性"对话框中勾选"隐藏"和"只读"属性，单击"确定"按钮。

题目 4：复制文件

（1）打开试题文件夹下的 SOUP\HYR 文件夹，选定文件 ASER.FOR，右键单击该文件，选择"复制"命令，或按 Ctrl + C 键；

（2）打开试题文件夹下的 PEAG 文件，右键单击选择"粘贴"命令，或按 Ctrl + V 键完成操作。

题目 5：搜索文件并创建快捷方式

（1）选中试题文件夹；

（2）光标移至对话框右上方的搜索框，在搜索框内输入"READ.EXE"，按 Enter 键，显示查找结果；

（3）选定文件 READ.EXE，右键拖动，并选择"在当前位置创建快捷方式"命令，即可在文件夹下生成一个快捷方式文件；

（4）移动这个文件到试题文件夹下，并按 F2 键，重命名为"READ"。

> ⊘ **温馨提示**
>
> 　　在文件的操作过程中，如果我们能熟练掌握一些快捷键，效率就会大大提高。常用的快捷键有：Ctrl + A——全选，Ctrl + C——复制，Ctrl + V——粘贴，Ctrl + X——剪切，Alt + Tab——窗口的切换，Win + R——运行，Win + D——显示桌面。

## 项目小结

　　在全国计算机等级考试（一级 Windows）中，文件和文件夹的操作有 5 题，共 10 分。其内容主要包含文件（夹）的新建、重命名、复制、移动、删除、属性的改变、快捷方式的建立、查找等操作。本项目相对容易，但稍不注意，也容易丢分，容易出错的是在重命名时设置了隐藏常用文件的扩展名，但在重命名后，部分考生还会添加扩展名。因此，要经常练习，熟练掌握本项目的知识点。

# W 模块三

# 文字处理

项目一

↓

# 公文的制作

## 项目概述

本项目将学习在 Word 2016 中录入文字和一些特殊字符，并对录入的文字开展的基本操作，如复制、剪切、粘贴、查找、替换、特殊符号的转换等；学习设置项目符号和编号，学习基本的文字格式化（含字体、字形、颜色、修饰等）、段落格式化（含段前、段后、缩进、对齐等）和页面设置等知识。

## 任务描述 ▶

小燕从学校办公室接到制作班主任业务能力大赛会议通知的任务，会议通知如图 3-1 所示。她在思考："我该做成什么样式？有什么规范和要求？"

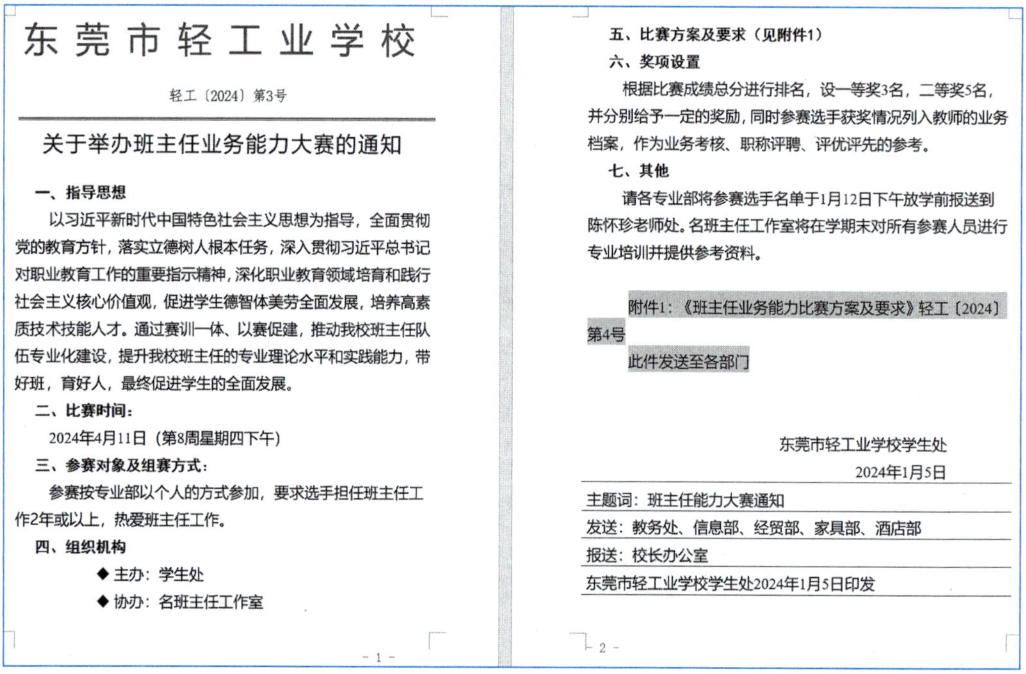

**图 3-1　制作班主任业务能力大赛的会议通知**

## 知识链接 ▶

公文，全称公务文书，是机关团体、企事业单位等依法成立的社会组织用来办理公务、有一定格式的应用文。公文办理公务，就是以文字的形式实施管理。"红头文件"是人们对行政公文的一种俗称，因公文头是红色而得名。通常一些企事业单位通过该公文来向员工传达单位的重要决策、调动及措施等信息。

📖 **任务实现** ▶

## 一、文本录入及保存

步骤 1：启动 Word 2016，新建一个空白文档，对照图 3-2 录入文本信息。当输入至每行的末尾时不需要按 Enter 键，待录入整个段落后才按 Enter 键。

```
东莞市轻工业学校
轻工〔2024〕第 3 号
关于举办班主任业务能力大赛的通知
一、指导思想
以习近平新时代中国特色社会主义思想为指导，全面贯彻党的教育方针，落实立
德树人根本任务，深入贯彻习近平总书记对职业教育工作的重要指示精神，深化
职业教育领域培育和践行社会主义核心价值观，促进学生德智体美劳全面发展，
培养高素质技术技能人才。通过赛训一体、以赛促建，推动我校班主任队伍专业
化建设，提升我校班主任的专业理论水平和实践能力，带好班，育好人，最终促
进学生的全面发展。
二、比赛时间
2024 年 4 月 11 日（第 8 周星期四下午）
三、参赛对象及组赛方式
参赛按专业部以个人的方式参加，要求选手担任班主任工作 2 年或以上，热爱
班主任工作。
四、组织机构
    主办：学生处
    协办：名班主任工作室
五、比赛方案及要求（见附件 1）
六、奖项设置
根据比赛成绩总分进行排名，设一等奖 3 名，二等奖 5 名，并分别给予一定的奖
励，同时参赛选手获奖情况列入教师的业务档案，作为业务考核、职称评聘、评
优评先的参考。
七、其他
请各专业部将参赛选手名单于 1 月 12 日下午放学前报送到陈怀珍老师处。名班
主任工作室将在学期末对所有参赛人员进行专业培训并提供参考资料。
附件 1：《班主任业务能力比赛方案及要求》轻工〔2024〕第 4 号
此件发送至各部门
东莞市轻工业学校学生处
2024 年 1 月 5 日
主题词：班主任能力大赛通知
发送：教务处、信息部、经贸部、家具部、酒店部
报送：校长办公室
东莞市轻工业学校学生处 2024 年 1 月 5 日印发
```

图 3-2 会议通知文本

在文字录入时，我们经常会遇到一些特殊的符号，如轻工〔2024〕，〔 〕是六角符号，不是中括号，也不是小括号，我们通过普通的方式是无法录入的。特殊符号的录入有两种方式。

第一种方式，利用"软键盘"，切换中文输入法后，在桌面的右下角出现对应的"中文输入法"按钮，如图 3-3 的①所示。再右击"键盘"图标，在弹出的快捷菜单中选择"标点符号"，弹出"搜狗软键盘"，分别单击 a 和 s 键即可。

从图 3-3 中可以看出，数字序号、数学符号、中文数字、特殊符号等都可以通过这种方式录入。

图 3-3 利用"软键盘"录入特殊符号

第二种方式，单击"插入"，单击工具栏中的"符号"下拉按钮，如图 3-4 所示，再选择"其他符号"。在弹出的"符号"对话框的"符号"选项中选择"字体"下拉菜单中的"(普通文本)"，在"子集"下拉菜单中选择"CJK 符号和标点"，在字符代码处输入"3014"，即可插入"〔"，如图 3-5 所示，同样输入"3015"即可输入"〕"。

图 3-4 在工具栏中单击"符号"下拉按钮

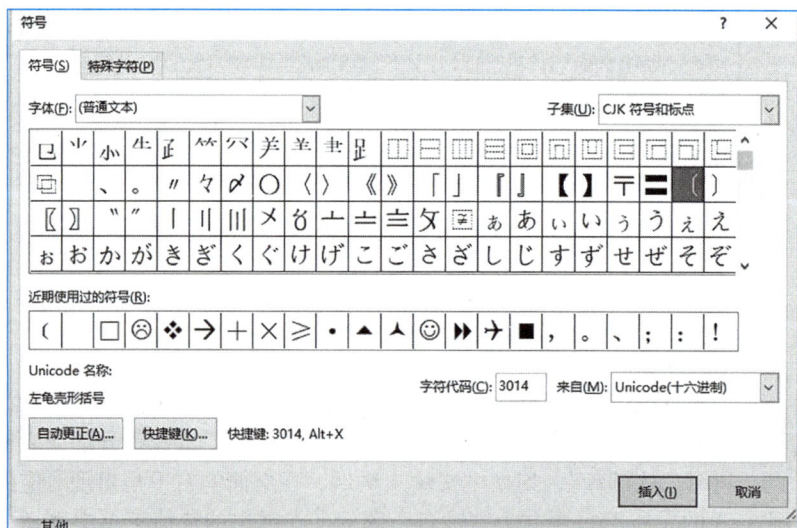

图 3-5 在"符号"对话框中选择符号

我们还可以通过选择"字体"中的"Webdings""Wingdings""Wingdings2""Wingdings3"，输入一些特殊符号。

**步骤2：** 保存文档，设置文档的保存位置和名称，如图3-6所示。

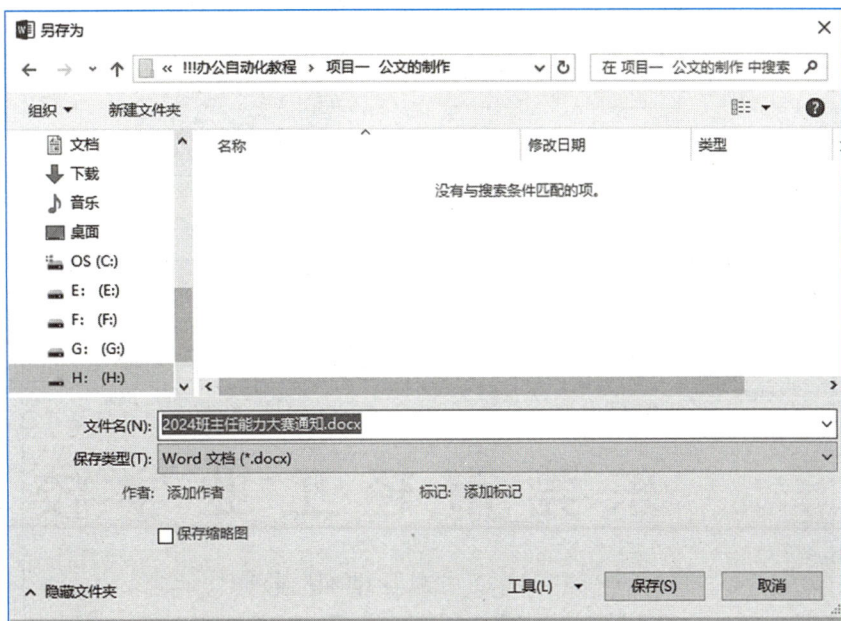

图3-6 保存文档

## 二、字符格式化

**步骤1：** 设置发文机关的字体、字号和颜色。如图3-7所示，选中发文机关"东莞市轻工业学校"，设置字体为"方正小标宋简体"，字号为"小初"，字形为"加粗"，字体颜色为"红色"。

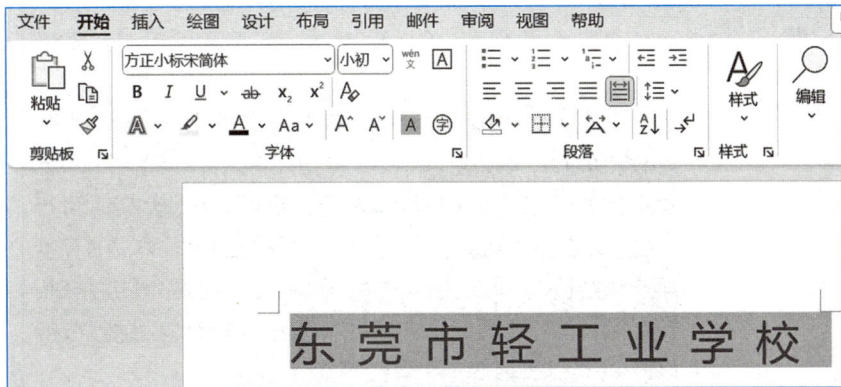

图3-7 发文机关

**步骤2：** 设置文号的字体和字号。选中"轻工〔2024〕第3号"，设置字体为"仿宋"，字号为"三号"，如图3-8所示。

**步骤3：** 设置主标题的字符格式。如图3-9所示，选中主标题"关于举办班主任业务能力大赛的通知"，设置字体为"方正小标宋简体"，字号为"二号"，字符间距加宽1磅。

图 3-8　文号

图 3-9　主标题

步骤 4：设置正文内容的字符格式。选择好文本，将字体设置为"仿宋_GB2312"，字号设置为"三号"，如图 3-10 所示。

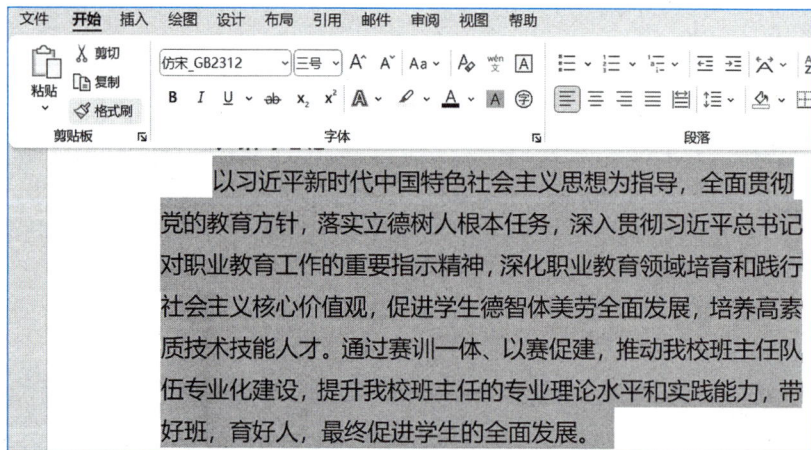

图 3-10　正文内容

步骤 5：设置正文小标题的字符格式。按住 Ctrl 键，选中文字"指导思想""比赛时间""参赛对象及组赛方式""组织机构""比赛方案及要求（见附件 1）""奖项设置""其他"，设置字体为"黑体"，字号为"三号"，如图 3-11 所示。

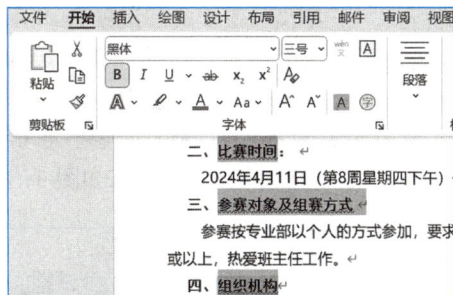

图 3-11　比赛时间及对象

> ⊘ 温馨提示
>
> 　　当选择连续多段文字时，按 Shift 键；当选择不连续的多段文字时，按 Ctrl 键；全部选择时按 Ctrl + A 键。

### 三、段落格式化

　　段落格式化主要是对段落进行相应的设置，包含常规（对齐中的左对齐、居中、右对齐、两端对齐、分散对齐和大纲级别）、缩进（前缩进、后缩进、首行缩进、悬挂缩进）、间距（段前、段后、行距）等。

　　**步骤 1：** 选中发文机关文本"东莞市轻工业学校"，在"开始"选项卡下的"段落"选项组处单击对话框启动按钮，弹出"段落"对话框，然后在"常规"选项的"对齐方式"下拉菜单中选择"分散对齐"，在"间距"选项中将行距设置为固定值 38 磅。效果如图 3-12 所示。

图 3-12　发文机关设置效果

　　**步骤 2：** 选中文号和主标题，同样方法，将"对齐方式"设置为"居中对齐"，文号的行距设置为"单倍行距"，主标题的行距设置为固定值 38 磅。效果如图 3-13 所示。

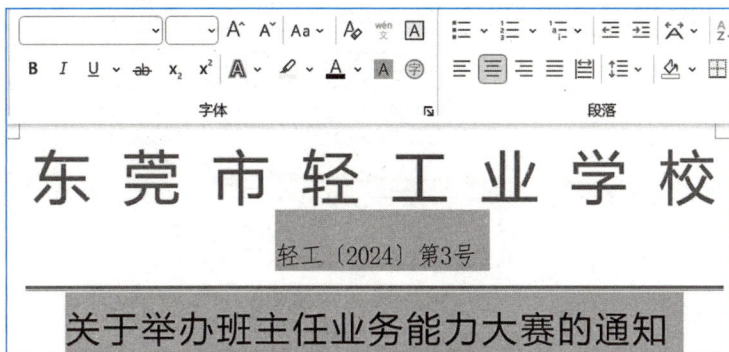

图 3-13　文号和主标题设置效果

步骤 3：设置正文的段落格式。正文"对齐方式"设置为"两端对齐"，左侧缩进和右侧缩进均为 0 字符，首行缩进的缩进值设置为 2 字符，段前间距和段后间距均为 0 行，行距设置为固定值 28 磅。

步骤 4：落款的对齐方式设置为右对齐，右侧缩进设置为 4 字符，行距设置为固定值 28 磅。"东莞市轻工业学校学生处"的段前间距设置为 2 行，如图 3-14 所示。

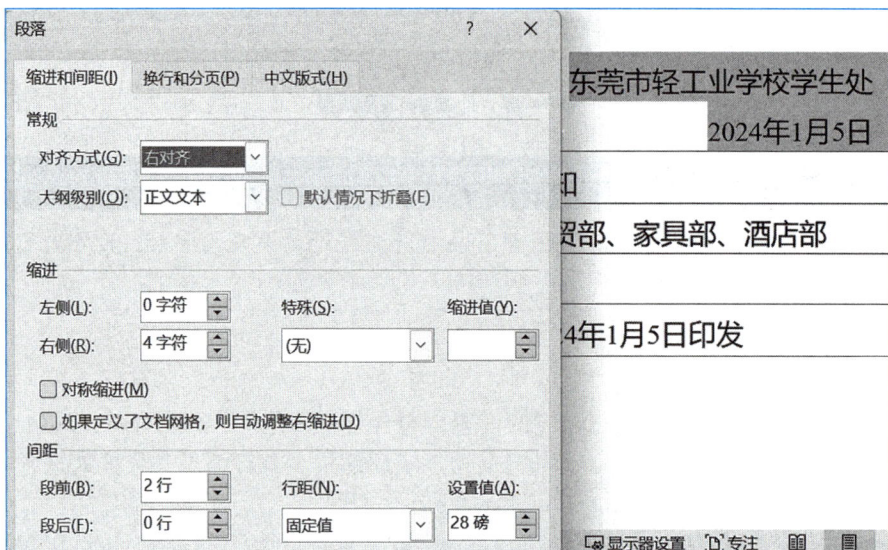

图 3-14　段落参数

步骤 5：主题词、发送和报送的段落格式设置为左对齐，行距为固定值 28 磅，如图 3-15 所示。"东莞市轻工业学校学生处 2024 年 1 月 5 日印发"设置为首行缩进 3 字符。

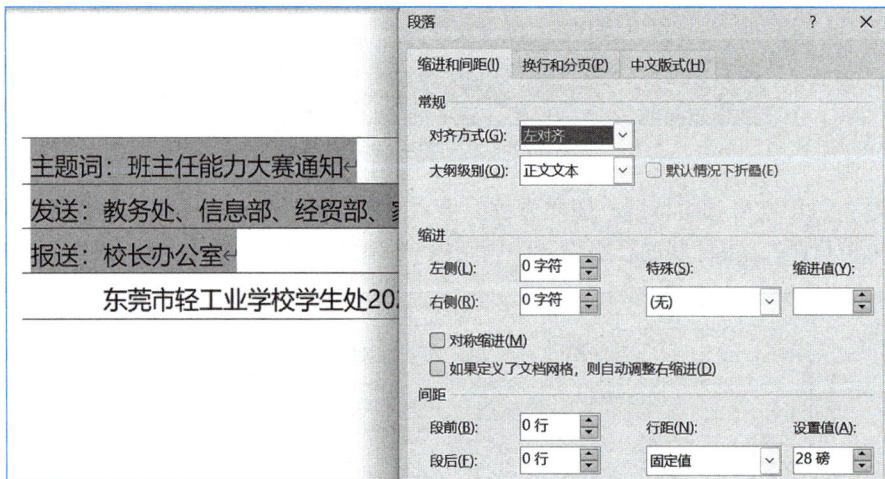

图 3-15　主题词、发送和报送段落参数

## 四、添加项目符号和编号

步骤 1：设置编号。按 Ctrl 键分别选中"指导思想""比赛时间""参赛对象及组赛方式""组

织机构""比赛方案及要求（见附件1）""奖项设置""其他"七个段落。单击"开始"/"段落"选项组中的"编号"下拉按钮，在打开的下拉列表中选择样式为"一、二、三、"的编号，如图3-16所示。

步骤2：设置项目符号。按Ctrl键选中"主办：学生处"和"协办：名班主任工作室"二个段落。单击"开始"/"段落"选项组中的"项目符号"下拉按钮，在打开的下拉列表中选择菱形符号作为项目符号，如图3-17所示。

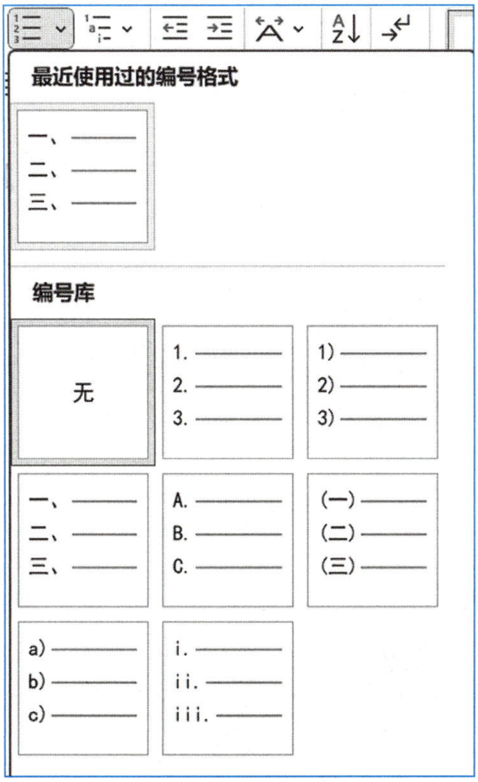

图3-16　编号

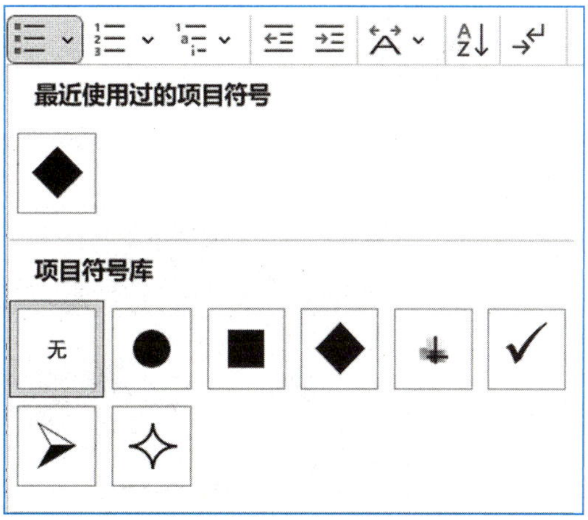

图3-17　项目符号

## 五、设置边框和底纹

步骤1：设置红色边框线。

（1）单击文号（轻工〔2014〕第3号），单击"段落"选项组中的"边框"按钮，弹出"边框和底纹"对话框，在"边框"选项卡中选择"自定义"，样式选择"厚薄线"，颜色选择"红色"，宽度设置为2.25磅，在"预览"栏单击"下框线"按钮，然后单击"确定"按钮，如图3-18所示。

（2）选中主题词及其后的三段，打开"边框和底纹"对话框，默认显示"边框"选项卡，在"预览"栏中单击"上框线""内部横框线""下框线"，"应用于"选择"段落"，然后单击"确定"按钮，如图3-19所示。

步骤2：设置底纹。选中落款前面的两个段落，打开"边框和底纹"对话框，单击"底纹"选项卡，"图案"下的"样式"选取25%灰色，"应用于"选择"文字"，单击"确定"按钮，如图3-20所示。

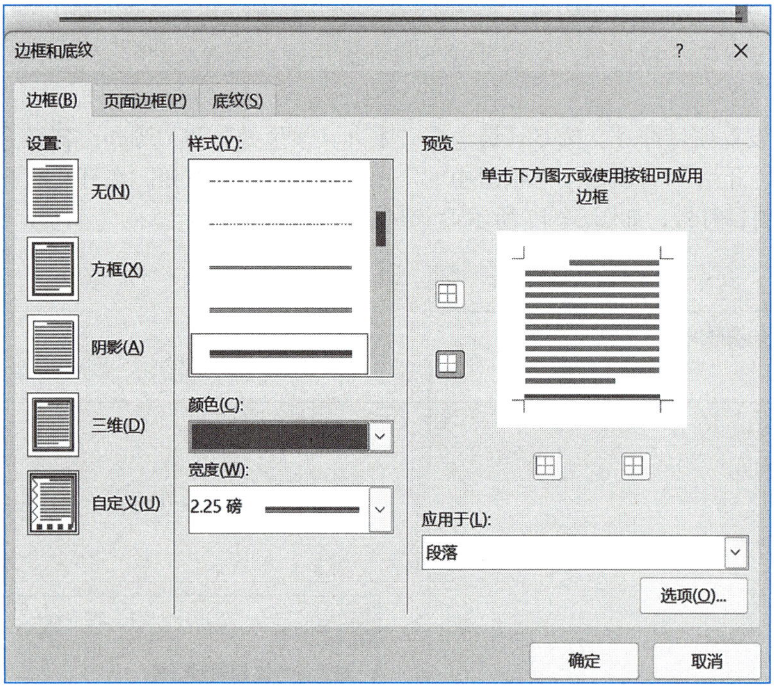

图 3-18　边框和底纹对话框

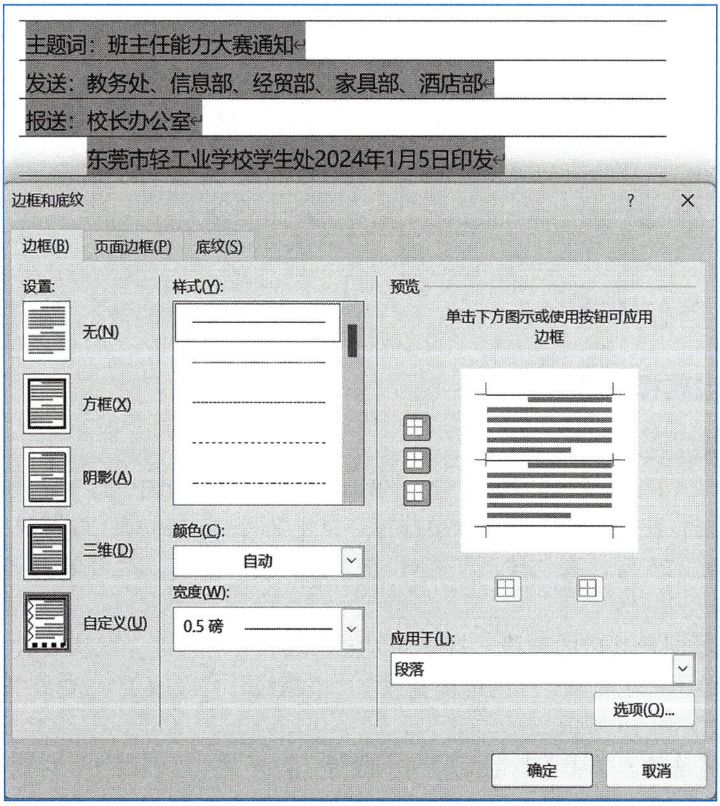

主题词：班主任能力大赛通知

发送：教务处、信息部、经贸部、家具部、酒店部

报送：校长办公室

东莞市轻工业学校学生处2024年1月5日印发

图 3-19　主题词及其后三段边框设置参数

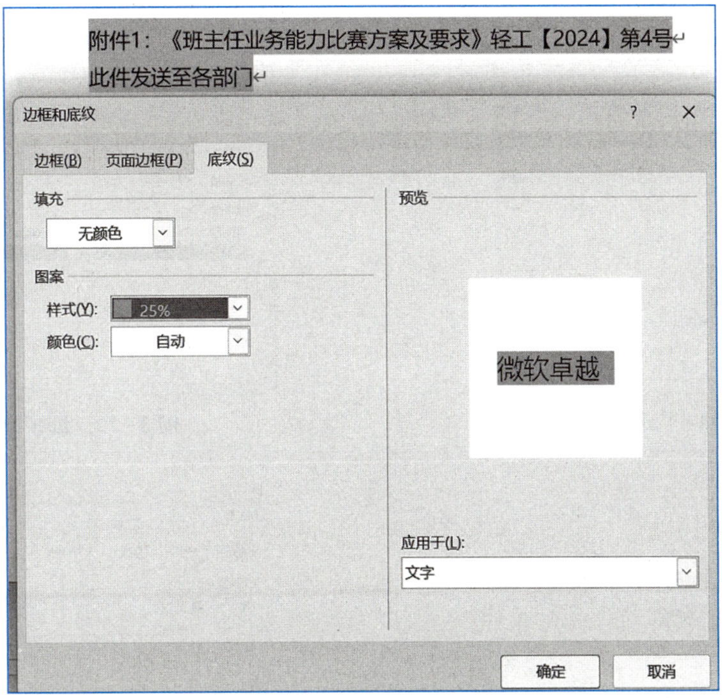

附件1：《班主任业务能力比赛方案及要求》轻工【2024】第4号

此件发送至各部门

**边框和底纹**

边框(B)　页面边框(P)　底纹(S)

填充

无颜色

图案

样式(Y)：　25%

颜色(C)：　自动

预览

微软卓越

应用于(L)：

文字

确定　取消

**图 3-20　底纹设置参数**

## 六、拼写和语法检查

在一定的语言范围内，Word 能自动检测文字的拼写和语法有无错误，便于用户对文档进行检查，其具体操作步骤如下：

**步骤 1**：在"审阅"/"校对"组中单击"拼写和语法"按钮。

**步骤 2**：打开"语法"对话框，在其中将显示错误的内容和建议更正的内容，单击"更改"按钮即可自动更改错误。

**步骤 3**：根据提示对话框，单击"确定"按钮完成更改。

## 七、页面设置

**步骤 1**：单击"布局"/"页面设置"选项组右下方的箭头，打开"页面设置"对话框，选择"页边距"选项卡，设置页边距"上"为 3.7 厘米，"下"为 3.5 厘米，"左"为 2.8 厘米，"右"为 2.6 厘米，如图 3-21 所示。

**步骤 2**：选择"纸张"选项卡，"纸张大小"设置成"A4"，如图 3-22 所示。

**步骤 3**：选择"版式"选项卡，在"页眉和页脚"栏勾选"奇偶页不同"复选框，将页眉设置成 1.5 厘米，页脚设置成 2.5 厘米，如图 3-23 所示。

**步骤 4**：选择"文档网格"选项卡，在"网格"处选取"指定行和字符网格"，将"每行"设置为 28 个字符，"每页"设置为 22 行，如图 3-24 所示。

**步骤 5**：选择"插入"/"页码"/"页面底端"/"普通数字 1"，设置"编号格式"为"-1-，-2-，-3-..."，如图 3-25 所示，文字设置为宋体四号字，奇数页页码设置为右对齐，偶数页页码设置为左对齐。

图 3-21　"页面设置"对话框

图 3-22　纸张参数

图 3-23　布局参数

图 3-24　文档网格参数

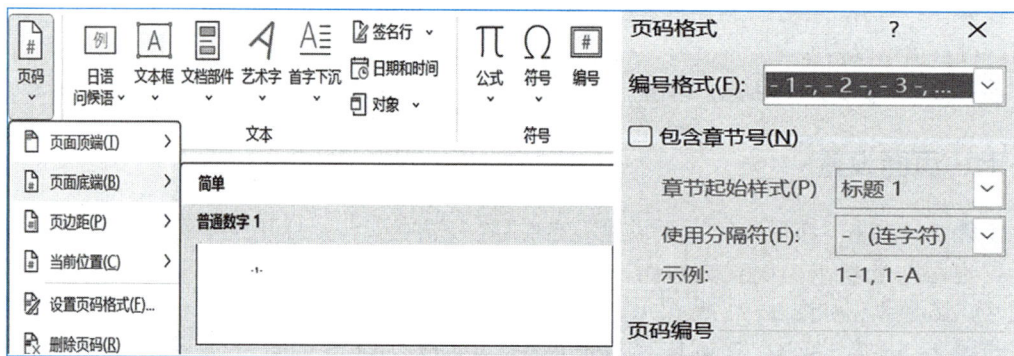

图 3-25　页码格式设置

## 八、预览和打印通知

预览文档就是"所见即所得"，可以及时发现可能错误的排版样式，并在打印前改正，以免浪费纸张。下面介绍预览和打印文档的方法，其具体操作步骤如下：

**步骤 1**：进入预览状态，如图 3-26 所示。

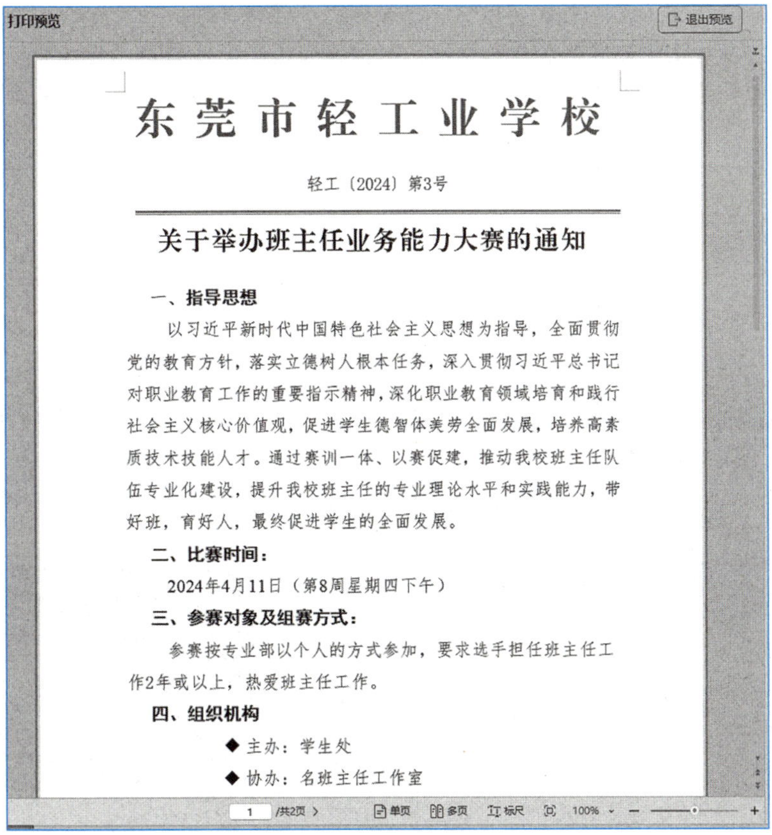


东 莞 市 轻 工 业 学 校

轻工〔2024〕第3号

关于举办班主任业务能力大赛的通知

一、指导思想

以习近平新时代中国特色社会主义思想为指导，全面贯彻党的教育方针，落实立德树人根本任务，深入贯彻习近平总书记对职业教育工作的重要指示精神，深化职业教育领域培育和践行社会主义核心价值观，促进学生德智体美劳全面发展，培养高素质技术技能人才。通过赛训一体、以赛促建，推动我校班主任队伍专业化建设，提升我校班主任的专业理论水平和实践能力，带好班，育好人，最终促进学生的全面发展。

二、比赛时间：

2024年4月11日（第8周星期四下午）

三、参赛对象及组赛方式：

参赛按专业部以个人的方式参加，要求选手担任班主任工作2年或以上，热爱班主任工作。

四、组织机构

◆ 主办：学生处

◆ 协办：名班主任工作室

图 3-26 打印预览

（1）单击“文件”选项卡，选择“打印”。

（2）在打开的对话框的右侧即可预览文档的打印效果。

**步骤 2：** 针对预览效果进行相应的修改与编辑，如选择打印机、使用双面打印等。

**步骤 3：** 打印通知。确认无误后将打印份数设置为 8 份，然后单击“打印”按钮完成打印，如图 3-27 所示。

## 知识拓展

在撰写通知时，我们一定要严格按照通知的规范来写。

通知一般由标题、发文字号（文号）、主送机关（称呼）、正文、落款、主题词和抄送 7 部分组成。

标题：位于第一行正中，可直接以“通知”为题，或采用公文标题的常规写法，即由发文机关、事由和文种组成，也可以省略发文机关。

发文字号：发文字号一般标注在标题之下、横线上方，居中排列。发文字号由发文机关代字、发文年度和顺序号组成。

主送机关：指发文机关要求对公文进行办理或给予答复的机关，应使用全称或规范化的简称，在第二行顶格写。如主送机关较多，要注意排列的规范性。

正文：叙述通知缘由、通知事项和执行要求。

落款：分两行显示在正文右下方，一行署名，一行写日期。

主题词：指为便于计算机管理和查找，根据通知内容优选的词或词组。

抄送：需要了解通知内容以便协助办理或周知的机关或部门，位于主题词之下、印发机关之上。

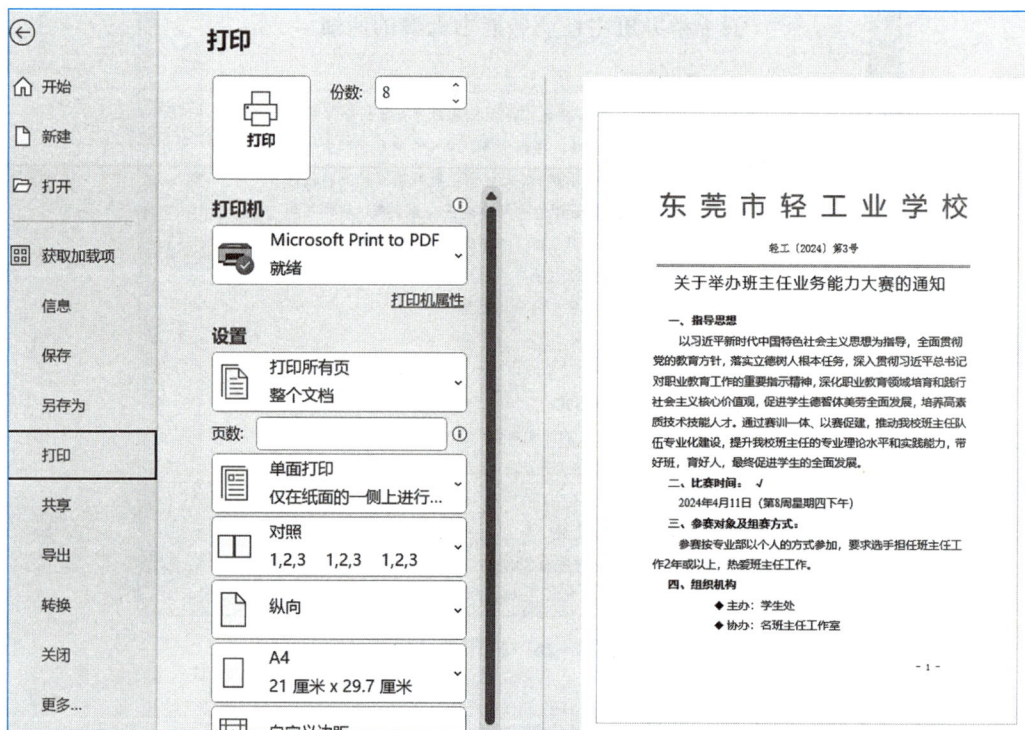

图3-27　打印设置及打印效果

## 项目小结

本项目主要介绍了公文的制作过程，通过制作公文可以熟练地进行字符格式化及段落格式化操作，同时也能拓展课外知识。制作公文必须先清楚公文的格式，红头公文的标题下方要有红色的线条，这些线可以是边框线也可以是图形线。

# 电子简报的制作

## 项目概述

本项目将学习在 Word 2016 中设置页面的大小、背景颜色，插入图片和文本框，以及设置图片的版式、大小、位置、排列、环绕方式等知识点。

## 任务描述 ▶

日常生活中，我们经常要制作各种简报、电子报刊、海报、广告以及产品介绍书等。小米同学所在的班级开展了"学习雷锋好榜样"的活动，小米同学接到班主任要求他制作一份关于"学习雷锋好榜样"班级简报的通知。于是小米收集班级学雷锋的好人好事，搜索有关版面设计的参考资料，并开始制作一份主题明确、美观新颖的电子简报。

## 知识链接 ▶

简报是传递某方面信息的简短的内部小报，是具有汇报性、交流性和指导性的简短、灵活、快捷的书面信息表现形式。简报又称动态、简讯、要情、摘报、工作通讯、情况反映、情况交流、内部参考等。也可以说，简报就是简要的调查报告、简要的情况报告、简要的工作报告、简要的消息报道等。它具有简、精、快、新、实、活和连续性等特点。

## 任务实现 ▶

### 一、设计简报报头版式

通常简报报头内容包括简报期号、印发单位、印发日期等。下面将介绍简报报头制作的操作方法。

**步骤 1**：页面设置。分别通过"布局"选项卡中的"纸张大小""纸张方向""页边距"提供的下拉选项，把文档的"纸张大小"设置为"A4"，纸张方向设置为"纵向"，"页边距"选择"自定义边距"，在打开的"页面设置"对话框中将"上""下""左""右"页边距均设为0.5 厘米，如图 3-28 所示。

**步骤 2**：插入矩形。单击"插入"选项卡下的"形状"下拉按钮，选择矩形后，在文档右上角处插入矩形形状，如图 3-29 所示。

**步骤 3**：设置矩形格式。选中矩形，在"绘图工具—格式"选项卡的"主题样式"列表中，选择合适的形状样式，如图 3-30 所示。

图 3-28　页面设置

图 3-29　绘制矩形

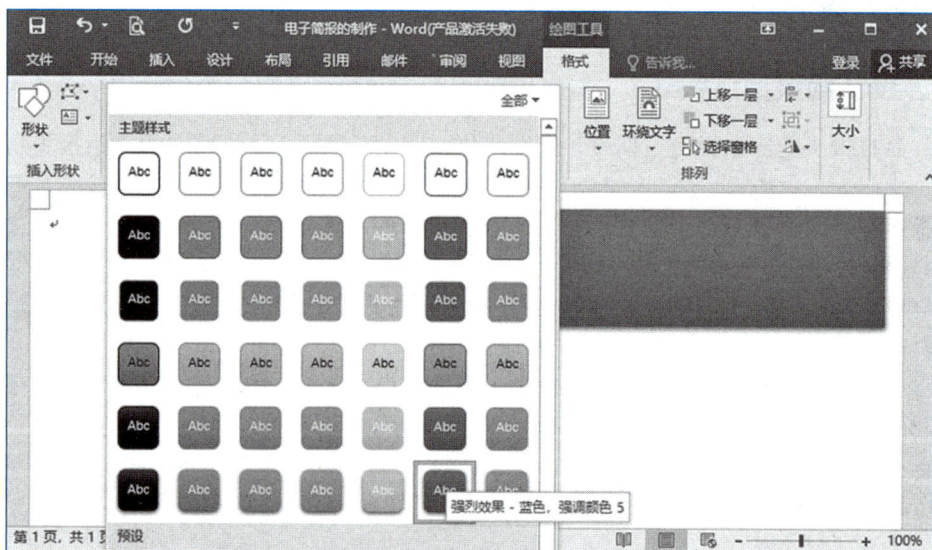

图 3-30　"主题样式"列表

　　**步骤 4**：设置矩形填充样式。选中矩形并右击，在弹出的快捷菜单中选择"设置形状格式"命令，打开"设置形状格式"窗格，如图 3-31 所示，将矩形填充效果设为渐变色。

图 3-31　"设置形状格式"窗格

　　**步骤 5**：插入标题艺术字。在"插入"选项卡的"文本"选项组中，单击"艺术字"下拉按钮，在打开的下拉列表中选择满意的艺术字样式，并输入文本内容，如图 3-32 所示。

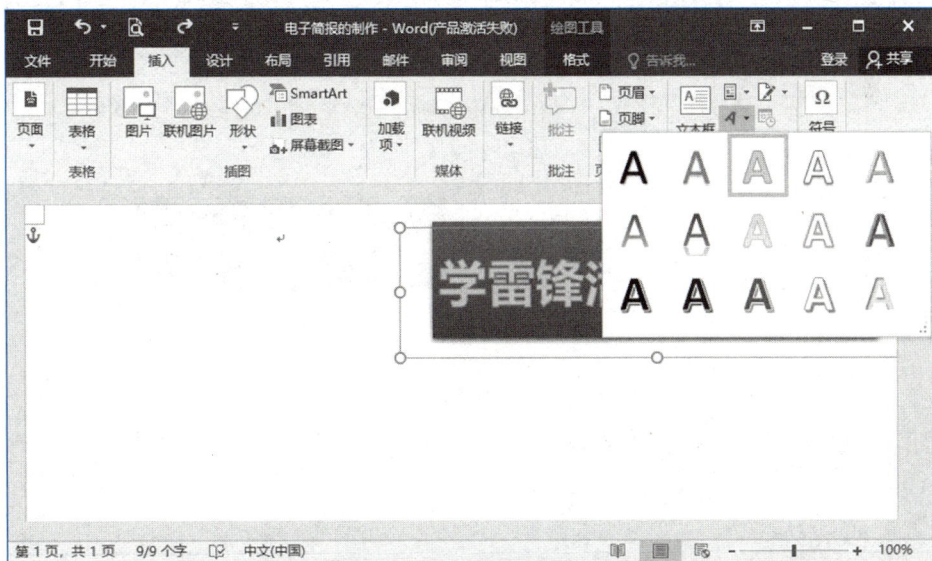

图 3-32　插入标题艺术字

　　**步骤 6**：设置艺术字样式。选中艺术字，设置艺术字的字体、字号，并设置艺术字的外观样式，效果如图 3-33 所示。

图 3-33　艺术字外观样式

## 二、制作简报期刊号及印发内容版式

报头制作完成后，下面制作期刊号及报纸印发内容的版式。

步骤 1：绘制直线。单击"插入"选项卡中的"形状"下拉按钮，选择直线，绘制直线，放置在页面合适的位置，如图 3-34 所示。

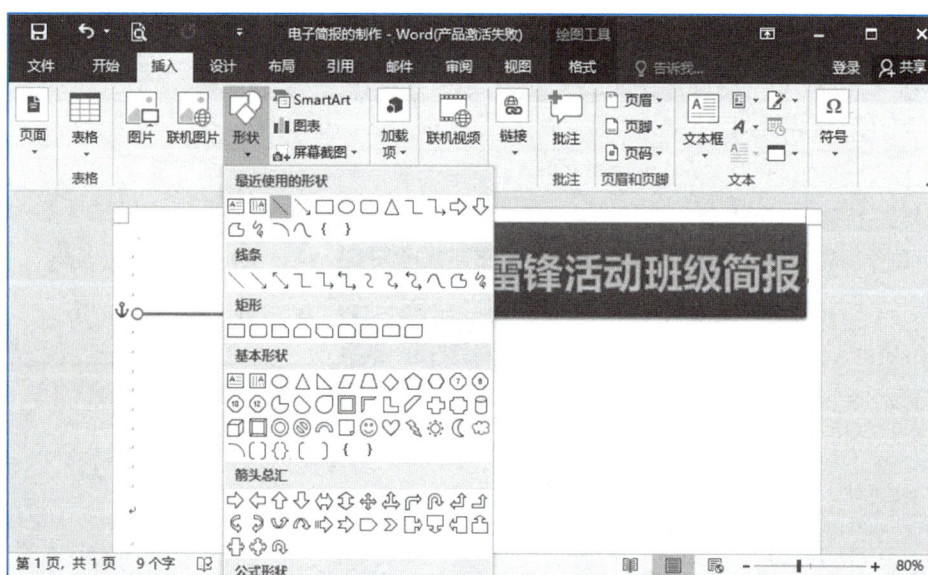

图 3-34　绘制直线

步骤 2：设置直线线条的粗细样式。选中直线，将直线的粗细设为"3 磅"，如图 3-35 所示。

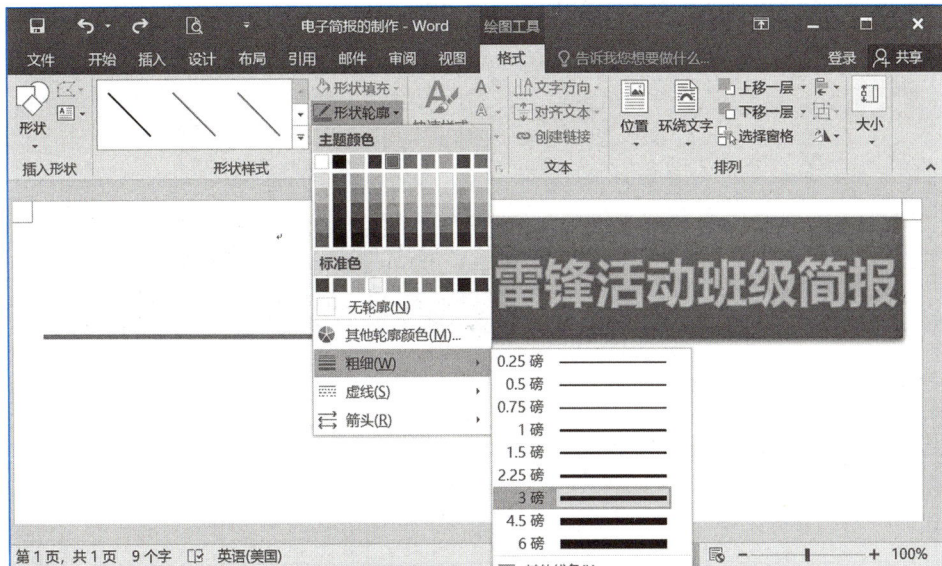

图 3-35　线条粗细样式

　　**步骤 3**：绘制矩形。单击"矩形"形状，绘制矩形，并设置好矩形填充颜色，如图 3-36 所示。

图 3-36　绘制填充色为蓝色的矩形

　　**步骤 4**：输入期刊号。选中矩形，单击鼠标右键，选择"添加文字"命令，并输入期刊号，如图 3-37 所示。

图 3-37　期刊号

步骤 5：设置期刊号内容格式。选中期刊号文本内容，单击鼠标右键，选择"字体"命令，在"字体"对话框中对字体、字号进行设置，如图 3-38 所示。

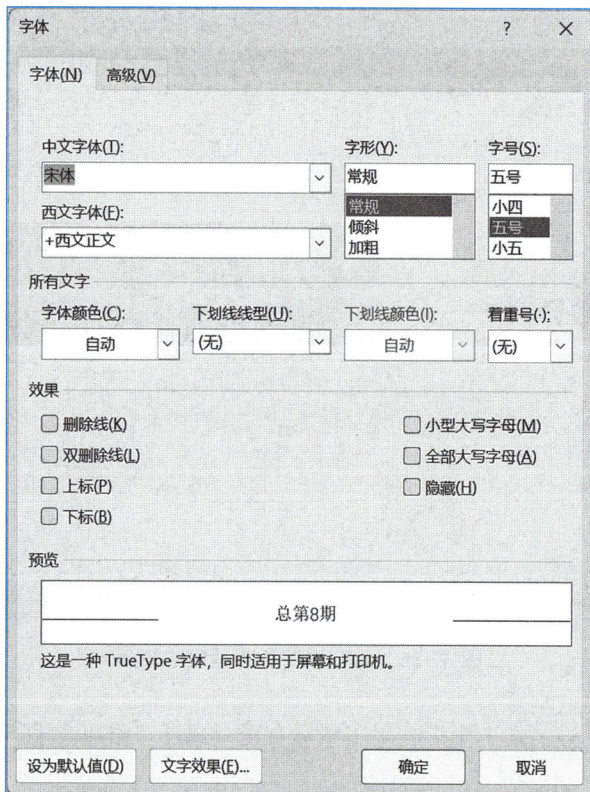

图 3-38　"字体"对话框

**步骤 6**：组合图形。选中所有图形及艺术字，在"绘图工具—格式"选项卡下的"排列"选项组中，单击"组合"按钮，组合所有图形。组合效果如图 3-39 所示。

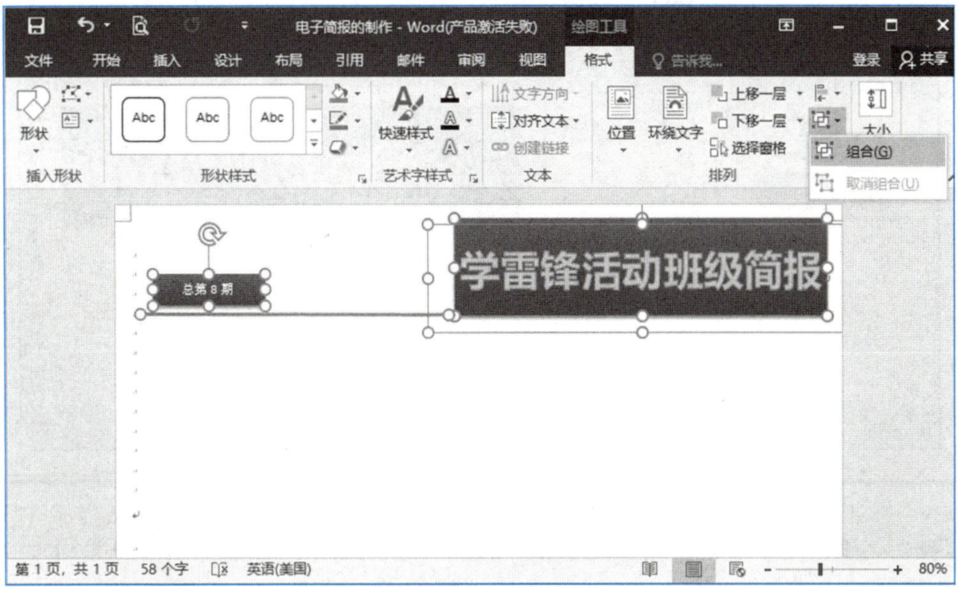

**图 3-39　艺术字和图形的组合效果**

**步骤 7**：插入图片。单击"插入"选项卡中的"图片"下拉按钮，选择"本地图片"，在弹出的"插入图片"对话框中，选择"班级 logo"图片，如图 3-40 所示，插入后调整其大小，并放置在文档合适位置。

**图 3-40　"插入图片"对话框**

**步骤 8**：设置图片排列方式。选中插入的图片，单击"布局选项"悬浮按钮，在其展开列表中选择"浮于文字上方"选项，如图 3-41 所示。

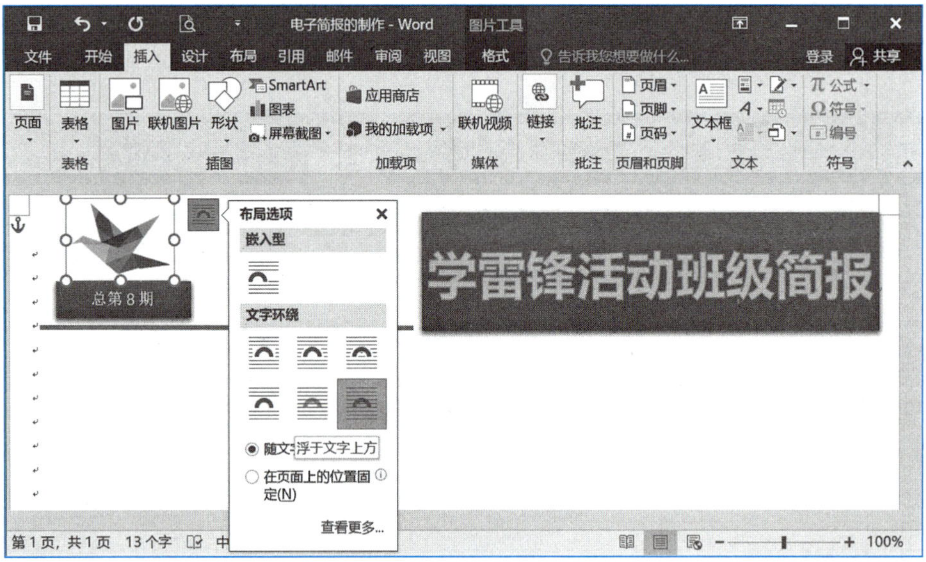

图 3-41　设置图片排列方式

步骤 9：插入文本框。单击"文本框"按钮，插入简单文本框，并输入文本内容，如图 3-42 所示。

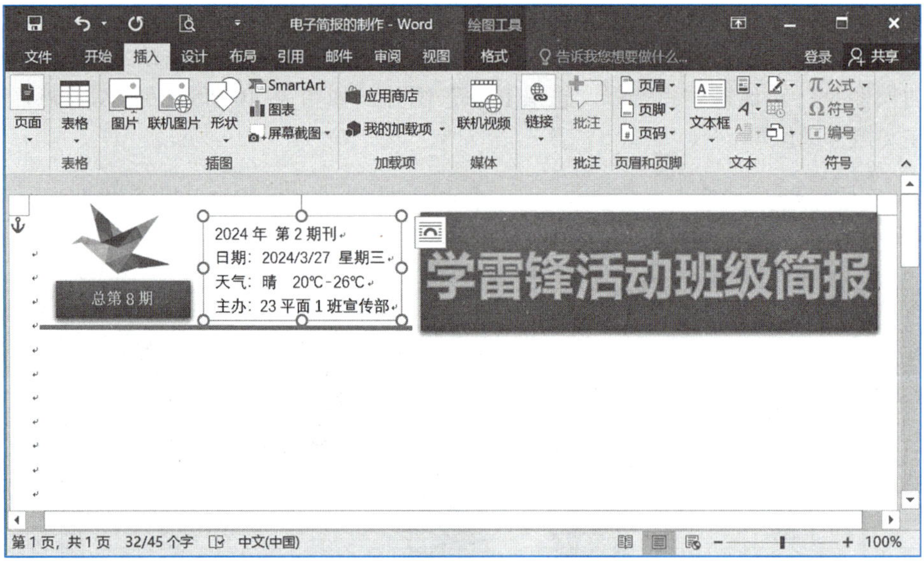

图 3-42　插入文本框

步骤 10：设置文本框格式。选中文本框，将文本框设置为无轮廓、无填充效果，如图 3-43 所示，并对其文本格式进行设置。

## 三、设置简报内容版式

接下来设计简报内容版式。

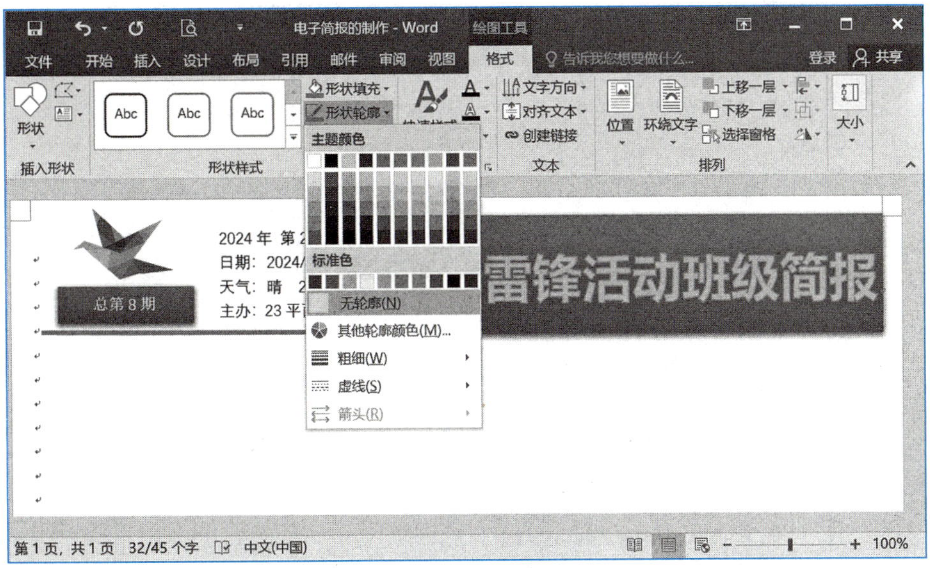

图 3-43　设置文本框格式

步骤 1：页面分栏。单击"布局"选项卡 /"分栏"下拉按钮，选择"更多分栏"，在弹出的"分栏"对话框中，"预设"选择"两栏"，栏"宽度和间距"使用默认设置，勾选"栏宽相等"，应用范围为整篇文档，如图 3-44 所示。

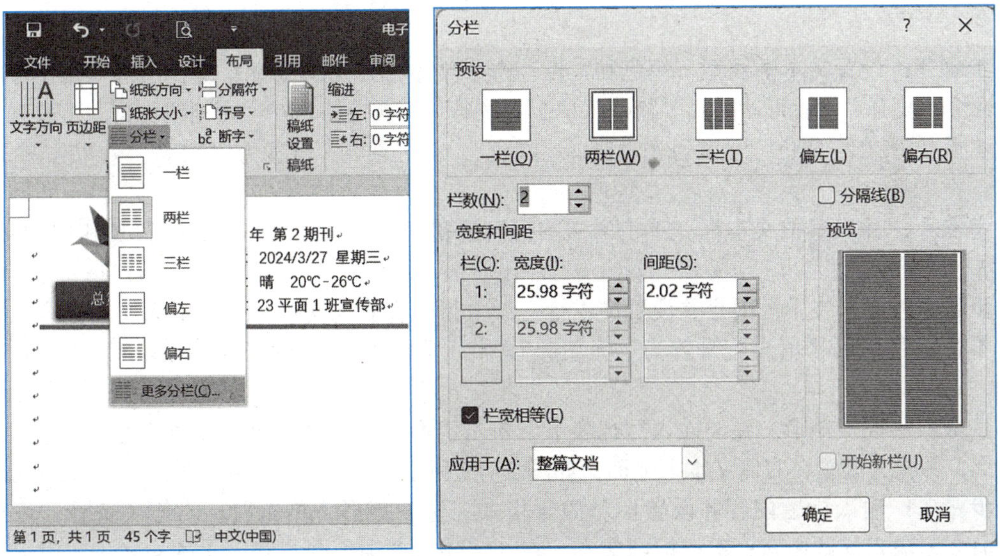

图 3-44　分栏设置

注意：当设置分隔线，需要分栏看到效果时，可以用空格键填满第一分栏，直至需要编辑的第二栏处停下。

步骤 2：插入文本框，并输入内容。单击"文本框"按钮，插入简单文本框，并在文本框中输入所需要的内容，同时根据文本框大小设置字体的大小与段落行距，效果如图 3-45 所示。

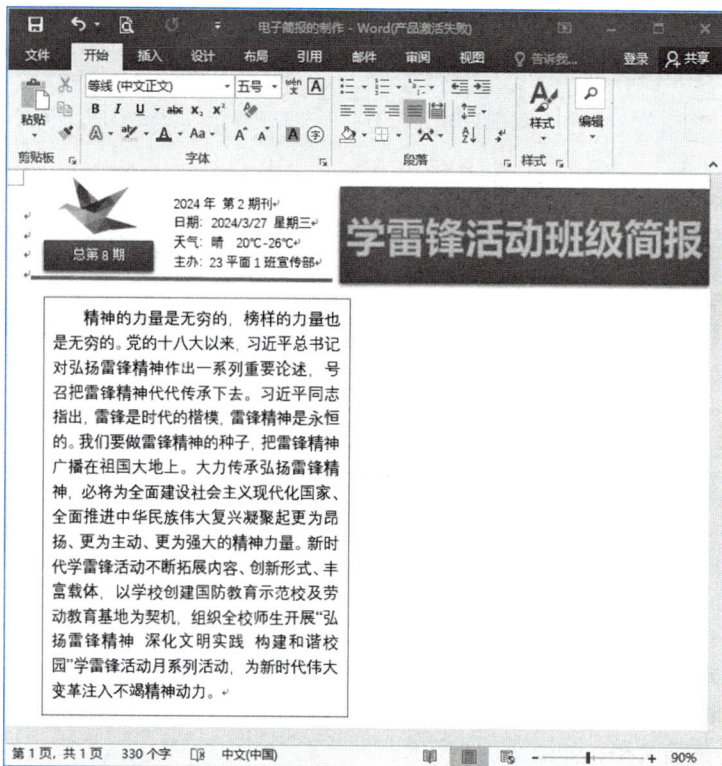

图 3-45　插入文本框并输入内容

　　**步骤 3：**设置文本框线型、颜色和宽度。选中文本框，单击鼠标右键，选择"设置形状格式"命令，打开"设置形状格式"窗格，单击"线条"折叠按钮，在"短划线类型"下拉列表中选择"圆点"，在"颜色"下拉列表中选择"红色"，将"宽度"设置为"2 磅"，效果如图 3-46 所示。

　　**步骤 4：**插入其他文本框。单击"文本框"按钮，插入其他文本框，并设置相应的版式，如图 3-47 所示。

　　**步骤 5：**输入文本框内容并设置文本框框线效果。在右侧文本框中，输入文本内容。选中该文本框，将"形状填充"设置为"无填充"，将"形状轮廓"设置为"无轮廓"，效果如图 3-48 所示。

　　**步骤 6：**插入矩形。在"插入"选项卡下单击"形状"下拉按钮，选择"矩形"选项，绘制矩形，并将其放置在右侧文本框上面，如图 3-49 所示。

　　**步骤 7：**输入标题内容并设置标题内容格式。选中矩形，单击鼠标右键，选择"添加文字"命令，输入标题内容；选择标题文本，在"字体"选项组中，对其文本格式进行设置，效果如图 3-50 所示。

　　**步骤 8：**设置标题矩形格式。选中标题矩形形状，根据需要对其格式进行设置，同时适当调整好标题文本的位置，如图 3-51 所示。

　　**步骤 9：**插入表格。选中另一文本框，输入标题内容，并设置字体格式，其后在"插入"选项卡下单击"表格"下拉按钮，选择 1 行 2 列，插入表格，效果如图 3-52 所示。

　　**步骤 10：**输入表格内容。选中插入的表格的第一个单元格，输入文本内容，如图 3-53 所示。

图 3-46 文本框框线参数设置效果

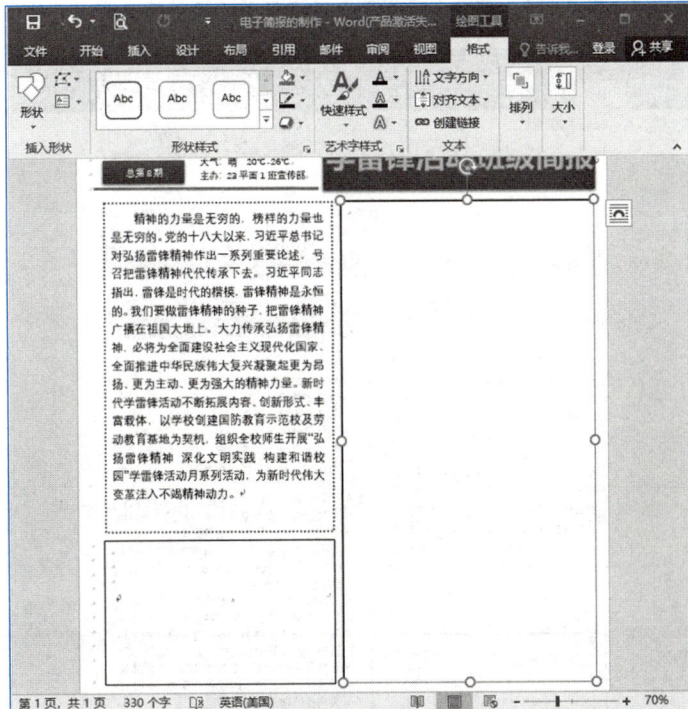

图 3-47 插入其他文本框

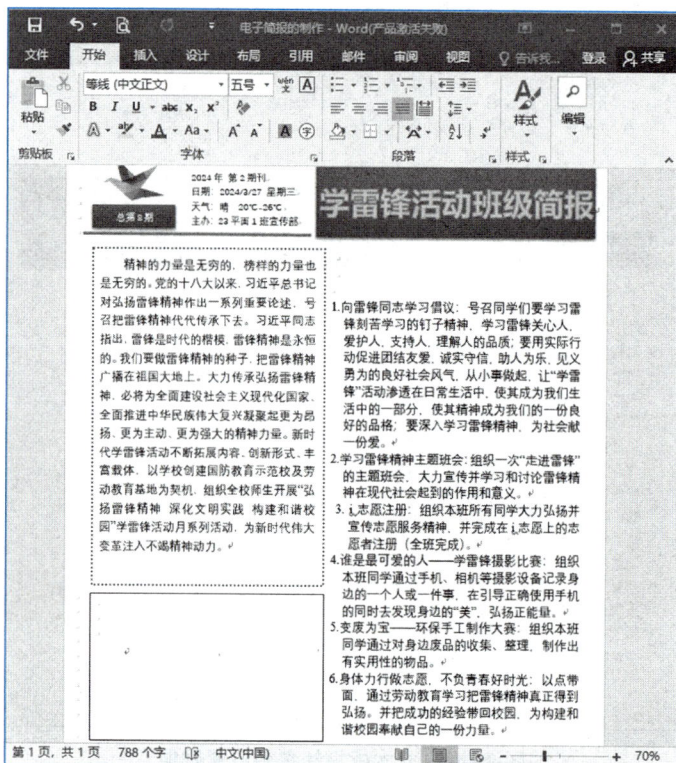

图 3-48　输入文本框内容并设置文本框框线效果

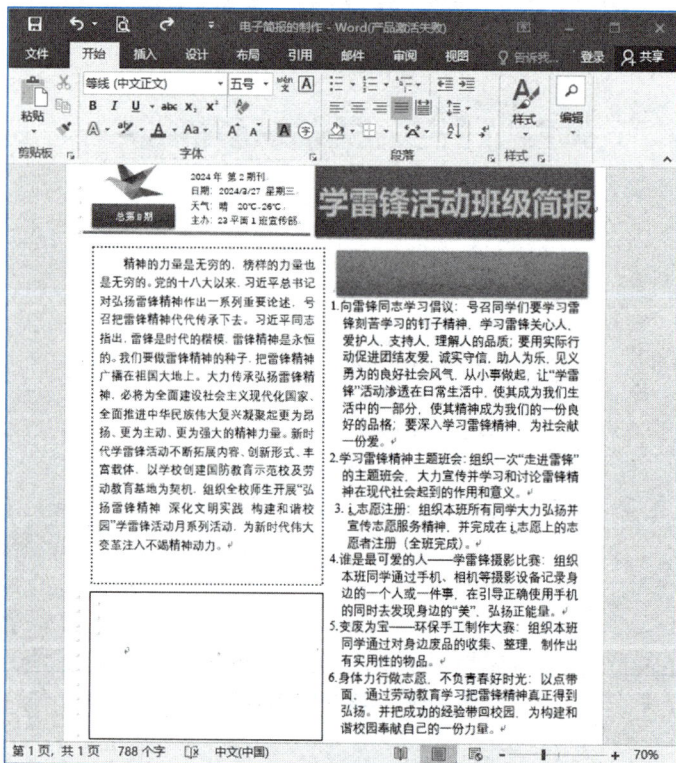

图 3-49　绘制矩形

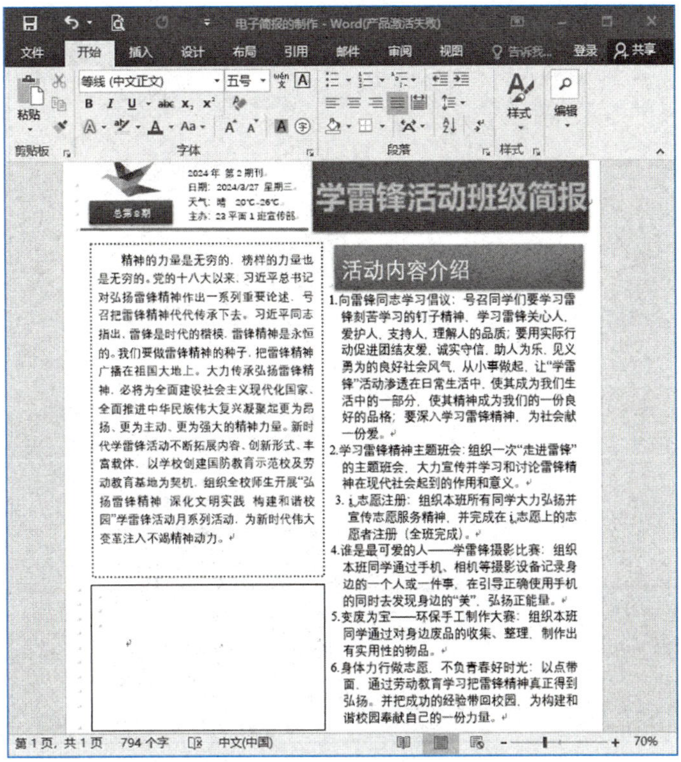

图 3-50  标题内容设置效果

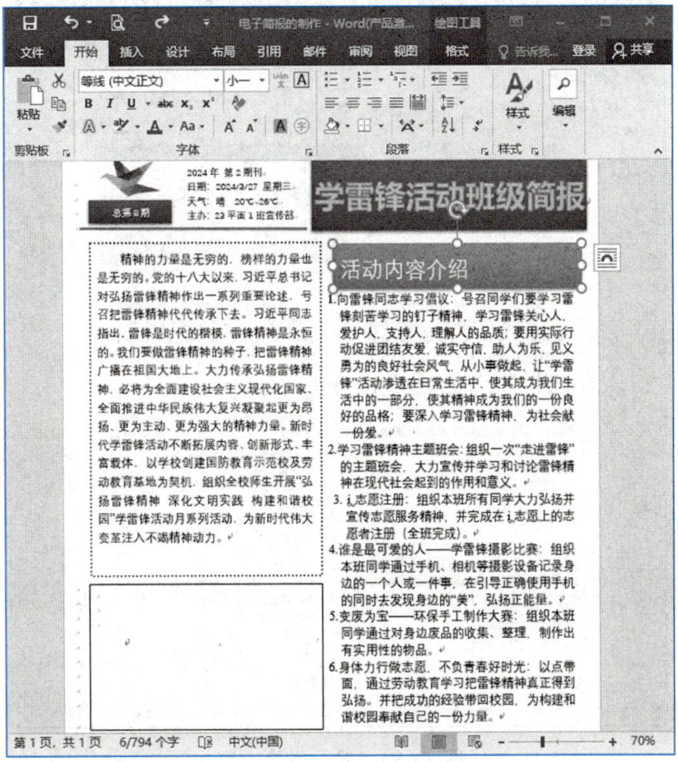

图 3-51  设置标题矩形格式

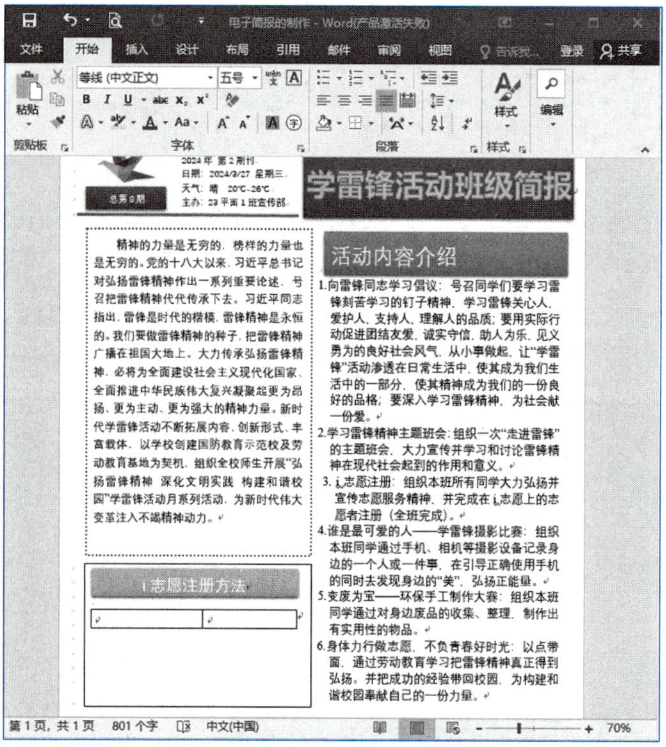

图 3-52　插入表格

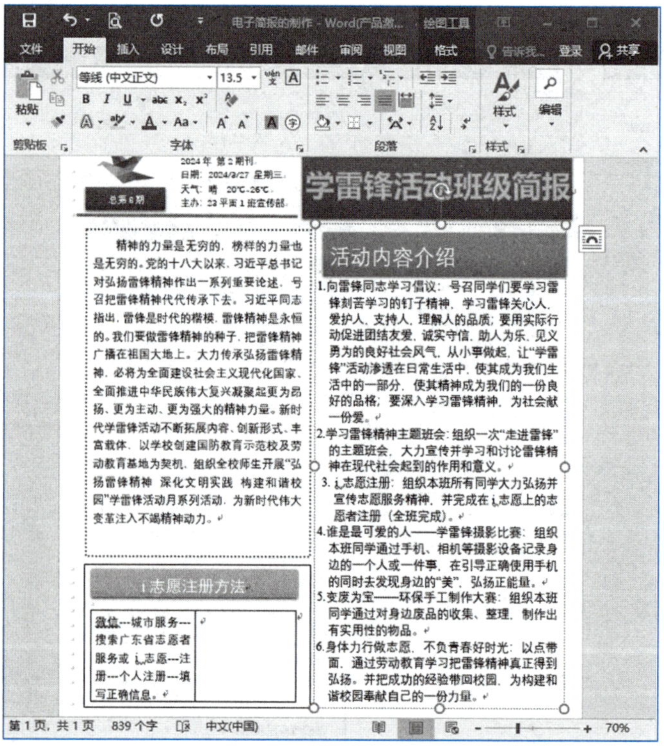

图 3-53　输入表格内容

步骤 11：设置表格列宽。选中表格中的列线，当鼠标呈双向箭头显示时，按住鼠标左键不放，向右拖动至满意位置，松开鼠标即可调整列宽。

步骤 12：选择图片。选中表格第 2 个单元格，在"插入"选项卡下，单击"图片"下拉按钮，选择"本地图片"，在打开的"插入图片"对话框中选择所需图片，如图 3-54 所示。

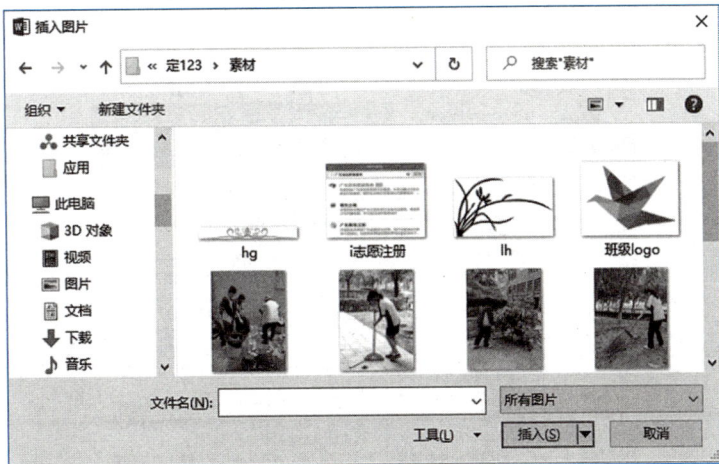

图 3-54　"插入图片"对话框

步骤 13：插入图片。单击"插入"按钮，在单元格中插入图片，然后选中图片任意角点，按住鼠标左键，拖动至满意位置，即可调整图片大小，效果如图 3-55 所示。

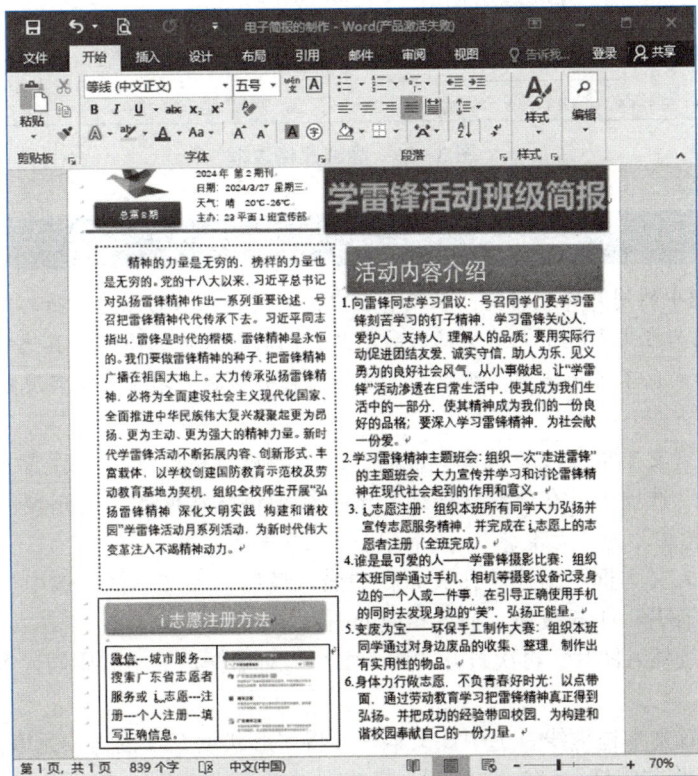

图 3-55　插入图片后的效果

步骤 14：隐藏表格边框。全选表格，在"开始"选项卡的"段落"选项组中，单击"边框"下拉按钮，选择"无框线"选项，效果如图 3-56 所示。

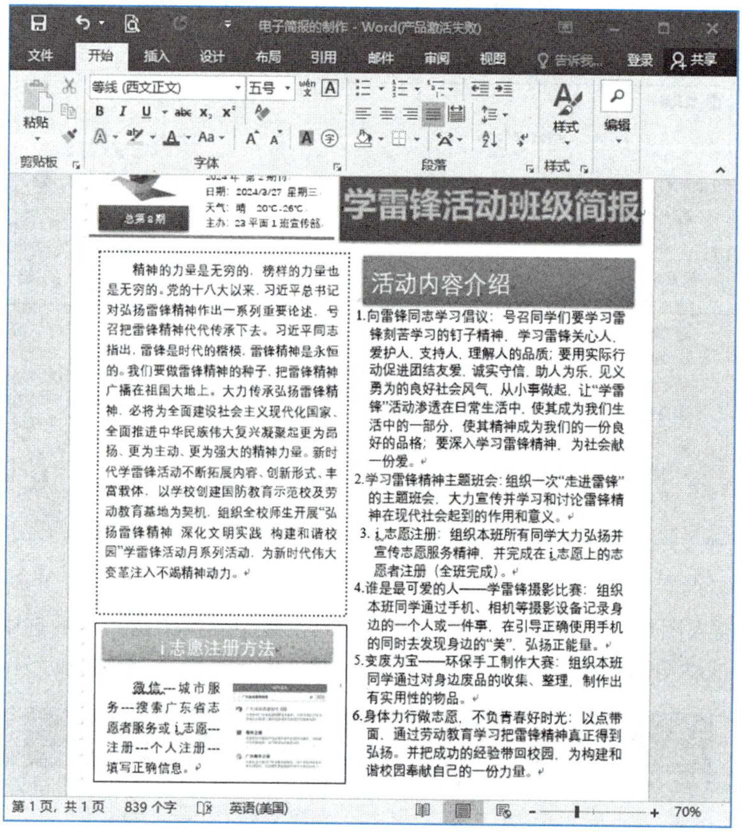

图 3-56　隐藏表格边框

⊘ 温馨提示

　　解决文本框中的图片环绕问题：在文本框中，如想将插入的图片进行环绕设置，则需使用表格功能。因为在文本框中，选中插入的图片，此时在相应的图片工具选项卡中，其"自动换行"命令为灰色不可用状态，所以，只有启用表格功能，才有可能实现图文混排操作。

步骤 15：设置文本框边线。选择完成后，即可隐藏表格框线。然后选中文本框，切换至"绘图工具—格式"选项卡，在"形状样式"选项组中将文本框的"填充颜色"设置为"无填充"，设置"形状轮廓"为"无轮廓"，效果如图 3-57 所示。

步骤 16：插入文本框与图片。在页面底端插入最后一个文本框，选中文本框，单击"插入"选项卡下的"图片"下拉按钮，插入相应的图片。

步骤 17：继续插入图片。再次打开"插入图片"对话框，根据需要插入多张图片，效果如图 3-58 所示。

步骤 18：设置文本框框线。选中该文本框，将"形状填充"设为"无填充"，单击"形状轮廓"下拉按钮，将"粗细"设为"2 磅"，将线型设置为"圆点"，将颜色设置为"深红"，效果如图 3-59 所示。

图 3-57　文本框边线设置

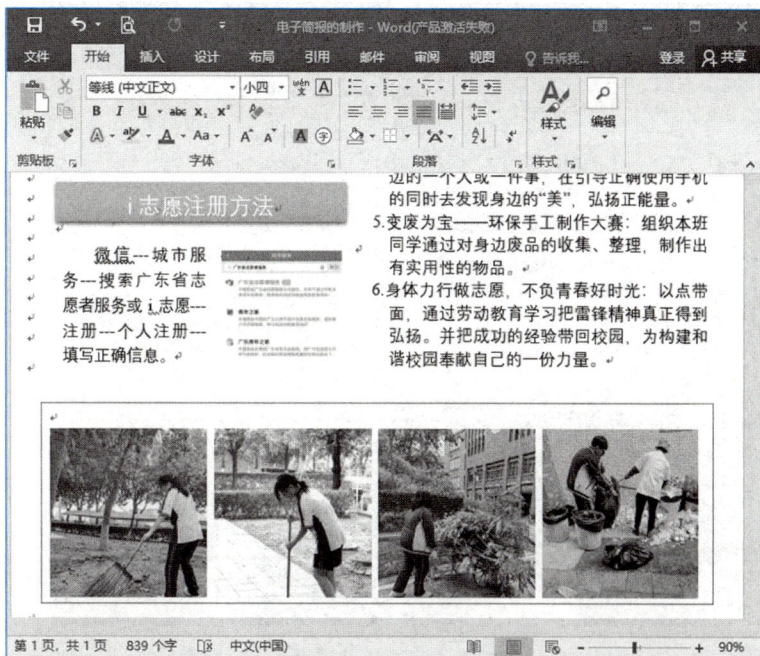

图 3-58　插入多张图片效果

图 3-59　文本框框线设置

步骤 19：设置标题格式。绘制矩形形状，并输入标题内容，其后设置标题文本的格式，效果如图 3-60 所示。

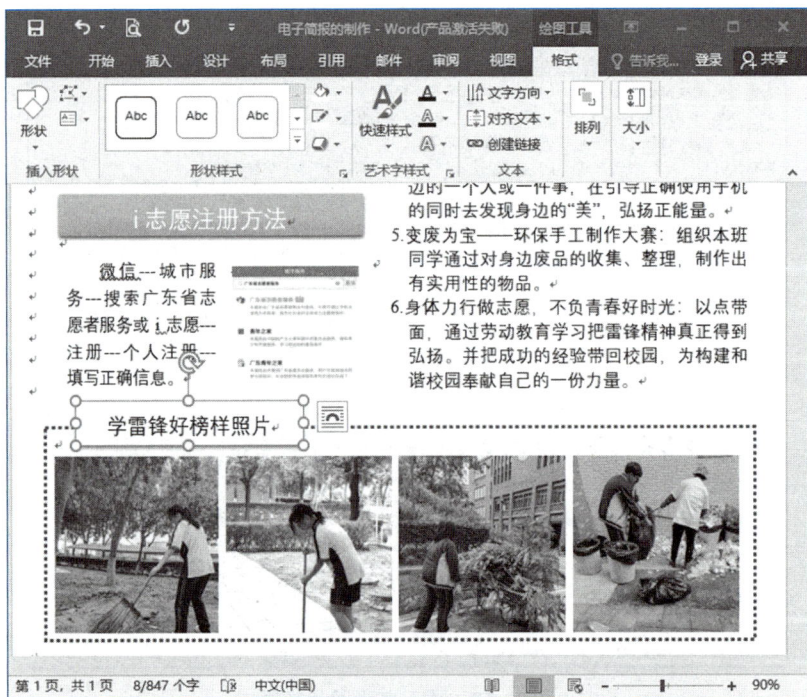

图 3-60　"学雷锋好榜样照片"标题格式设置效果

步骤 20：设置矩形格式。将矩形的"形状填充"设置为"强烈效果—绿—强烈颜色 6"，其后将其标题拖动至该文本框右上角合适位置，如图 3-61 所示。

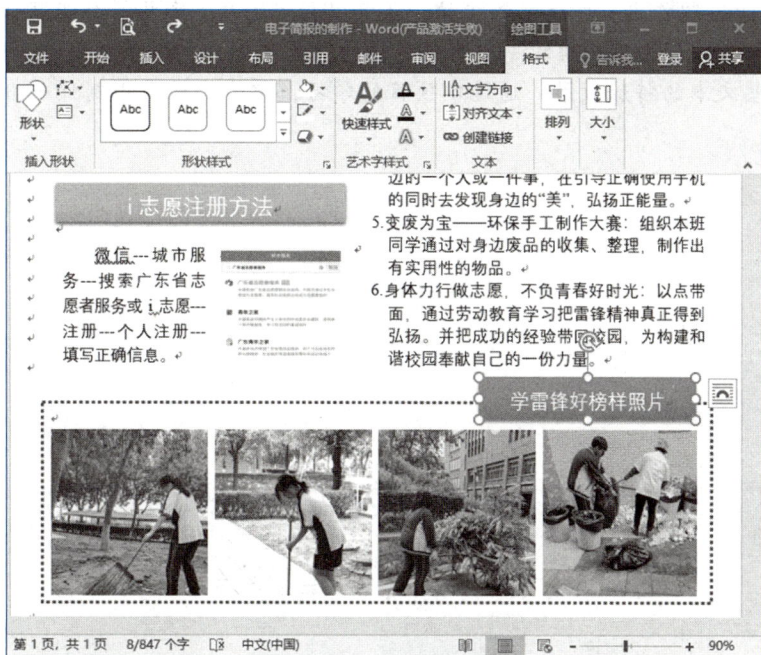

图 3-61　设置矩形格式

步骤 21：查看最后效果。设置完成后，单击"文件"选项卡，选择"打印"选项，在右侧预览区域中查看最后效果，如图 3-62 所示。

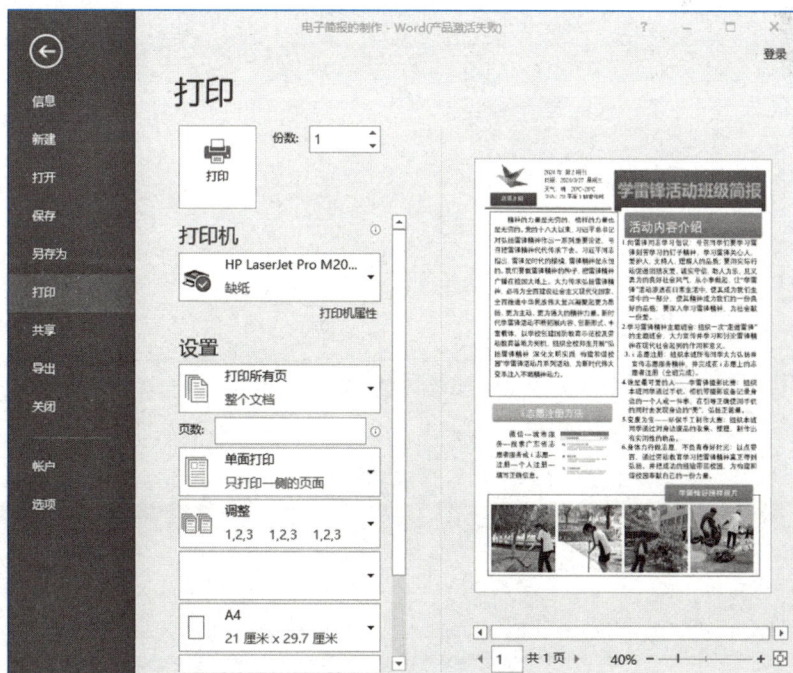

图 3-62　预览效果

## 项目小结

Word 除了能够制作出一些简单的文档，还可以利用图片、形状等功能制作出漂亮的图文混排的文档。本项目是文字处理的一个图文混排的综合案例，要求掌握图形、图片、艺术字、文本框以及一些文本的特殊效果。通过本项目的学习，学生能够掌握制作一份漂亮的文档的方法。

## 项目三

∨

# 个人成绩单的制作

**📄 项目概述**

　　Word 2016 提供了丰富的表格功能，不仅可以快速创建表格，还可以对表格进行编辑、实现表格与文本间的相互转换和表格格式的自动套用等。这些功能大大方便了用户，使得表格的制作和排版变得比较简单。本项目介绍表格的创建、表格的编辑与修饰、表格内数据的排序和计算等基本操作。

**📇 任务描述 ▶**

　　期末考试过后，王老师要一对一地对家长们公布学生的个人成绩单。为了让家长们清楚了解自己孩子在班上的成绩，王老师需要制作表格，让家长们快速明了地看懂自己孩子的学习成绩。

**🔗 知识链接 ▶**

　　表格是一种简明扼要的表达方式。在许多报告中，常常采用表格的形式来表示某一事物，如考试成绩表、职工工资表等。表格能清晰、有序地呈现大量数据，方便对不同类别的信息进行对比。美化文档可增强文档的美观度和专业性，使信息更易于阅读和理解。

**📝 任务实现 ▶**

### 一、插入表格并输入表格内容

　　新建文档后，使用插入表格功能即可轻松插入所需表格，并对表格内容进行输入操作。

　　**步骤 1：**设置页面大小。新建文档，单击"布局"/"页面设置"选项组的对话框启动器按钮，在打开的"页面设置"对话框中，将"上""下""左""右"页边距设为 1.5 厘米，如图 3-63 所示，将"纸张大小"设置为"A4"，纸张方向为"纵向"。

　　**步骤 2：**插入表格。单击"插入"选项卡下的"表格"下拉按钮，插入一个 10 行 5 列的表格，如图 3-64 所示。

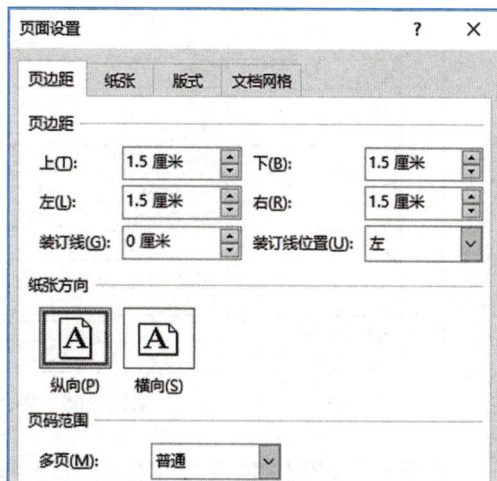

图 3-63　页面设置参数

图 3-64　插入表格

**步骤 3**：输入表格标题和表格内容。将光标放至表格第一行末尾处，按 Ctrl + Shift + Enter 键，插入标题，并输入表格标题和表格内容，如图 3-65 所示。

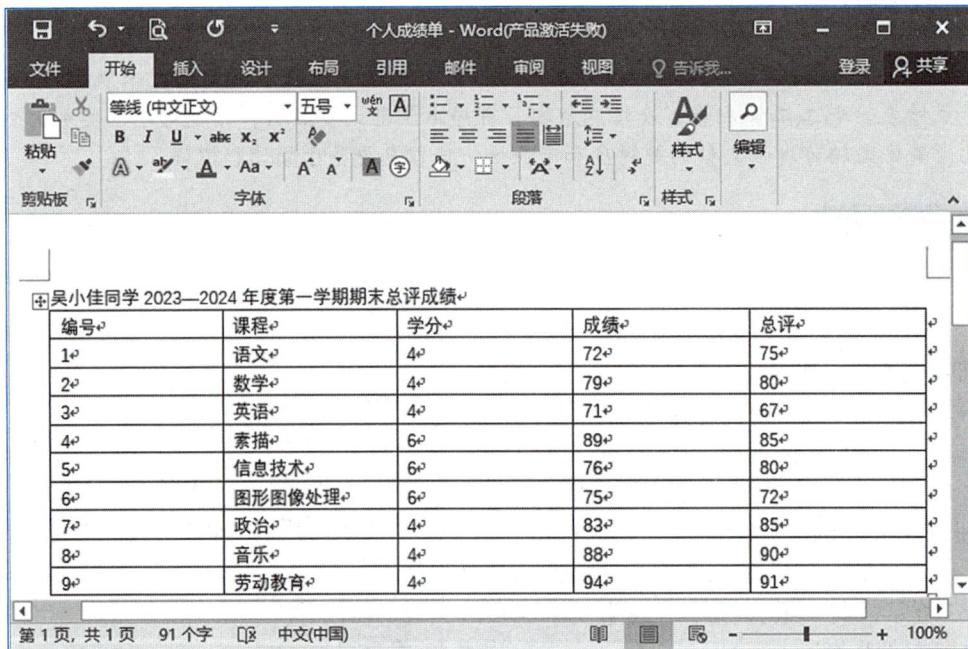

图 3-65　输入表格标题和表格内容

**步骤 4**：设置表格标题文本格式。将标题文本的"字体"设为"黑体"，将"字号"设为"小三"，并将其水平居中显示，如图 3-66 所示。

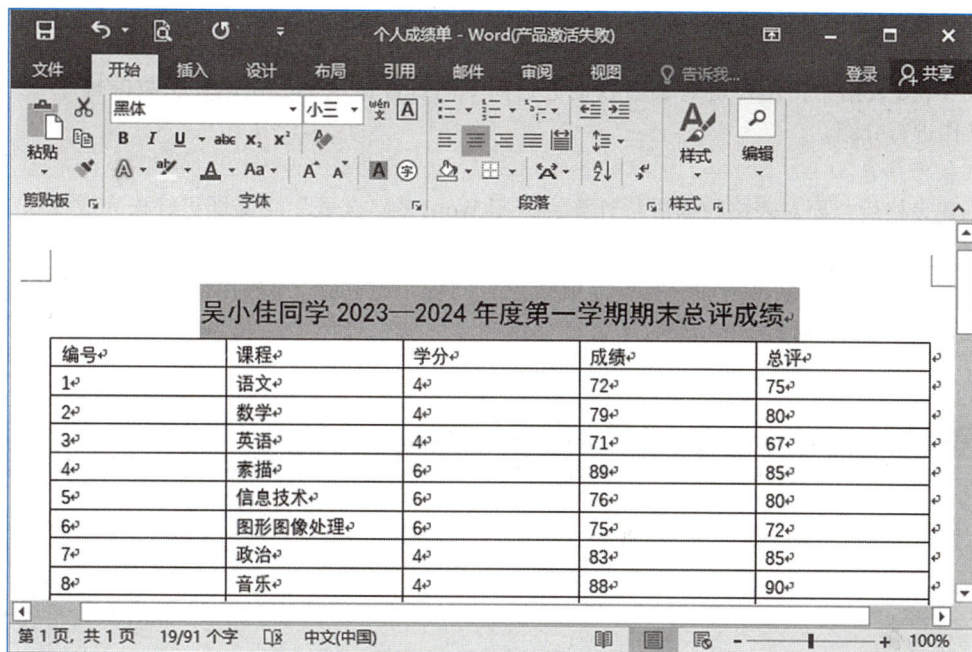

图 3-66　设置表格标题文本格式

步骤 5：设置表格内容格式。按照同样操作，对表格内容的格式进行设置，如图 3-67 所示。

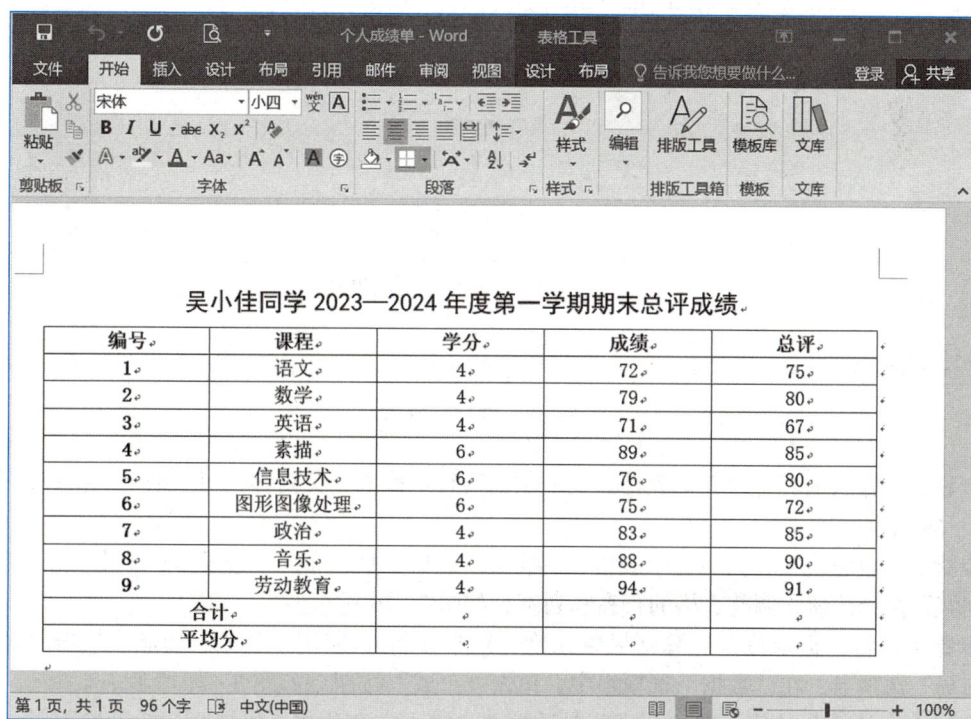

图 3-67　设置表格内容格式

## 二、表格的统计

在 Word 表格中，用户可对表格数据进行简单的统计，例如数据运算、数据排序等，下面对其操作进行介绍。

### 1. 数据计算

创建表格后，要对表格数据进行计算，使用 Word 的"公式"功能即可轻松完成操作。

**步骤 1：**增加两行。有两种方法，方法一是把鼠标定位在表格最后一个单元格外，按 Enter 键，可增加一行。如果再增加一行，需要按左方向键，让光标又回到最后一个单元格的外面；方法二是选中最后一行的内容，右击，在弹出的对话框中选择"插入"/"在下方插入行"，可插入行，如图 3-68 所示。

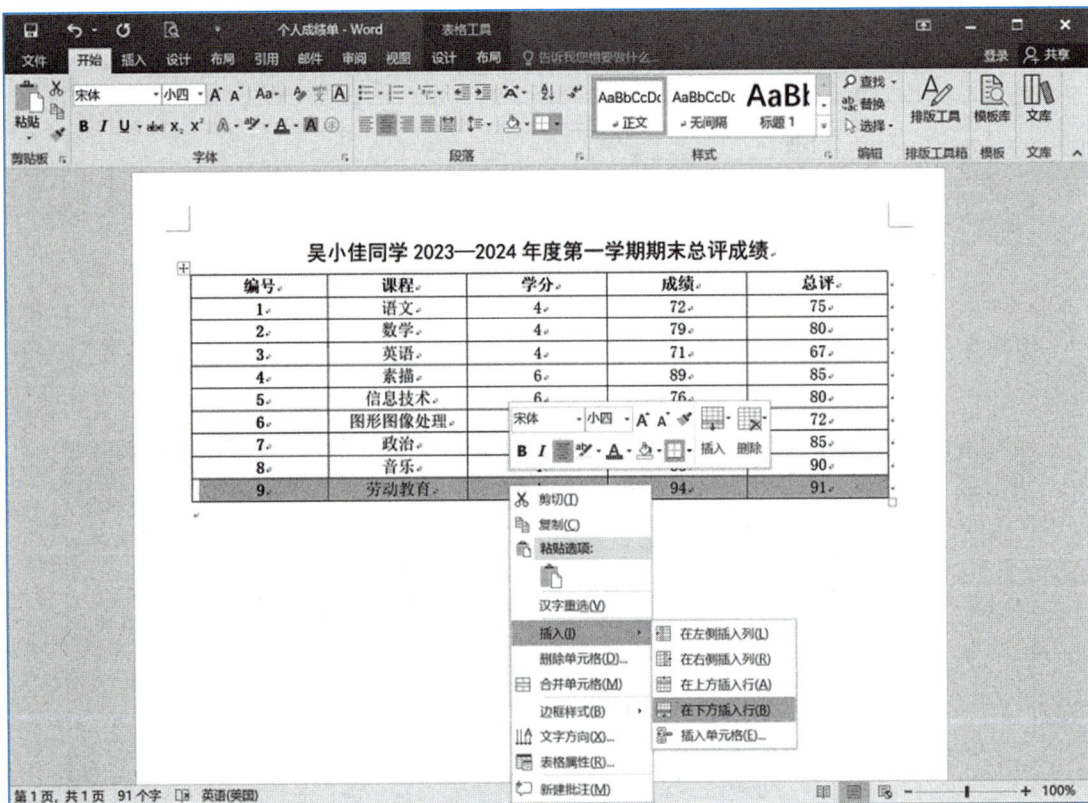

图 3-68 增加行操作

**步骤 2：**输入内容并合并单元格。在增加的两行中输入相关内容，对个别单元格进行合并，如图 3-69 所示。

**步骤 3：**设置表格行高。选中表格，切换至"表格工具—布局"选项卡，单击表格"行高"和"列宽"微调按钮，调整表格的行高和列宽，如图 3-70 所示。

**步骤 4：**将鼠标定位至运算结果单元格（3 列 11 行），应用"公式"功能。单击"表格工具—布局"选项卡，在"数据"选项组中，单击"公式"按钮，如图 3-71 所示。

**步骤 5：**计算合计值。在"公式"对话框中，输入求和公式，保持默认的设置不变，单击"确定"按钮，如图 3-72 所示。

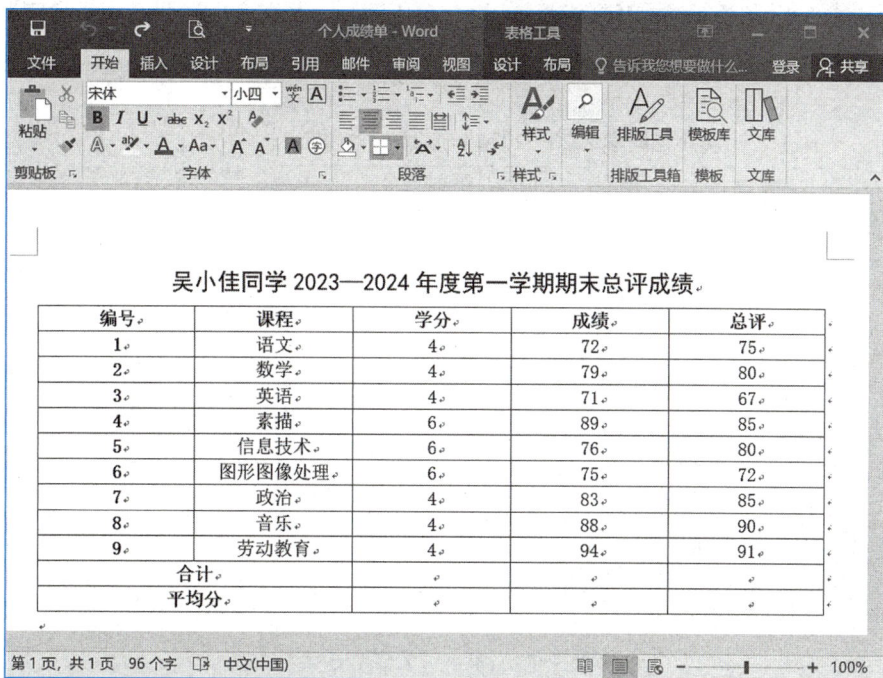

图 3-69  合并单元格

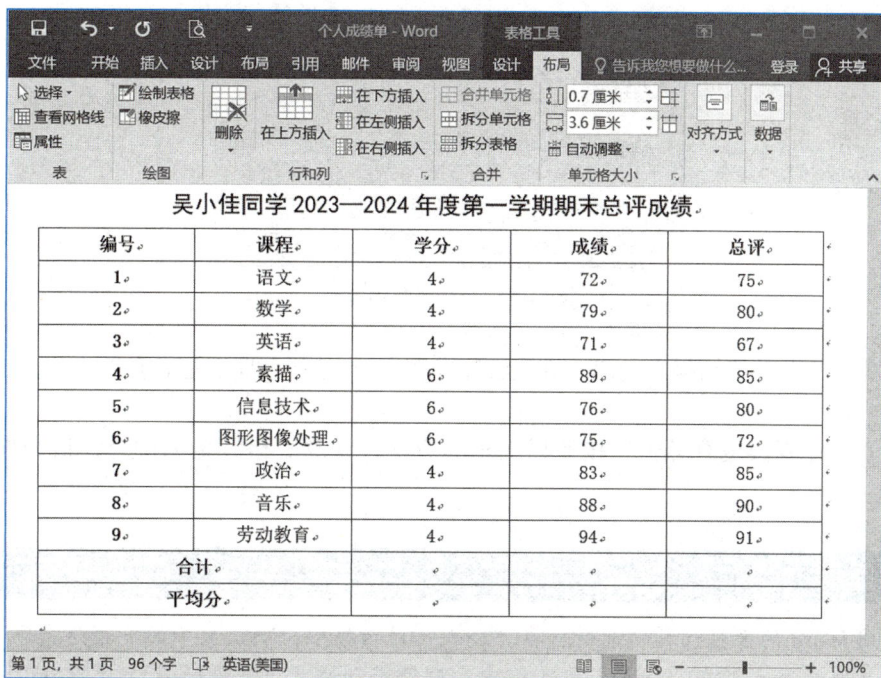

图 3-70  行高、列宽参数

图 3-71 单击"公式"按钮

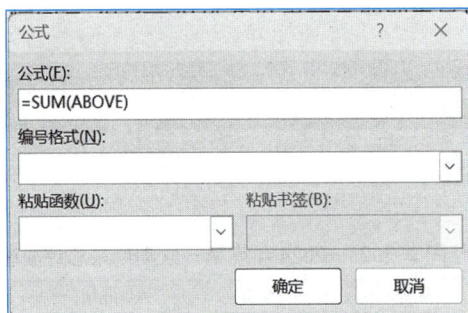

图 3-72 "公式"对话框

步骤 6：显示计算结果。此时，在光标定位的单元格中，即可显示求和结果，如图 3-73 所示。

步骤 7：计算其他合计值。按照以上求和方法，计算表格其他列的合计值，如图 3-74 所示。

◎ 温馨提示

应用 Word 的数据计算功能时，在"公式"对话框中，默认显示的公式为求和，如果想使用其他公式，则在"公式"文本框中，删除求和公式（保留等号），然后在"粘贴函数"下拉列表中选择需要的公式，在"公式"文本框显示的公式参数中，根据需要输入 Above 或 Left 符，单击"确定"按钮，即可完成相应的计算操作。

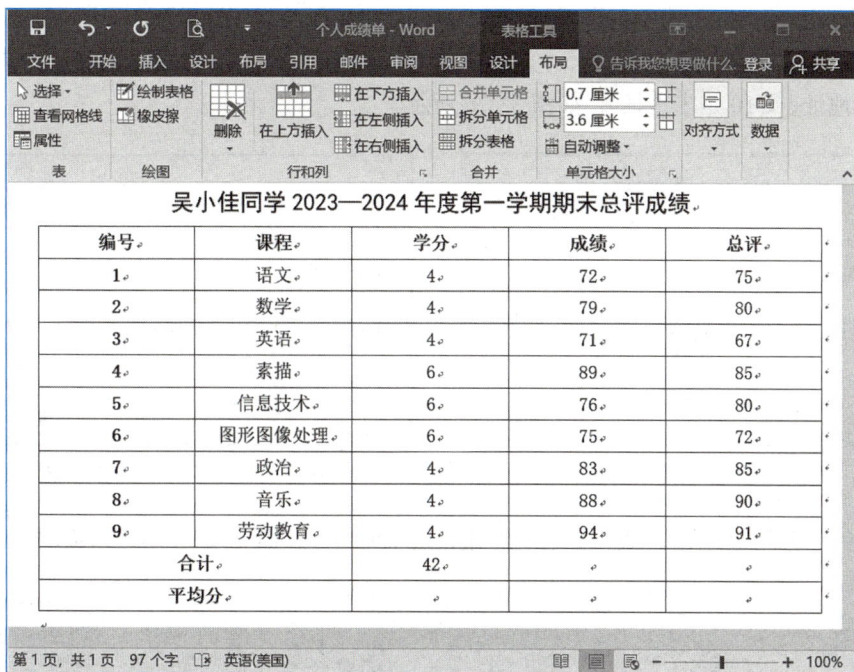

图 3-73　学分合计

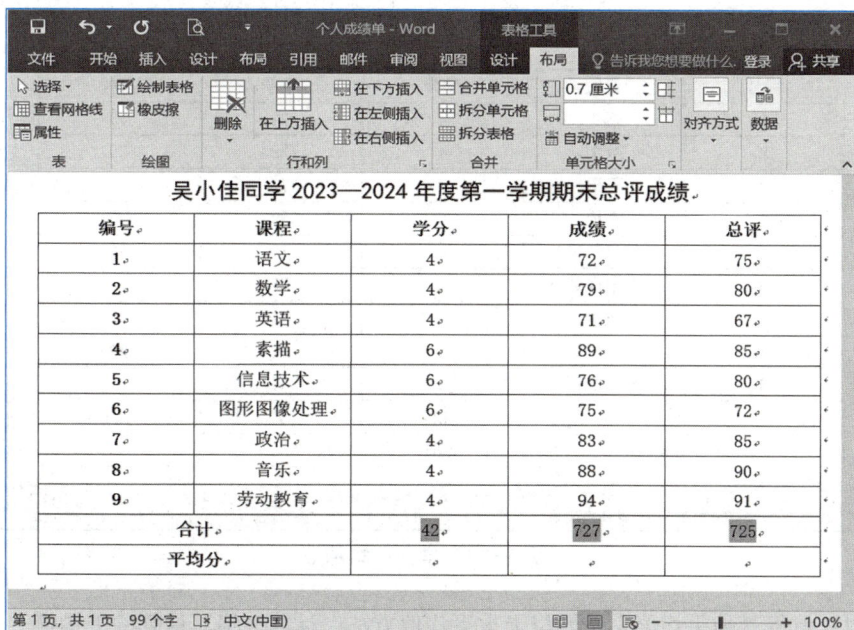

图 3-74　学分、成绩和总评合计

　　**步骤 8**：计算平均值。将鼠标定位至运算结果单元格（3 列 12 行），应用"公式"功能。单击"表格工具—布局"选项卡，在"数据"选项组中，单击"公式"按钮。在"公式"对话框中，将"= SUM(ABOVE)"删除，然后输入"="，接着在"粘贴函数"下拉列表中选择平均值

函数 "AVERAGE（ ）"，即可在 "公式" 文本框中显示相关函数，如图 3-75 所示。

步骤 9：输入求平均值的范围。在函数的括号内输入 "C2：C10"（C2 是指要计算的单元格区域内的首地址，C10 是末地址），如图 3-76 所示。

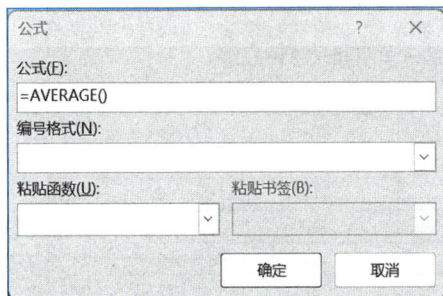

图 3-75　平均值公式　　　　　图 3-76　平均值公式区域参数

步骤 10：显示计算结果。此时，在光标定位的单元格中，即可显示平均值的结果，如图 3-77 所示。

图 3-77　学分平均值

步骤 11：计算其他平均值。按照以上求平均值方法，计算表格其他列的平均值，如图 3-78 所示。

2. 数据排序

若要对表格的数据进行排序，可使用 "排序" 功能，具体操作如下：

步骤 1：选择所需数据。在表格中，选中要排序的行或列，这里选择 "成绩" 列，如图 3-79 所示。

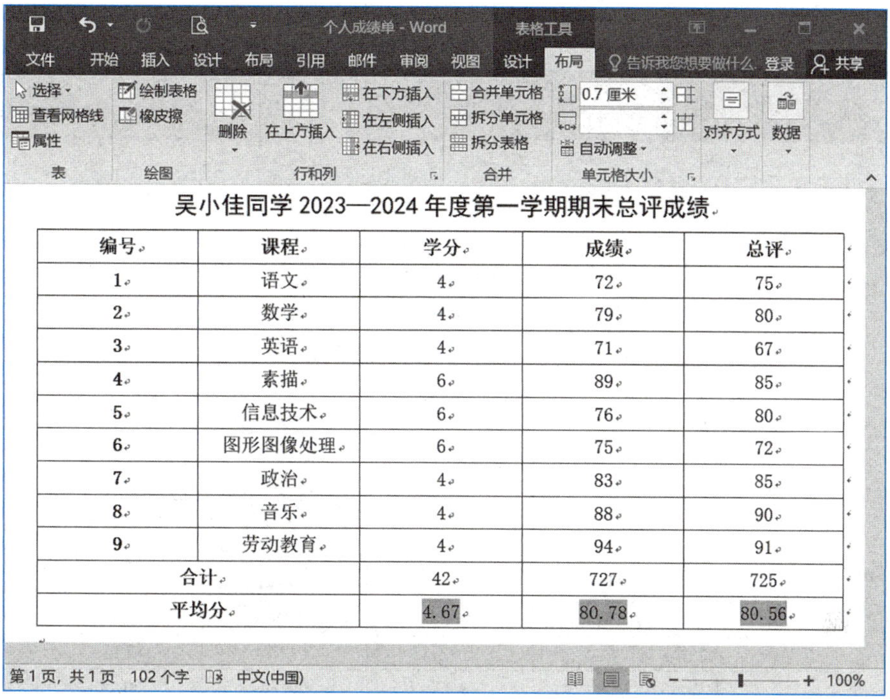
吴小佳同学 2023—2024 年度第一学期期末总评成绩

| 编号 | 课程 | 学分 | 成绩 | 总评 |
|---|---|---|---|---|
| 1 | 语文 | 4 | 72 | 75 |
| 2 | 数学 | 4 | 79 | 80 |
| 3 | 英语 | 4 | 71 | 67 |
| 4 | 素描 | 6 | 89 | 85 |
| 5 | 信息技术 | 6 | 76 | 80 |
| 6 | 图形图像处理 | 6 | 75 | 72 |
| 7 | 政治 | 4 | 83 | 85 |
| 8 | 音乐 | 4 | 88 | 90 |
| 9 | 劳动教育 | 4 | 94 | 91 |
| 合计 | | 42 | 727 | 725 |
| 平均分 | | 4.67 | 80.78 | 80.56 |

图 3-78 学分、成绩和总评平均值

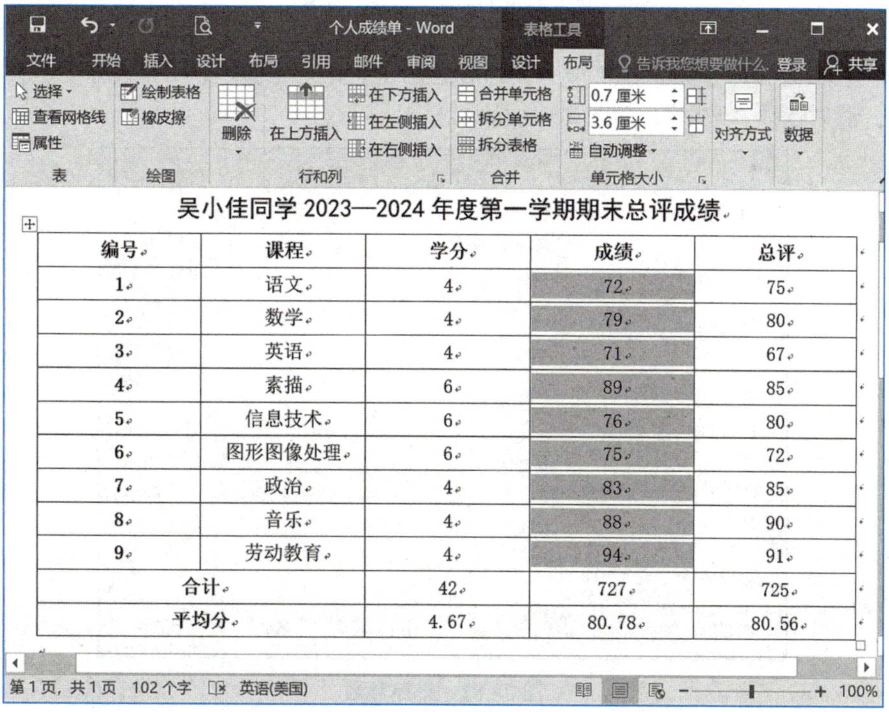
吴小佳同学 2023—2024 年度第一学期期末总评成绩

| 编号 | 课程 | 学分 | 成绩 | 总评 |
|---|---|---|---|---|
| 1 | 语文 | 4 | 72 | 75 |
| 2 | 数学 | 4 | 79 | 80 |
| 3 | 英语 | 4 | 71 | 67 |
| 4 | 素描 | 6 | 89 | 85 |
| 5 | 信息技术 | 6 | 76 | 80 |
| 6 | 图形图像处理 | 6 | 75 | 72 |
| 7 | 政治 | 4 | 83 | 85 |
| 8 | 音乐 | 4 | 88 | 90 |
| 9 | 劳动教育 | 4 | 94 | 91 |
| 合计 | | 42 | 727 | 725 |
| 平均分 | | 4.67 | 80.78 | 80.56 |

图 3-79 选取“成绩”列单元格区域

**步骤 2：** 启用“排序”功能。在“表格工具—布局”选项卡的“数据”选项组中，单击

“排序”按钮，如图 3-80 所示。

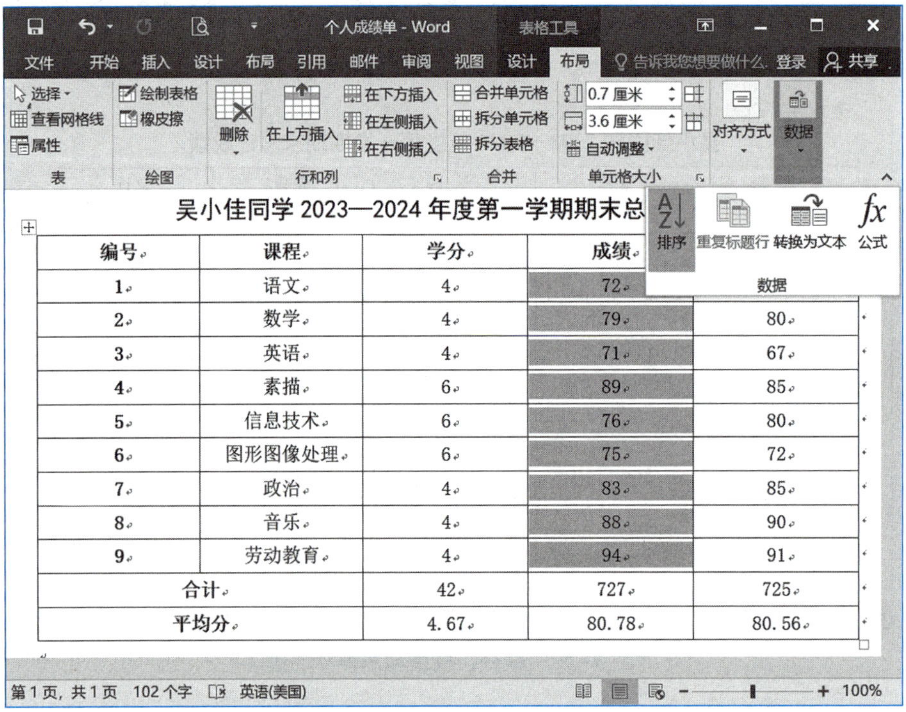


吴小佳同学 2023—2024 年度第一学期期末总

| 编号 | 课程 | 学分 | 成绩 | |
|---|---|---|---|---|
| 1 | 语文 | 4 | 72 | |
| 2 | 数学 | 4 | 79 | 80 |
| 3 | 英语 | 4 | 71 | 67 |
| 4 | 素描 | 6 | 89 | 85 |
| 5 | 信息技术 | 6 | 76 | 80 |
| 6 | 图形图像处理 | 6 | 75 | 72 |
| 7 | 政治 | 4 | 83 | 85 |
| 8 | 音乐 | 4 | 88 | 90 |
| 9 | 劳动教育 | 4 | 94 | 91 |
| 合计 | | 42 | 727 | 725 |
| 平均分 | | 4.67 | 80.78 | 80.56 |

图 3-80　单击“排序”按钮

步骤 3：设置排序选项。在“排序”对话框的“主要关键字”下拉列表框中，自动显示被选中的列，然后选择“升序”，如图 3-81 所示。

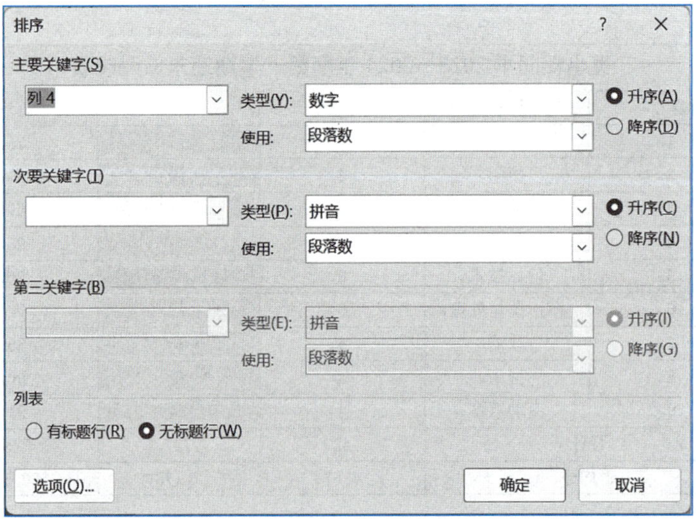


图 3-81　排序参数

步骤 4：完成排序。设置完成后，单击“确定”按钮，此时表格中被选数据将以升序显示，如图 3-82 所示。

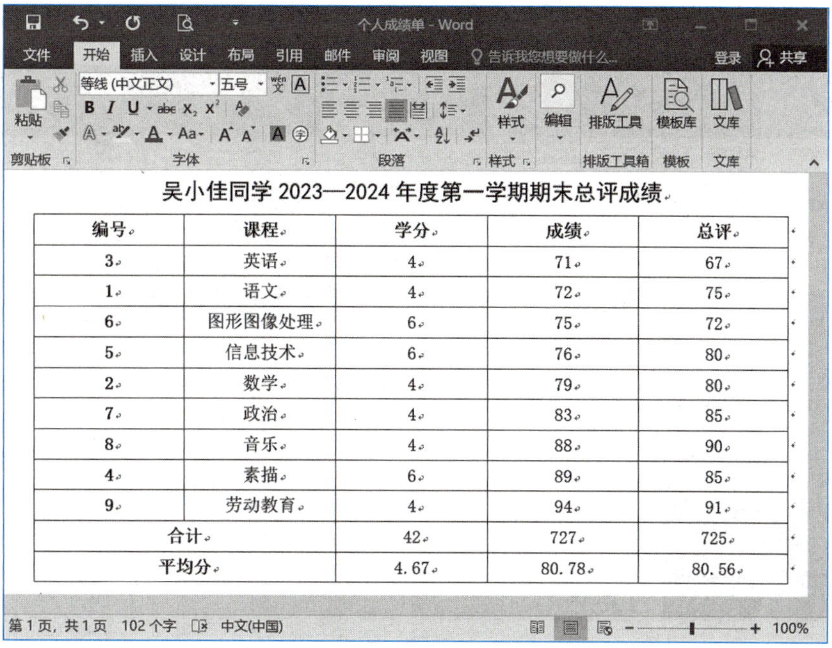


吴小佳同学 2023—2024 年度第一学期期末总评成绩

| 编号 | 课程 | 学分 | 成绩 | 总评 |
|---|---|---|---|---|
| 3 | 英语 | 4 | 71 | 67 |
| 1 | 语文 | 4 | 72 | 75 |
| 6 | 图形图像处理 | 6 | 75 | 72 |
| 5 | 信息技术 | 6 | 76 | 80 |
| 2 | 数学 | 4 | 79 | 80 |
| 7 | 政治 | 4 | 83 | 85 |
| 8 | 音乐 | 4 | 88 | 90 |
| 4 | 素描 | 6 | 89 | 85 |
| 9 | 劳动教育 | 4 | 94 | 91 |
| 合计 | | 42 | 727 | 725 |
| 平均分 | | 4.67 | 80.78 | 80.56 |

图 3-82 排序后的效果

## 三、美化表格

表格制作完毕后，用户可对表格进行一些必要的修饰，具体操作如下：

步骤 1：启用“边框和底纹”功能。选中表头行，在“表格工具—设计”选项卡的“边框”选项组中，单击“边框”下拉按钮，选择“边框和底纹”，打开“边框和底纹”对话框，如图 3-83 所示。

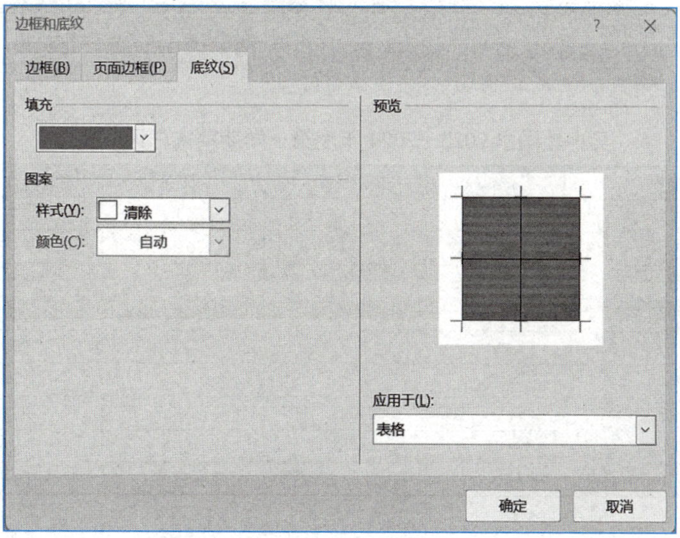


图 3-83 “边框和底纹”对话框

步骤 2：设置表头底纹颜色。在“边框和底纹”对话框中，单击“底纹”选项卡，选择满意的填充颜色。

**步骤3**：查看效果。设置完成后，关闭该对话框，查看表头填充效果，如图3-84所示。

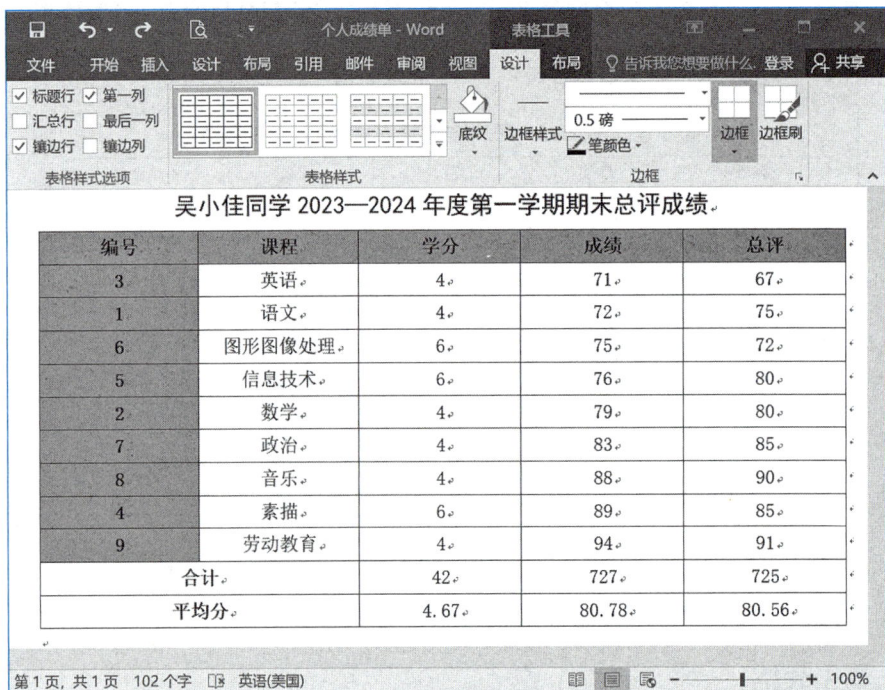

图3-84 表头底纹设置后的效果

**步骤4**：用同样的方法继续设置表格内其他内容的底纹颜色，效果如图3-85所示。

图3-85 表格底纹设置效果

步骤 5：设置表格外框线型。在"边框和底纹"对话框的"边框"选项卡中，根据需要设置外框线型及宽度值，如图 3-86 所示。

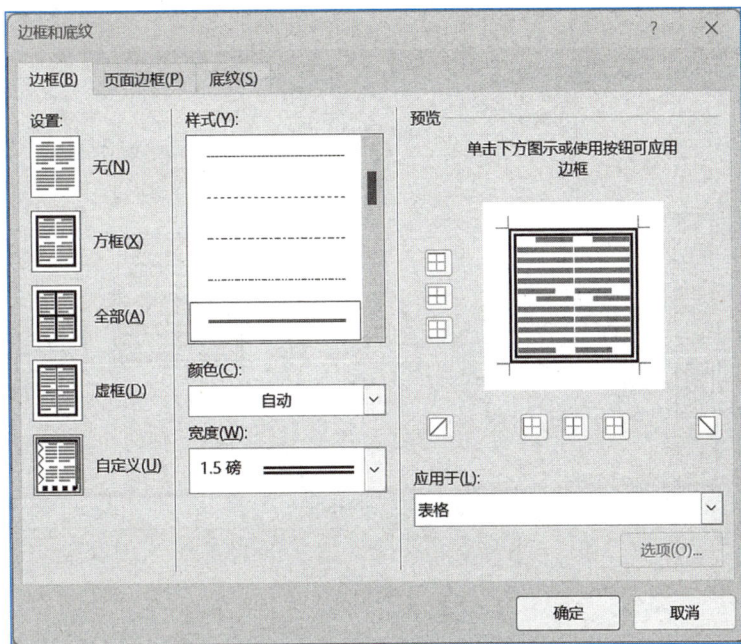

图 3-86　表格外框设置参数

步骤 6：查看设置结果。单击"确定"按钮，查看设置结果，如图 3-87 所示。

图 3-87　表格外框设置后效果

步骤 7：设置表格内框线型。选中表格内容，在"边框和底纹"对话框的"边框"选项卡中，根据需要设置内框线型样式，如图 3-88 所示。

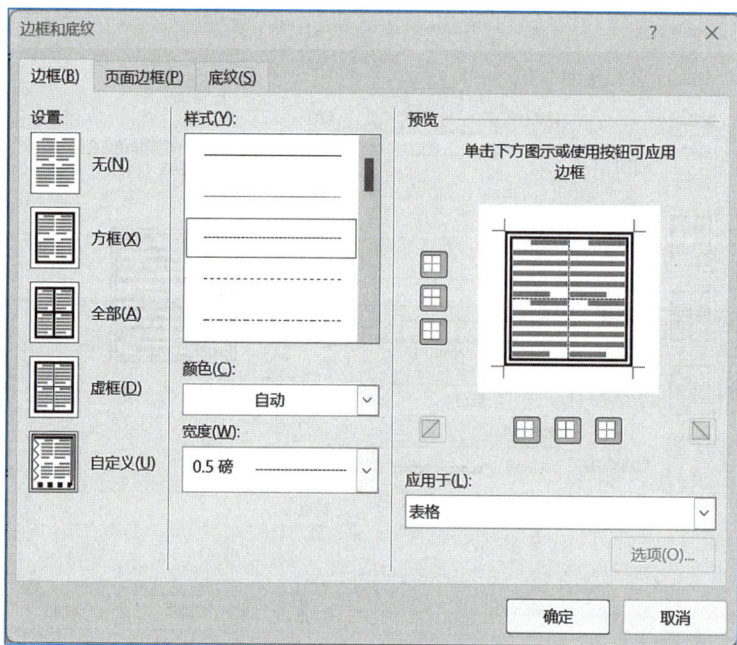

图 3-88　表格内框设置参数

步骤 8：查看结果。单击"确定"按钮，即可查看设置好的表格线型样式，如图 3-89 所示。

图 3-89　表格内框设置后效果

步骤 9：选择内置表格样式。除了自定义表格样式，也可以选择 Word 中内置的表格样式。全选表格，在"表格工具—设计"选项卡的"表格样式"选项组中，单击"其他"下拉按钮，选择合适的表格样式。

## 项目小结

本项目主要介绍了在 Word 中如何制作表格，其中涉及的操作包括：表格的创建、行和列调整、表格的修饰（框线颜色粗细、底纹设置等）以及表格数据的基本运算等。

# 项目四

## 毕业论文的版式设计

### 项目概述

本项目将学习样式的设置，引用菜单中目录的生成，页眉、页脚和页码的设置。

### 任务描述

毕业论文是职业院校教学过程中的重要环节之一，是学生完成学业并顺利毕业的重要标志，是对学习成果的综合性总结和检阅，也是检验学生掌握知识的程度、分析问题和解决问题基本能力的一份综合答卷。一般来说，每个学校对毕业生毕业论文的格式都有具体的要求。毕业论文文档不仅篇幅长，而且格式多，处理起来比普通文档要复杂得多。例如，为章节和正文快速设置相应的格式、自动生成目录、为奇数页和偶数页添加不同的页眉等。王小米同学今年毕业，根据学校要求需要按照统一格式对毕业论文进行排版。

### 知识链接

目录是论文的组成部分之一，也是毕业论文不可缺少的一部分。论文目录展现整篇论文的总体框架结构，让读者一目了然，让审稿人做出明确的判断，也方便作者自己修改，只需单击就可以链接到相关内容。

目录的一般功能包括检索、报告和阅读指导。目录的检索功能包括反映收集文献的收集范围、内容范围、类型、整理方法和深度等。

### 任务实现

#### 一、设计毕业论文的封面

学校通常会对毕业论文的封面内容制定统一的要求，以确保论文的规范性和一致性。毕业论文封面的内容一般包括论文题目、作者信息、指导教师信息、院校信息、提交日期等。

**步骤1：** 设置论文封面页边距。打开提供的素材文件，该素材地址为"素材/第3章/广东浪登服装有限公司营销策略分析.docx"，单击"布局"选项卡下的"页面设置"选项组的对话框启动按钮，在打开的对话框中，将"上""下""左""右"页边距都设置为2厘米，如图3-90所示。

**步骤2：** 输入论文封面的内容，并设置论文封面内容的格式，效果如图3-91所示。

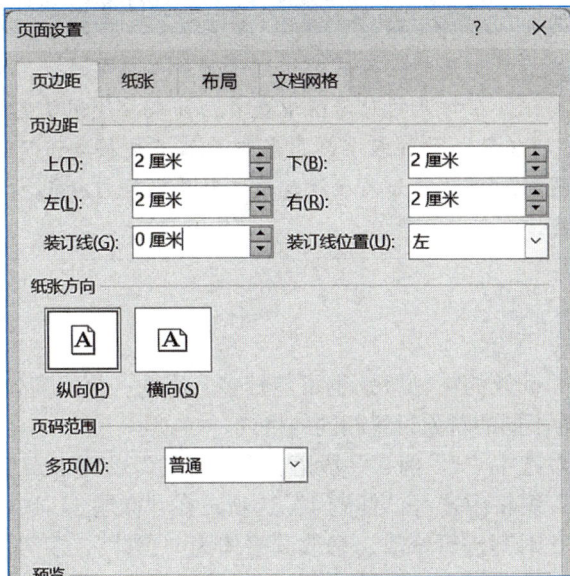

图 3-90　页面设置参数

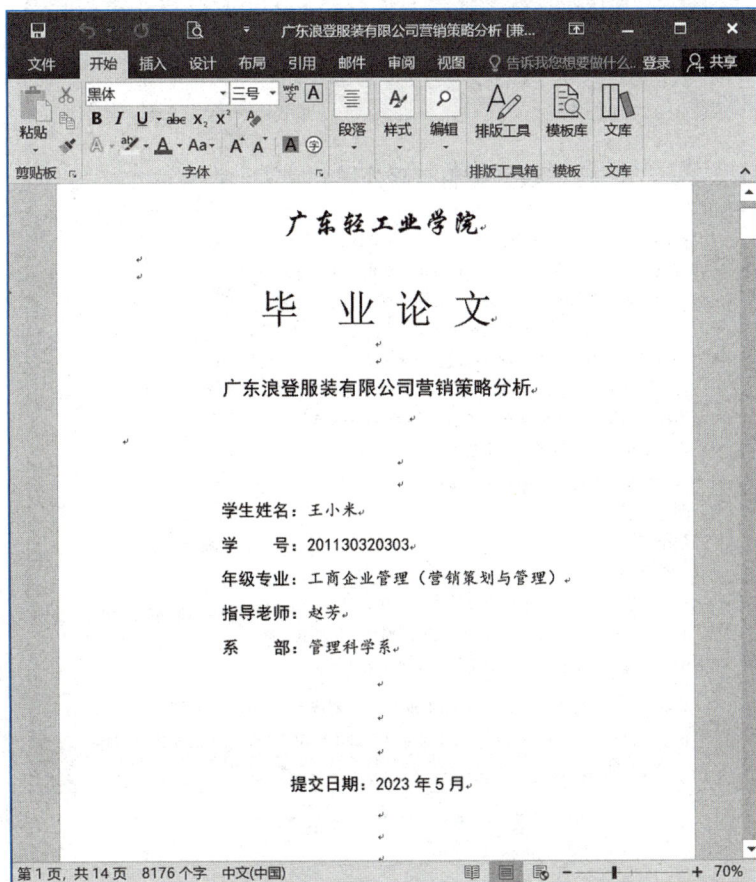

图 3-91　论文封面

论文内容输入完成后，如果想检查是否达到老师的字数要求，可以单击"审阅"选项卡下的"字数统计"按钮，在打开的对话框中查看；如果要使用繁体文字，可以通过使用"审阅"选项卡下的"简转繁"按钮来实现；如果输入英文摘要，可以利用"审阅"选项卡下的"翻译"按钮提供的帮助；如果在修改论文时要做修订标记，可以使用"审阅"选项卡下的"修订"功能。

## 二、新建并应用样式

毕业论文篇幅较长，涉及的标题级别也可能较多，因此，为提高效率并保证样式的统一，可以利用"样式"功能为不同的对象设置相同的格式。

步骤 1：应用样式。选中"1　前言"段落，在"开始"/"样式"组中单击对话框启动器按钮，在打开的"样式"窗格中选择"标题 1"选项；在"标题 1"选中的状态下，可以通过字体格式化和段落格式化对其进行修改，修改其字体为"黑体"，字号为"小三"，如图 3-92 所示。

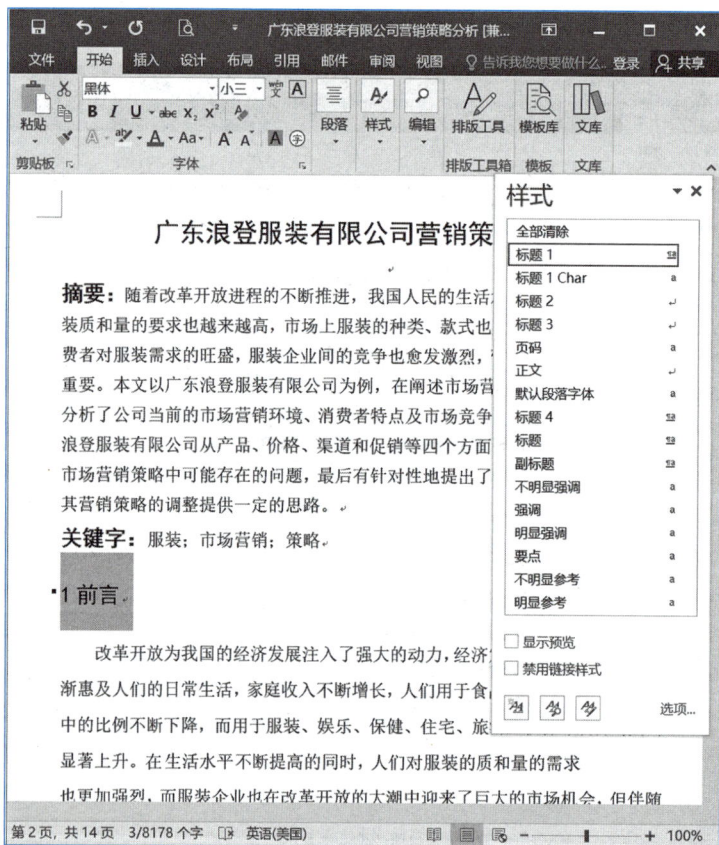

图 3-92　标题 1 设置参数

步骤 2：应用格式。单击"开始"/"剪贴板"组中的"格式刷"按钮，依次选中其他相同级别的标题段落，为其应用复制的格式；设置完毕后，再单击"格式刷"按钮，退出复制格式的状态，效果如图 3-93 所示。

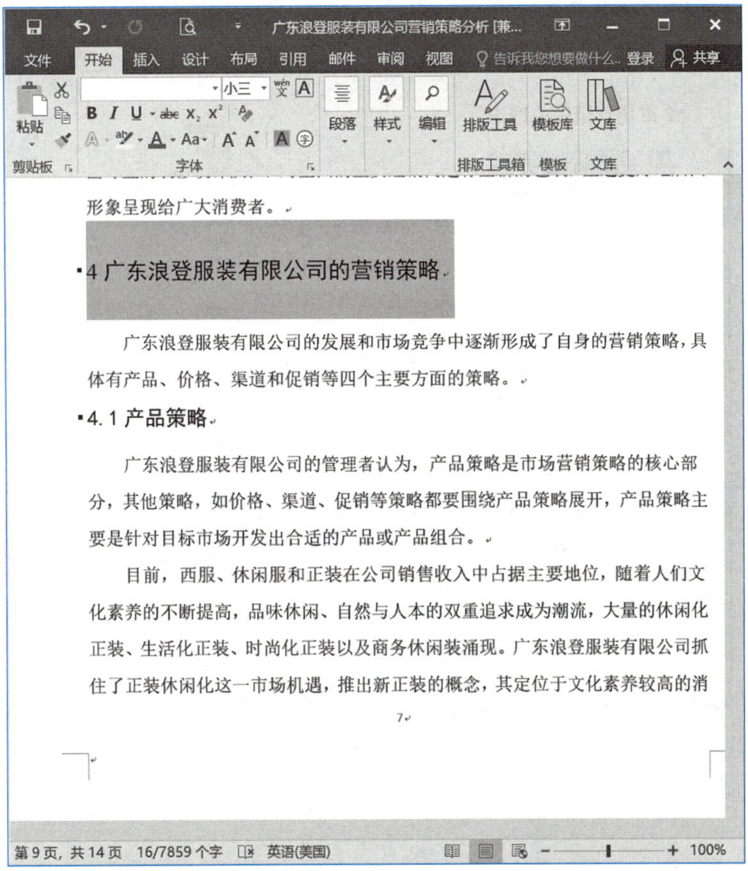

图 3-93 使用格式刷后的标题 1 效果

步骤 3：新建样式。将光标插入点定位到"2.1 市场营销相关理论"文本段落中，单击"开始"/"样式"组中的对话框启动器按钮，打开"样式"窗格，单击下方的"新建样式"按钮，如图 3-94 所示。

步骤 4：设置文本格式。在打开的对话框中，在"名称"文本框中输入"二级标题"；将字体格式设置为"黑体""四号""加粗"，如图 3-95 所示。

步骤 5：设置段落格式。单击左下角的"格式"下拉按钮，在打开的下拉列表中选择"段落"选项。打开"段落"对话框，在"大纲级别"下拉列表中选择"2 级"；将缩进均设置为 0，特殊格式设置为"（无）"，行距设置为"单倍行距"，如图 3-96 所示，单击"确定"按钮。

步骤 6：设置快捷键。在返回的对话框中单击左下角的"格式"下拉按钮，在打开的下拉列表中选择"快捷键"，如图 3-97 所示。

步骤 7：指定快捷键。打开"自定义键盘"对话框，在"请按新快捷键"文本框中设置快捷键，如"Ctrl + 2"，如图 3-98 所示，单击"指定"按钮，单击"关闭"按钮。

步骤 8：自动应用样式。关闭对话框，完成样式的新建。此时光标插入点所在的位置将自动应用新建的"二级标题"样式，如图 3-99 所示。

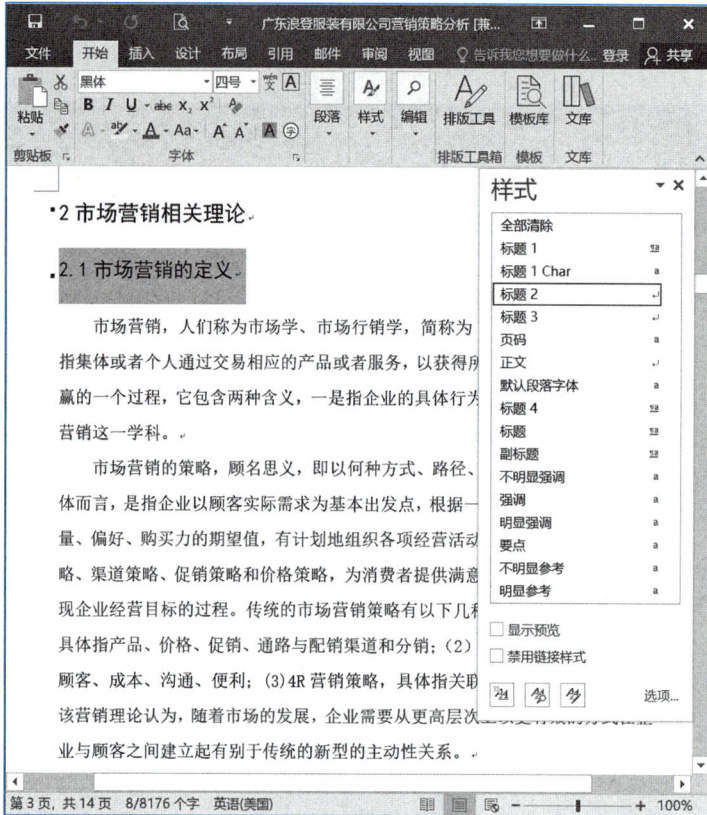

图 3-94　标题 2 设置

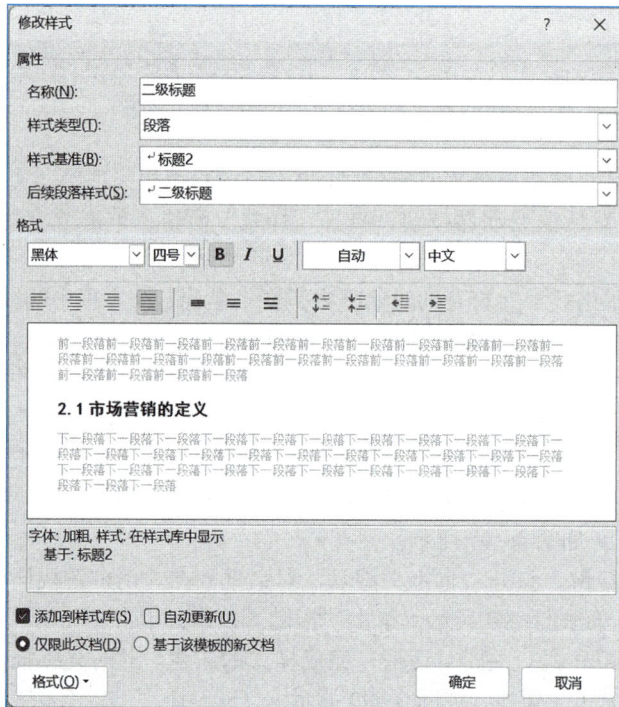

图 3-95　修改样式参数

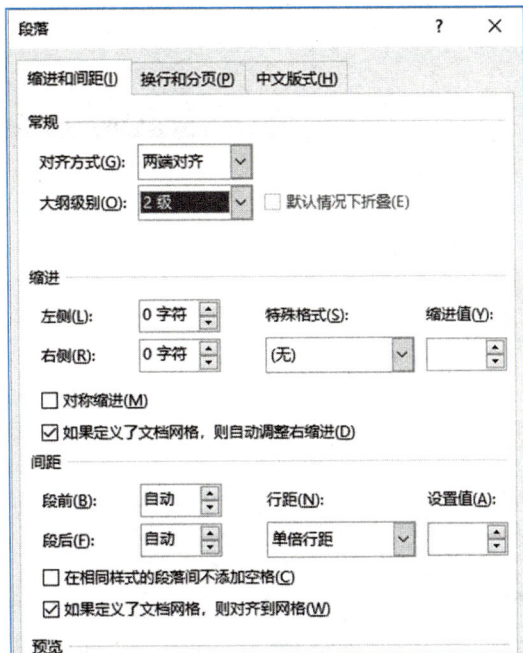

图 3-96　段落格式参数

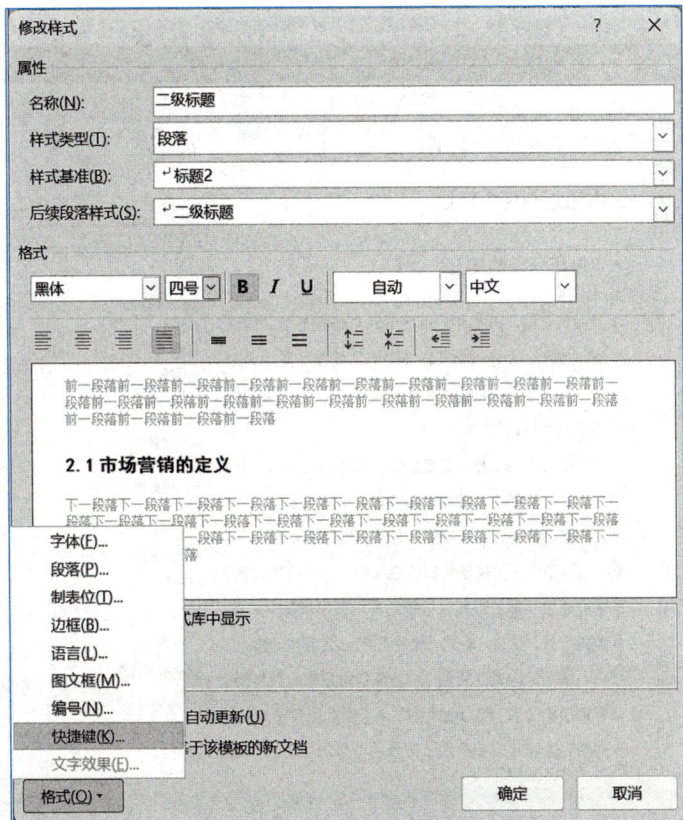

图 3-97　选择"快捷键"选项

图 3-98　自定义二级标题快捷键

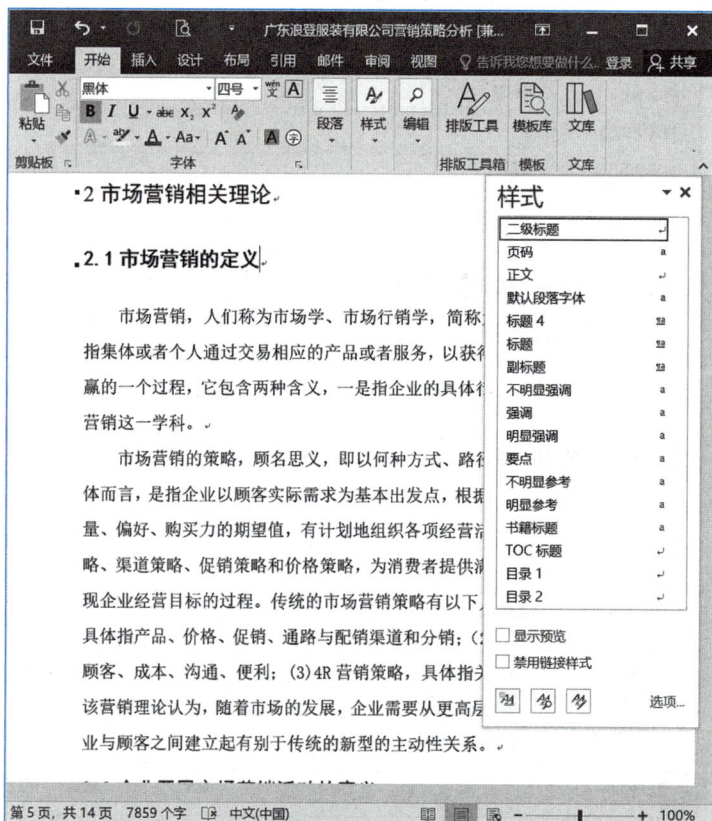

图 3-99　新建二级标题样式

**步骤9：** 应用样式。依次选中其他相同级别的标题段落，直接按 Ctrl + 2 键即可为其应用二级标题样式。

> **⊘ 温馨提示**
>
> 　　样式就是多种格式的集合，这些格式包括字体格式、段落格式、边框底纹等。应用样式就能应用其中包含的所有格式。样式除可以新建，也可以重新编辑和删除，方法为：在"样式"窗格中的某个样式选项上单击鼠标右键，在弹出的快捷菜单中选择相应的命令。

## 三、制作页眉与页脚

毕业论文涉及的页面张数较多，对于这类长篇文档而言，需要为其制作页眉和页脚。页眉中一般添加文档的名称、章节等信息，页脚中添加页码、刊物等信息，具体操作步骤如下：

**步骤1：** 进入页眉和页脚编辑状态。双击页面顶部或底部的空白区域或者单击"插入"/"页眉"或"页脚"按钮，此时将进入页眉与页脚的编辑状态，如图3-100所示。

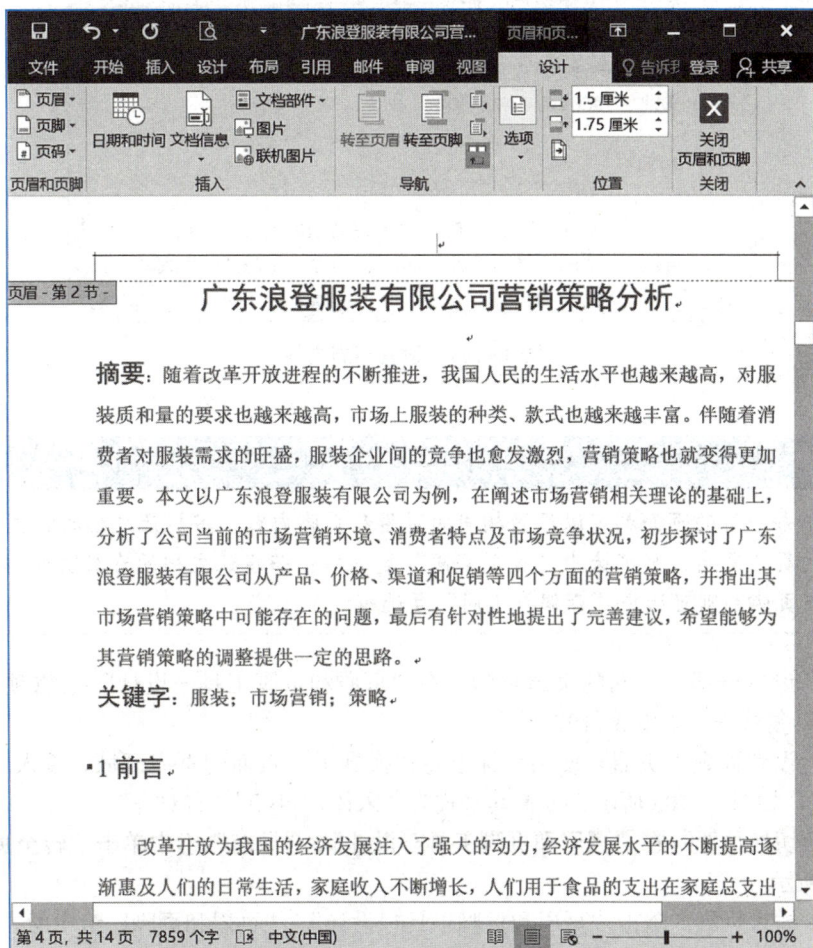

**图3-100　页眉和页脚编辑状态**

步骤 2：在光标插入点处输入"毕业论文"，选中该文本，将其格式设置为"宋体""小五""左对齐"，如图 3-101 所示。

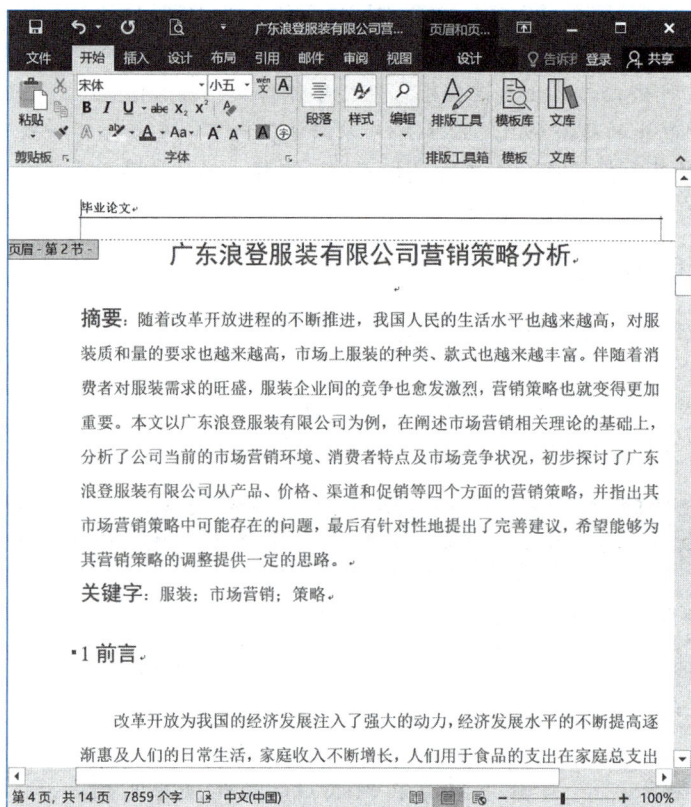

图 3-101　设置页眉内容

---

**⊙ 温馨提示**

文档中每一页的页面都可以设置相同的页眉和页脚内容。若想让文档的首页（第 1 页）具有不同的页眉页脚，则可选中"首页不同"复选框；若想让文档的奇数页和偶数页具有不同的页眉页脚，则可选中"奇偶页不同"复选框。

---

步骤 3：设置奇偶页不同的页眉页脚。在"页眉和页脚工具—设计"/"选项"组中选中"奇偶页不同"复选框，如图 3-102 所示。

步骤 4：设置偶数页页眉。使用鼠标滚轮切换到下一页面的页眉区域，输入"完成日期：2023 年 5 月"，如图 3-103 所示，设置其格式为"宋体""小五""右对齐"。

步骤 5：切换位置。在"页眉和页脚工具—设计"/"导航"组中单击"转至页脚"按钮，如图 3-104 所示。

步骤 6：插入页码。单击"页眉和页脚工具—设计"/"页眉和页脚"组中的"页码"下拉按钮，在打开的下拉列表中选择"页面底端"子列表下的第 2 个选项，如图 3-105 所示。

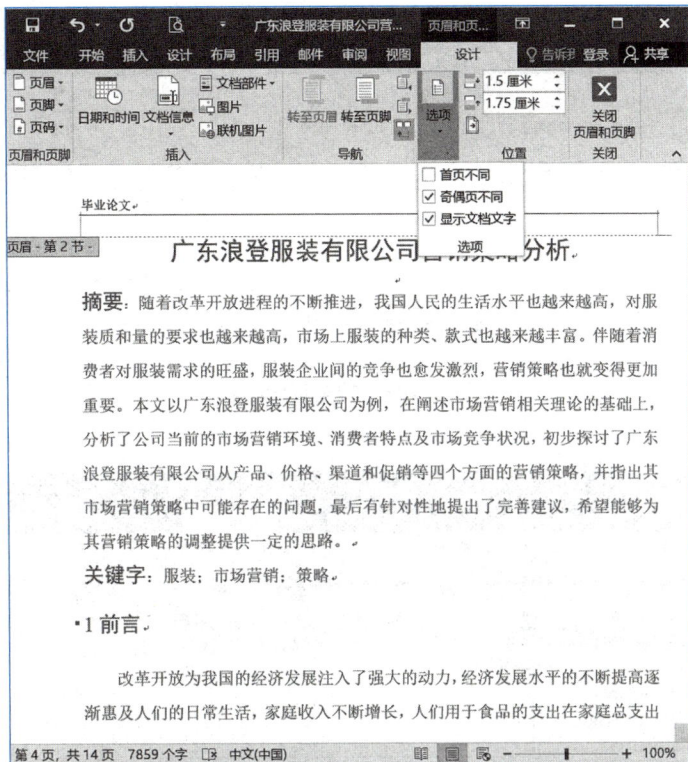

图 3-102　设置奇偶页不同的页眉页脚

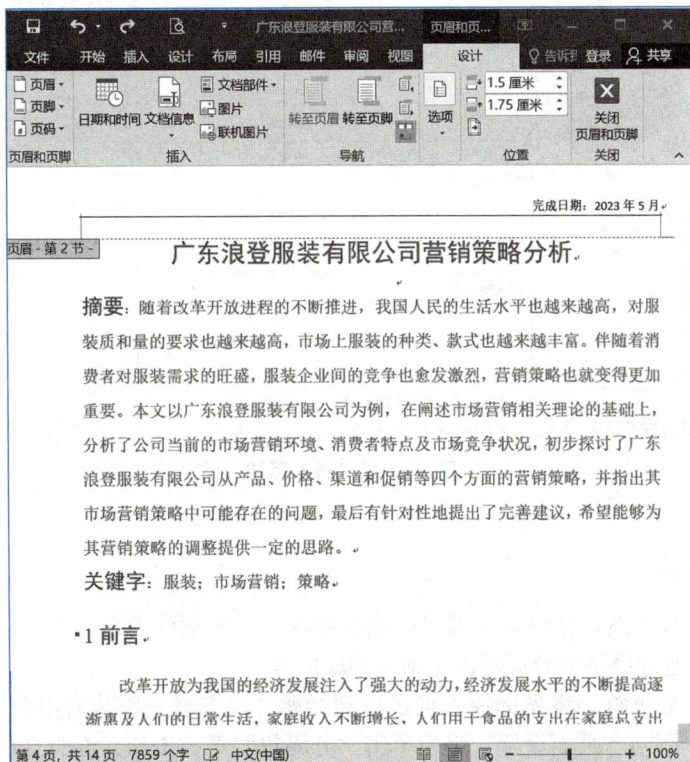

图 3-103　页眉右端插入日期

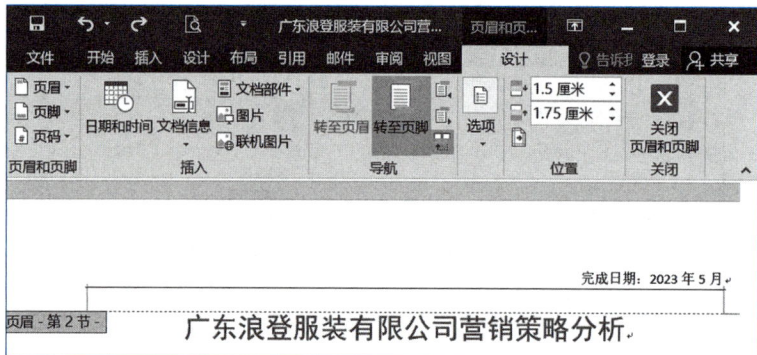

图 3-104　转至页脚按钮

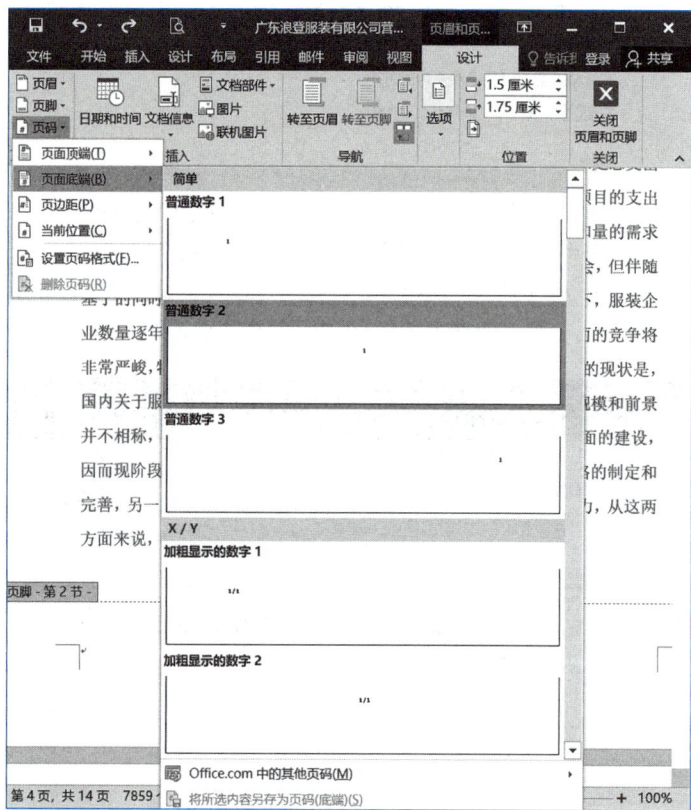

图 3-105　插入页码

## 四、插入目录

为了让读者一目了然，让审稿人做出明确的判断，也方便作者自己修改内容，可以给毕业论文制作目录页，通过目录中的页码快速浏览相应内容。

**步骤 1**：插入分页符。将光标插入点定位到标题"广东浪登服装有限公司营销策略分析"文本左侧。在"布局"/"页面设置"组中单击"分隔符"下拉按钮，在打开的下拉列表中选择"分页符"，如图 3-106 所示，或者直接按快捷键 Ctrl + Enter。

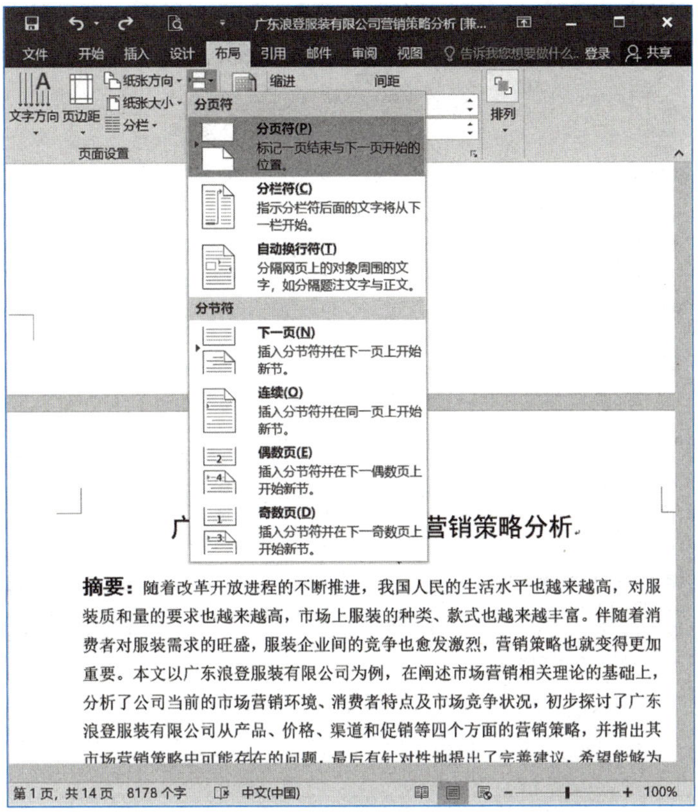

图 3-106　插入分页符

　　**步骤 2**：输入文本。按两次 Enter 键制作 3 个空行，在第 2 个空行处输入"目录"文本（中间有 3 个空格），设置对齐方式为"居中对齐"。将光标插入点定位到第 3 个空行处，在"开始"/"字体"组中单击"消除所有格式"按钮，效果如图 3-107 所示。

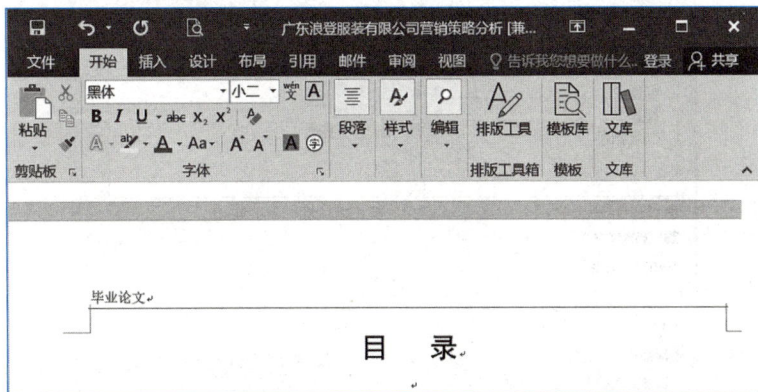

图 3-107　目录

　　**步骤 3**：插入目录。在"引用"/"目录"组中，单击"目录"下拉按钮，在打开的下拉列表中选择"自定义目录"，如图 3-108 所示。

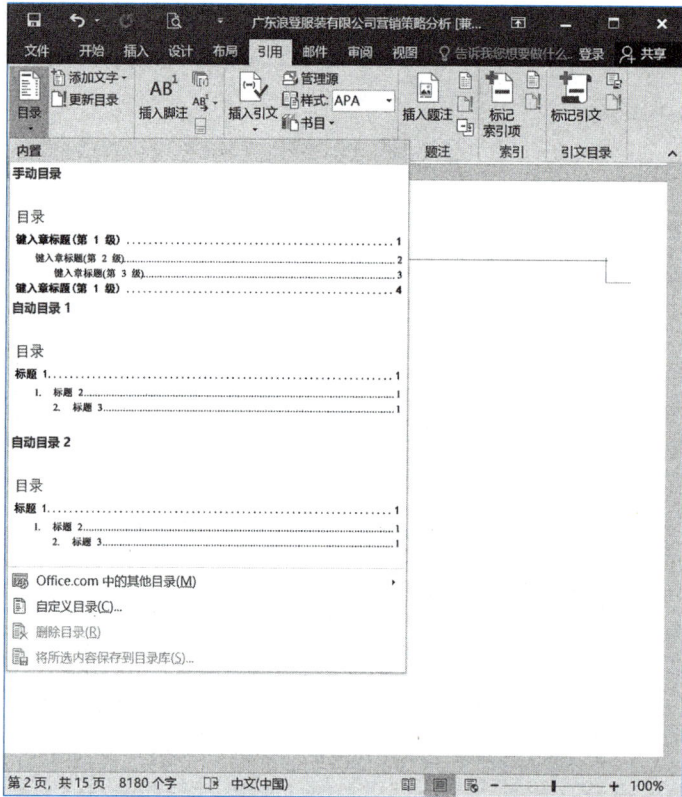

图 3-108　自定义目录

步骤 4：打开"目录"对话框，在"格式"下拉列表中选择"正式"选项，将"显示级别"数值框中的数字设置为"2"，如图 3-109 所示。

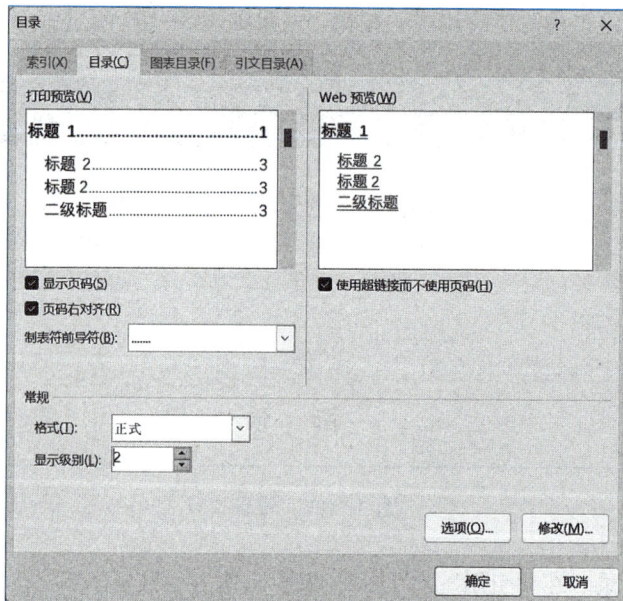

图 3-109　目录格式参数

步骤 5：单击"确定"，就插入了毕业论文目录，如图 3-110 所示。

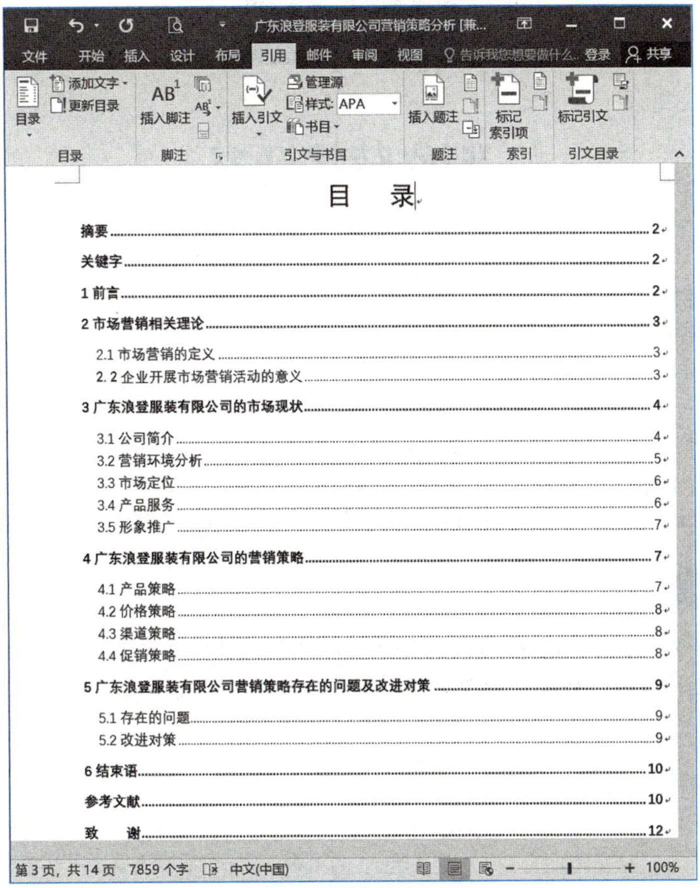

图 3-110 毕业论文目录

## 项目小结

本项目以毕业论文的排版为例，详细介绍了长文档的排版方法与操作技巧。本项目案例的重点为样式、页眉和页脚以及目录的应用。

使用样式能批量完成段落或字符格式的设置，其优点如下：

（1）节省设置各种文档的时间；

（2）可以确保格式的一致性；

（3）改动文本更加容易，修改时只需要修改样式，就可以一次性地更改应用该样式的所有文本；

（4）使用简单方便；

（5）用样式有助于文档之间格式的复制，可以将一个文档或模板的样式复制到另一个文档或模板中。

注意：在创建标题样式时，要明确各级别之间的相互关系并正确设置标题编号格式，否则将会导致排版时出现标题级别混乱的情况。

# 制作获奖证书

## 项目概述

为实现自动化输入,在制作获奖证书时需要借助 Excel 2016 这一软件。首先在 Excel 2016 中输入整理好的获奖学生名单信息并保存,然后在 Word 2016 中输入获奖证书的内容。核心内容是使用邮件合并功能将 Excel 中的信息与获奖证书内容合并,逐一生成针对获奖学生的获奖证书。最后将生成的获奖证书保存并打印。

## 任务描述

学期末,教务处小燕接到学校通知:要求打印全校获奖学生的荣誉证书。小燕接到任务后,就思考该如何快速精准地打印全校获奖学生的荣誉证书。荣誉证书如图 3-111 所示。

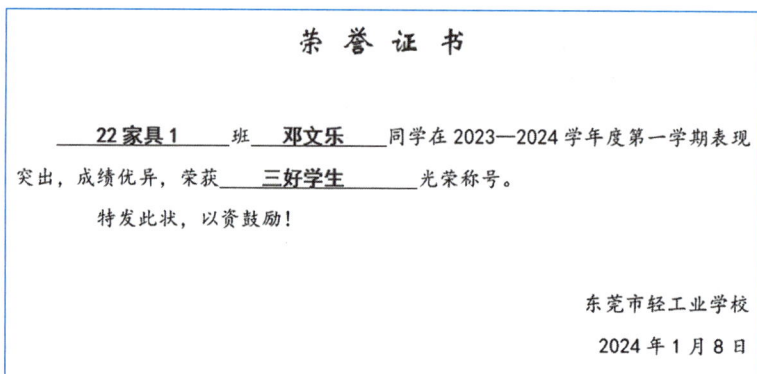

**荣 誉 证 书**

_____22家具1_____班_____邓文乐_____同学在 2023—2024 学年度第一学期表现突出,成绩优异,荣获_____三好学生_____光荣称号。

特发此状,以资鼓励!

东莞市轻工业学校

2024 年 1 月 8 日

图 3-111　荣誉证书

## 知识链接

"邮件合并"是 Word 的一项高级功能,是办公自动化人员应该掌握的基本技术之一。"邮件合并"功能除了可以批量处理信函、信封等与邮件相关的文档,还可以轻松地批量制作标签、工资条、成绩单等。在日常工作中,巧用"邮件合并"功能可以大大提高工作效率。

## 任务实现

### 一、使用 Excel 创建获奖学生信息表

**步骤 1:** 启动 Excel 2016,新建"获奖学生名单表 .xlsx"文件并保存,如图 3-112 所示。

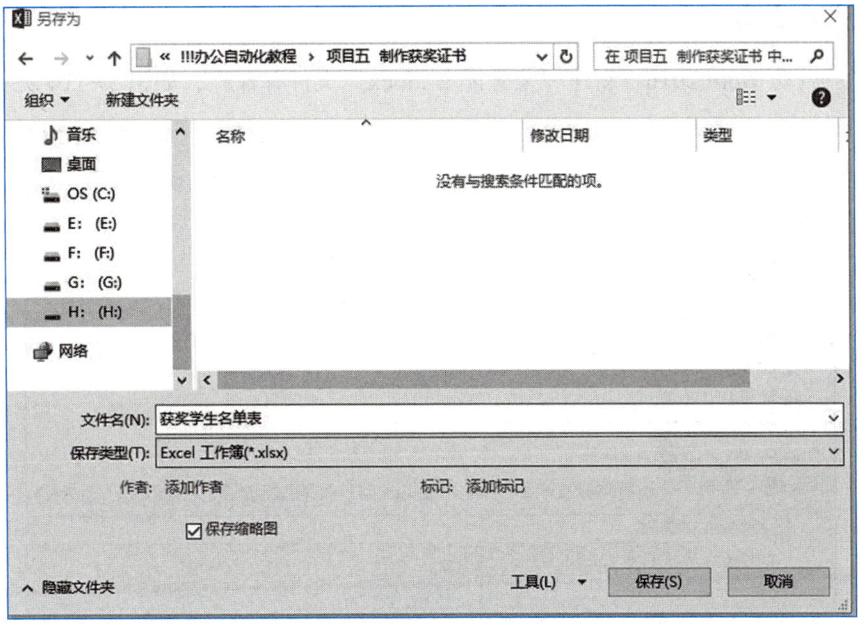

图 3-112　保存"获奖学生名单表"文件

步骤 2：输入获奖学生信息，并将 Sheet1 工作表重命名为"获奖学生名单表"，如图 3-113 所示。

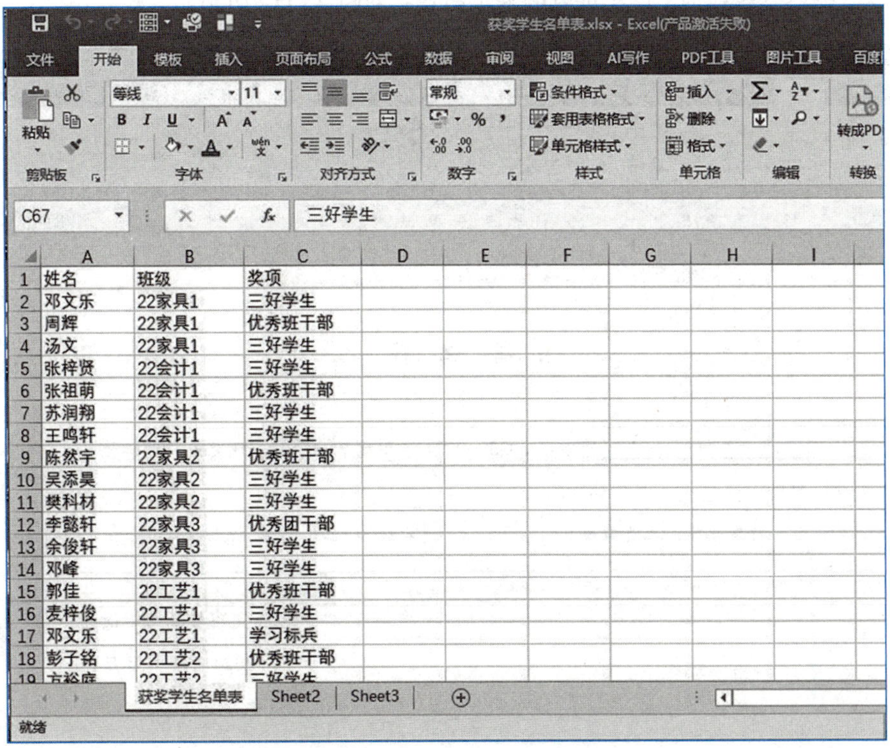

图 3-113　获奖学生名单表

## 二、输入奖状固定内容

步骤 1：启动 Word 2016，新建"荣誉证书 .docx"文件并保存，如图 3–114 所示。

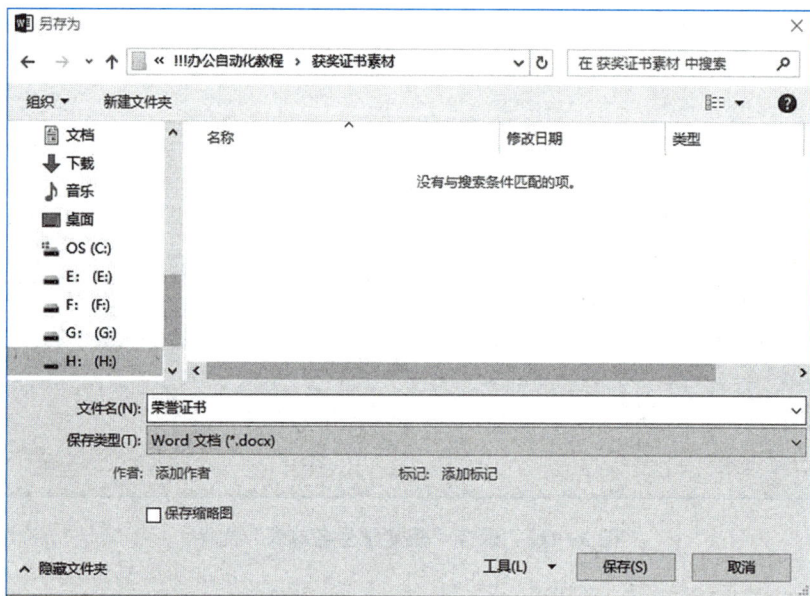

图 3–114　保存"荣誉证书"文件

步骤 2：输入荣誉证书中固定部分的文字内容，如图 3–115 所示。

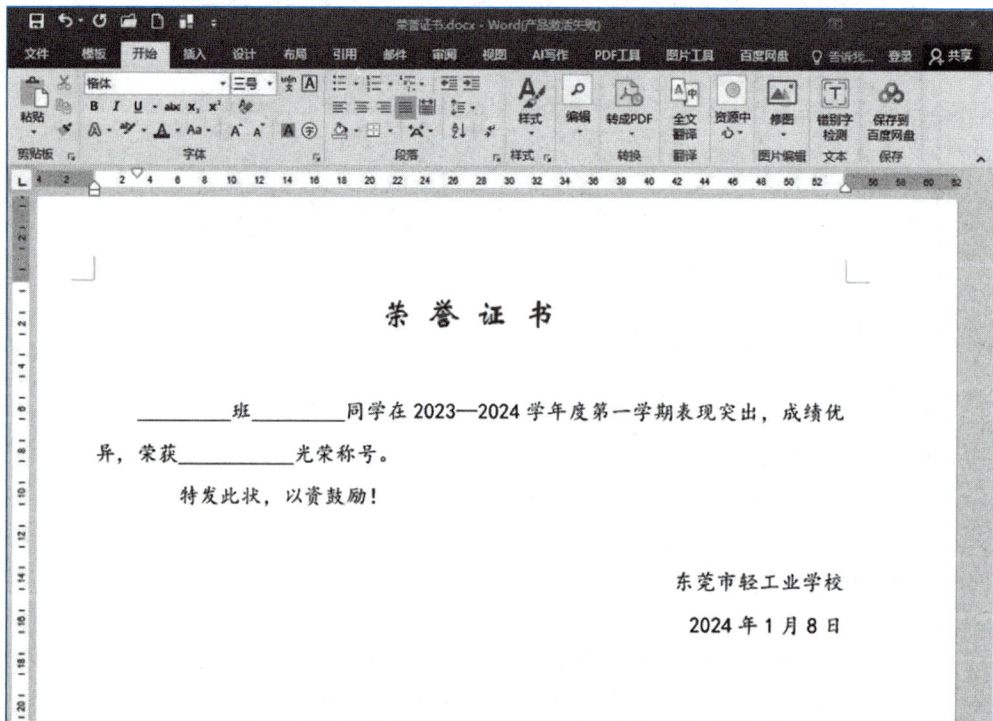

图 3–115　荣誉证书固定内容

　　**步骤 3**：设置标题格式。选中标题文本，将其格式设置为"华文新魏""小一""深红""居中对齐"，如图 3-116 所示。

图 3-116　荣誉证书标题文本格式设置

　　**步骤 4**：设置其他文本格式。选中除标题以外的所有文本，将其格式设置为"楷体""三号"。

　　**步骤 5**：设置段落格式。第一段设置首行缩进 2 个字符，第二段设置首行缩进 4 个字符，最后两段设置右对齐。效果如图 3-117 所示。

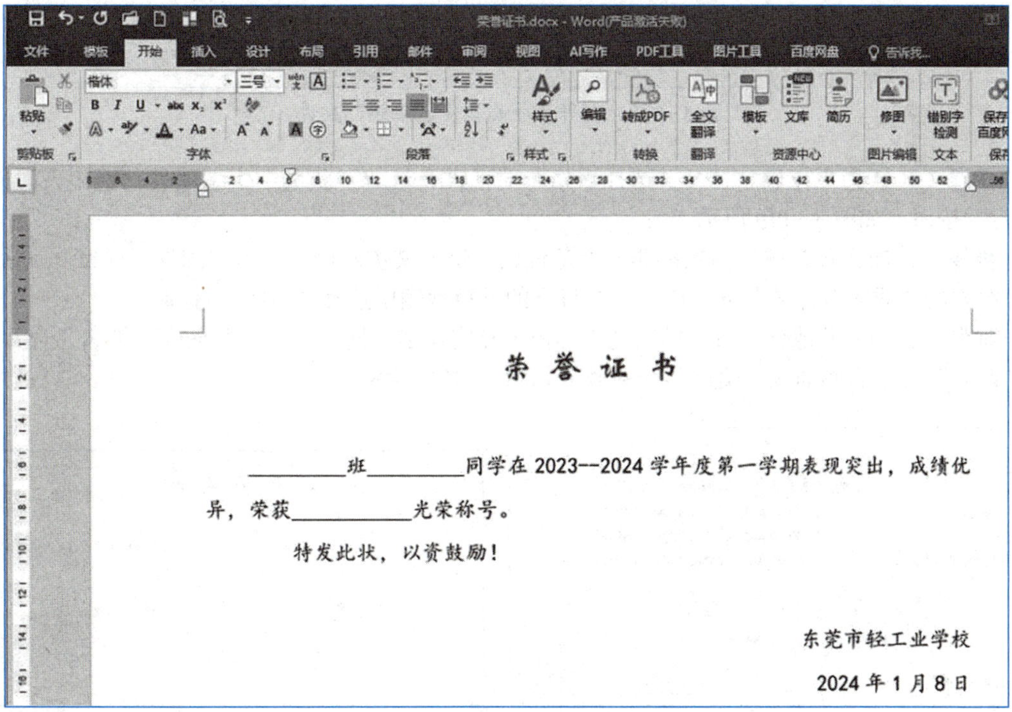

图 3-117　荣誉证书段落格式设置效果

### 三、邮件合并

邮件合并操作步骤如下：

步骤1：指定数据源。在"邮件"/"开始邮件合并"组中单击"选择收件人"下拉按钮，在打开的下拉列表中选择"使用现有列表"。

步骤2：选择Excel表格。打开"选取数据源"对话框，选择前面保存好的"获奖学生名单表.xlsx"文件，单击"打开"按钮，如图3-118所示。

图3-118　打开"获奖学生名单表"文件

步骤3：选择工作表。打开"选择表格"对话框，选取"获奖学生名单表"工作表后单击"确定"按钮，如图3-119所示。

步骤4：插入合并域。将光标插入点定位到"班"文本左侧；单击"邮件"/"编写和插入域"组中的"插入合并域"下拉按钮，在打开的下拉列表中选择"班级"选项。

步骤5：插入其他合并域。继续把光标插入点定位在"同学"左侧并插入"姓名"合并域；在"荣获"文本右侧插入"奖项"合并域，如图3-120所示。

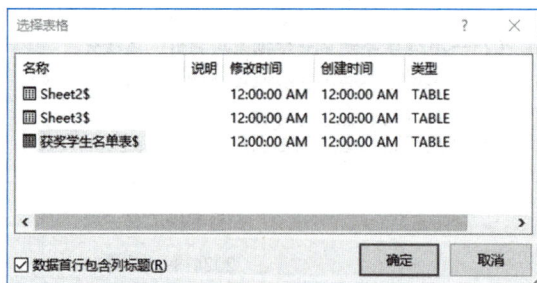

图3-119　选择"获奖学生名单表"

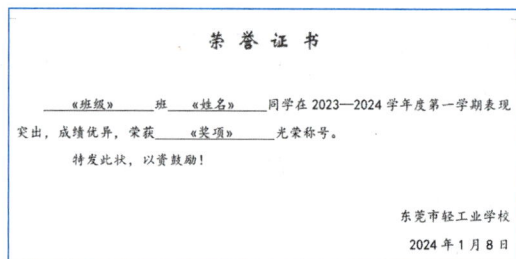

图3-120　插入合并域内容

步骤 6：美化合并域格式。同时选中插入的 3 个合并域文本，将其格式设置为“黑体”“加粗”“深红”，以突出显示这些内容，如图 3-121 所示。合并后效果如图 3-122 所示。

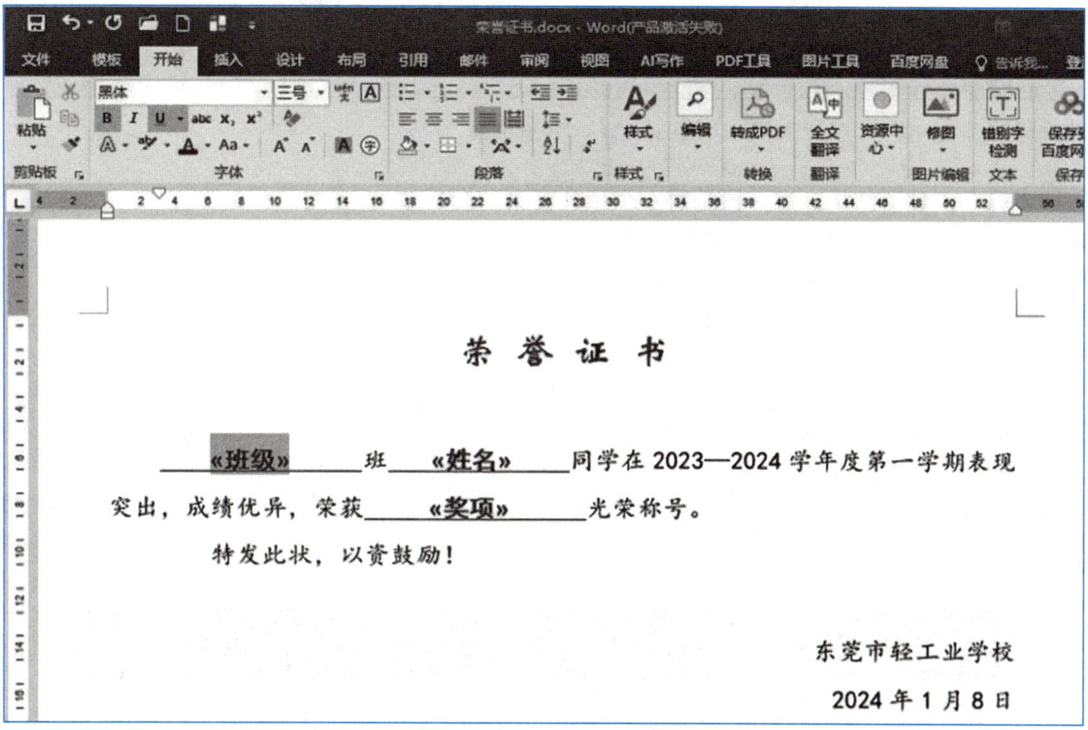


图 3-121 美化合并域

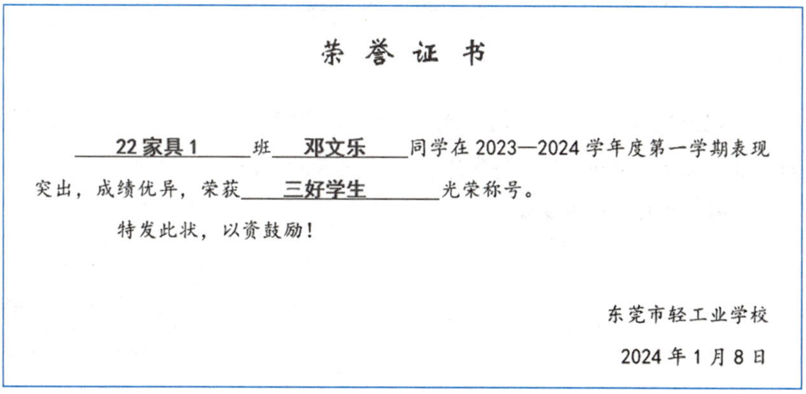
荣 誉 证 书

22家具1 班 邓文乐 同学在 2023—2024 学年度第一学期表现突出，成绩优异，荣获 三好学生 光荣称号。

特发此状，以资鼓励！

东莞市轻工业学校

2024 年 1 月 8 日

图 3-122 合并后效果

步骤 7：预览合并效果。在“邮件”/“预览结果”组中单击“预览结果”按钮，如图 3-123 所示。

步骤 8：浏览记录。此时将显示合并后的效果，单击“下一记录”按钮，依次浏览记录。

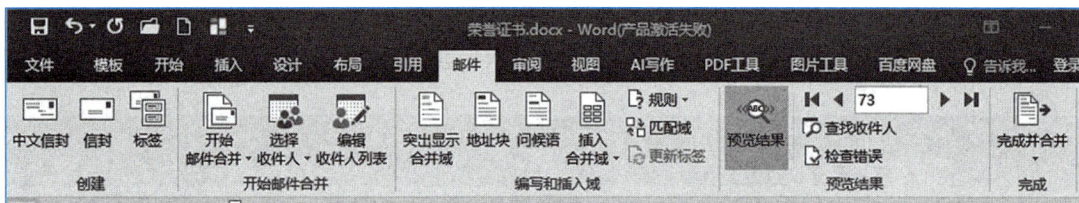

图 3-123 "预览结果"按钮

步骤 9：预览结果。逐一预览每一个荣誉证书的合并效果，确认无误后再单击"预览结果"按钮。

步骤 10：开始合并。单击"邮件"/"完成"组中的"完成并合并"下拉按钮，在打开的下拉列表中选择"编辑单个文档"。

步骤 11：设置合并范围。打开"合并到新文档"对话框，直接单击"确定"按钮，如图 3-124 所示。

步骤 12：完成合并后将自动新建一个名为"信函 1"的文档，如图 3-125 所示，其中将显示所有合并后的荣誉证书。

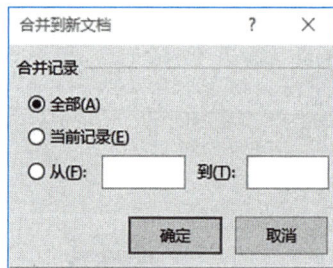

图 3-124 "合并到新文档"对话框

图 3-125 "信函 1"文档

## 四、保存并打印获奖证书

完成邮件合并后，生成的文档为新的文档，应该及时保存，然后根据需要调整页面大小并进行打印，其具体操作步骤如下：

步骤 1：保存文档。按 Ctrl + S 键，在打开的对话框中将文档保存为"合并后的荣誉证书 .docx"，如图 3−126 所示。

图 3−126　将文档保存为"合并后的荣誉证书"

步骤 2：设置纸张大小。打开"页面设置"对话框，设置纸张大小为 16K，页边距各设为 3 厘米，纸张方向为横向，如图 3−127 所示。最后预览并确认无误后，单击"打印"按钮。

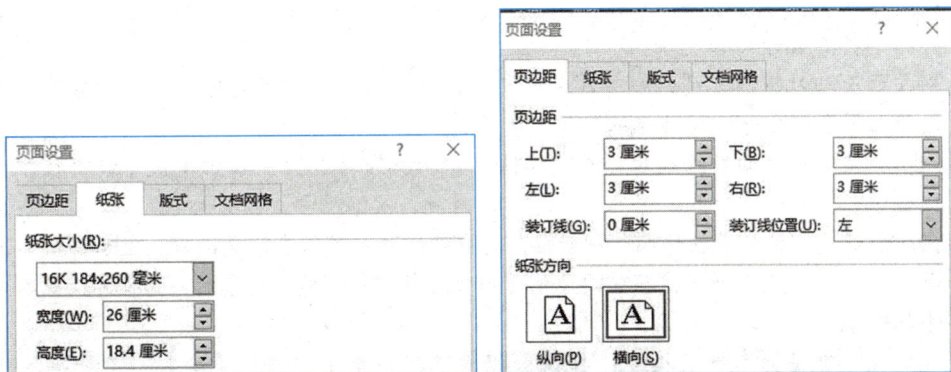

图 3−127　页面设置参数

📝 知识拓展

1. 直接在 Word 中制作数据源

如果不习惯使用 Excel，进行邮件合并时也可以新建数据源，在 Word 中手动进行创建，其具体操作步骤如下：

（1）在"邮件"/"开始邮件合并"组中单击"选择收件人"下拉按钮，在打开的下拉列表中选择"键入新列表"。

（2）打开"新建地址列表"对话框，单击相应的单元格即可输入需要的内容。

（3）结合对话框下方的"新建条目"按钮、"删除条目"按钮、"自定义列"按钮等，便可设计表格的行（条目）和列的结构。其中，单击"自定义列"按钮后，将打开"自定义地址列表"对话框，在其中可以添加、删除或重命名列，如图3-128所示。

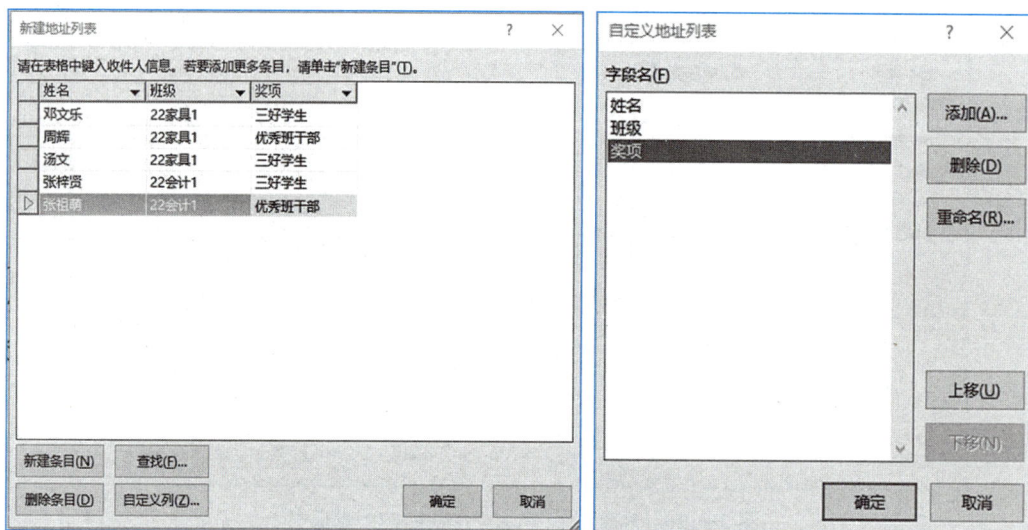

图3-128 "新建地址列表"对话框与"自定义地址列表"对话框

（4）输入所有数据后，单击"确定"按钮进行保存，然后按相同的方法继续进行邮件合并。

2. 控制邮件合并的收件人

对于已有的数据源，可以在邮件合并之前，有针对性地选择其中需要的数据进行邮件合并，而无须全部合并，其具体操作步骤如下：

（1）指定好已有的数据源后，在"邮件"/"开始邮件合并"组中单击"编辑收件人列表"按钮。

（2）打开"邮件合并收件人"对话框，其中默认选中了所有的复选框，表示将全部进行合并操作，如图3-129所示。只需要取消选中目标复选框，该复选框对应的收件人就不会进行邮件合并了。

（3）在"数据源"列表框中选择该数据源选项，单击"编辑"按钮，还可在打开的"编数据源"对话框中对数据源重新进行编辑。

3. 邮件合并后直接打印或发送电子邮件

指定数据源，插入合并域，且预览无误后便可开始进行邮件合并操作。可以直接在合并后打印文件，也可以在合并后直接以电子邮件形式发送出去。

合并后直接打印：在"邮件"/"完成"组中单击"完成并合并"下拉按钮，在打开的下拉列表中选择"打印文档"，此时将打开"合并到打印机"对话框，在其中设置合并和打印的记录范围，单击"确定"按钮即可打开"打印"对话框，设置打印参数后即可打印文件。

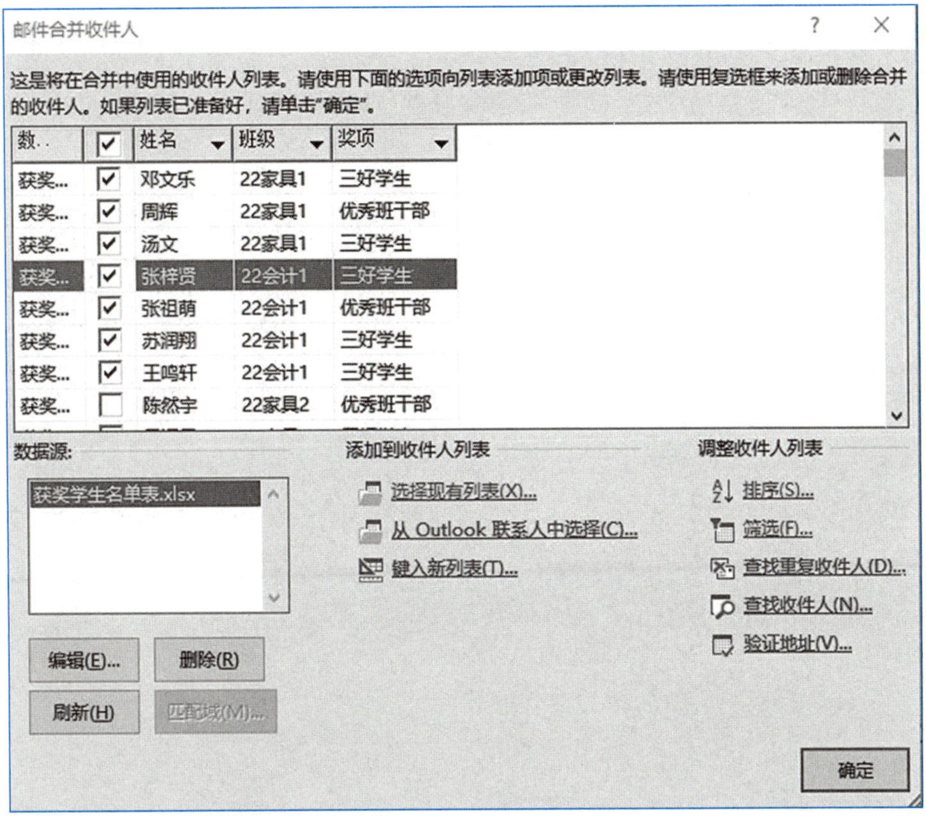

图 3-129 选择数据源

合并后直接发送电子邮件：在"邮件"/"完成"组中单击"完成并合并"下拉按钮，在打开的下拉列表中选择"发送电子邮件"，此时将打开"合并到电子邮件"对话框，在其中不仅可以设置合并的记录范围，还可以指定邮件的收件人和邮件主题与格式，单击"确定"按钮配置文件，再次确认后即可启动 Office Outlook 软件，向指定的收件人发送电子邮件。

## 项目小结

本项目介绍了 Word 中的"邮件合并"功能，通过该功能我们在已有数据的基础上，可以快速地批量生成奖状、信封、学生成绩单等。

# 模块四

W 模块四

# 电子表格处理

# 项目一

## 单科成绩表的统计

### 项目概述

本项目学习在 Excel 2016 中创建一个工作表，用户将需要处理的数据、公式录入工作表，根据需要完成相应的计算和分析。

### 任务描述

在工作中我们会经常遇到用一些函数来计算和统计学生成绩的情况。下面以制作学生成绩表为例，讲解如何利用函数计算学生成绩统计表，效果如图 4-1 所示。

21平面2 班期末成绩表

| 学号 | 姓名 | 性别 | 语文 | 数学 | 英语 | 计算机 | PS | 素描 | 总分 | 平均分 | 名次 |
|---|---|---|---|---|---|---|---|---|---|---|---|
| 20211801 | 蒋韵 | 女 | 97 | 100 | 99 | 96 | 95 | 82 | 569 | 95 | 1 |
| 20211802 | 陈钧豪 | 男 | 68 | 86 | 60 | 74 | 85 | 80 | 453 | 76 | 33 |
| 20211803 | 林清愉 | 女 | 95 | 86 | 84 | 92 | 95 | 75 | 527 | 88 | 5 |
| 20211804 | 刘润泽 | 男 | 73 | 92 | 69 | 87 | 90 | 80 | 491 | 82 | 20 |
| 20211805 | 吴灏铨 | 男 | 82 | 92 | 76 | 77 | 88 | 76 | 491 | 82 | 20 |
| 20211806 | 雷皓文 | 男 | 64 | 78 | 81 | 80 | 82 | 73 | 458 | 76 | 29 |
| 20211859 | 叶晓垦 | 男 | 66 | 81 | 86 | 91 | 71 | 60 | 455 | 76 | 32 |
| 20211860 | 袁舒婷 | 女 | 85 | 94 | 93 | 84 | 70 | 68 | 494 | 82 | 16 |
| 20211861 | 叶宗鑫 | 男 | 68 | 98 | 76 | 93 | 84 | 70 | 489 | 81 | 22 |
| | | 单科平均分 | 76.11 | 76.44 | 75.21 | 82.57 | 77.16 | 69.93 | | | |
| | | 单科最高分 | 97 | 100 | 99 | 100 | 98 | 85 | | | |
| | | 单科最低分 | 52 | 36 | 33 | 27 | 44 | 50 | | | |
| | | 及格人数 | 59 | 53 | 53 | 56 | 57 | 58 | | | |
| | | 不及格人数 | 2 | 8 | 8 | 5 | 4 | 3 | | | |
| | | 男生人数 | 37 | 37 | 37 | 37 | 37 | 37 | | | |
| | | 女生人数 | 24 | 24 | 24 | 24 | 24 | 24 | | | |
| | | 男生单科总分 | 2620 | 2713 | 2645 | 2942 | 2815 | 2525 | | | |
| | | 女生单科总分 | 2023 | 1950 | 1944 | 2095 | 1892 | 1741 | | | |
| | | 男生单科平均分 | 70.81 | 73.32 | 71.47 | 79.51 | 76.08 | 68.24 | | | |
| | | 女生单科平均分 | 84.29 | 81.25 | 80.98 | 87.29 | 78.83 | 72.54 | | | |

图 4-1 学生成绩统计表

### 知识链接

#### 一、表格元素

##### 1. 单元格

单元格是表格中行与列的交叉部分，它是组成表格的最小单位，可以合并或拆分。单个数据的输入和修改都是在单元格中进行的。

### 2. 单元格引用

（1）相对引用：它是 Excel 中单元格引用的一种方法，指的是在创建公式时使用的单元格或单元格区域相对于包含公式的单元格的位置。当公式被复制或拖动到新的位置时，这些引用会跟随着目标单元格位置的变化而相应地调整。例如在一个单元格中输入"= A2"，这表示引用的是 A2 单元格。当这个公式被复制到其他位置时，如果向下拖动，新的公式可能会变成"= A3"；如果向右拖动，会变成"= B2"，这就是相对引用根据公式所在的新位置进行调整。

（2）绝对引用：是指在特定位置引用单元格，即使公式所在单元格的位置改变，绝对引用将保持不变。绝对引用的标识为被引用的单元格行号和列号前都加上"$"符号。例如：$E$5。

### 3. 填充柄

填充柄是一个位于单元格右下角的黑色小方块，用于快速填充相邻单元格的数据、序列或格式。

## 二、常用的统计函数

### 1. SUM：求和

求和"函数参数"对话框如图 4-2 所示。

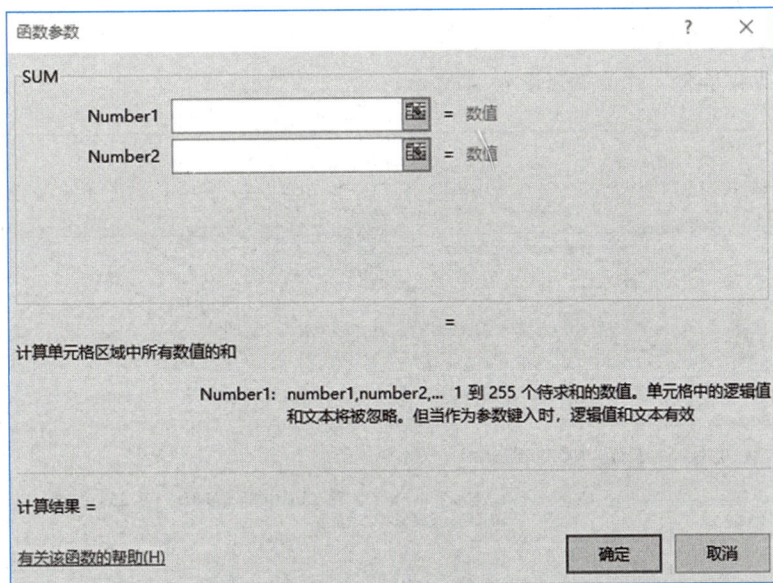

图 4-2　求和"函数参数"对话框

功能：返回某一单元格区域中所有数值之和。

语法格式：SUM（Number1，Number 2, …）

"Number 1，Number 2, …"为 1 到 255 个待求和的数值。

### 2. AVERAGE：平均值

平均值"函数参数"对话框如图 4-3 所示。

功能：返回所有参数的平均值（算术平均值）。

语法格式：AVERAGE（Number 1，Number 2, …）

"Number 1, Number 2, …"是用于计算平均值的 1 到 255 个数值参数。

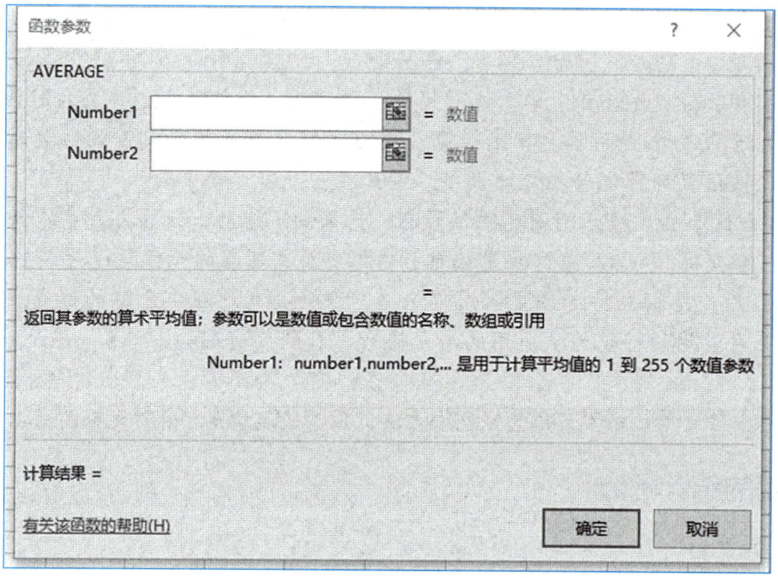

图4-3 平均值"函数参数"对话框

### 3. MIN：最小值

最小值"函数参数"对话框如图4-4所示。

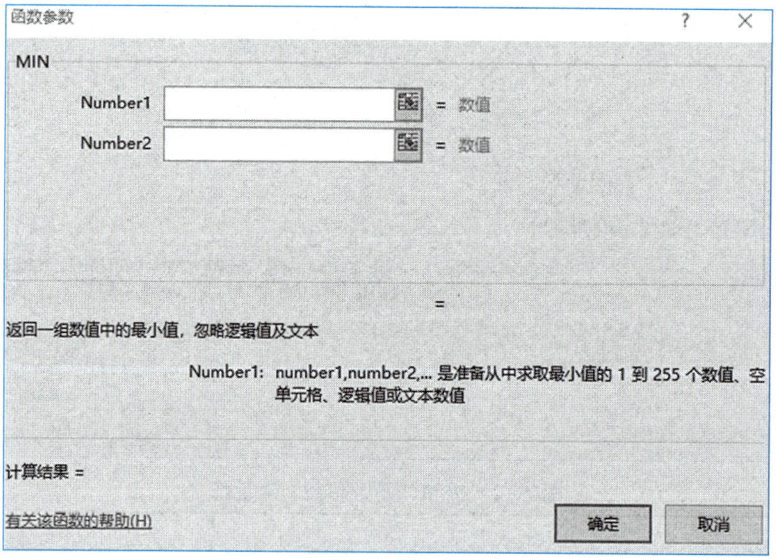

图4-4 最小值"函数参数"对话框

功能：返回参数列表中的最小值。

语法格式：MIN（Number1，Number2，...）

"Number1，Number2，..."是要从中找出最小值的1到255个数据参数。

### 4. MAX：最大值

最大值"函数参数"对话框如图4-5所示。

功能：返回参数列表中的最大值。

图 4-5 最大值"函数参数"对话框

语法格式：MAX（Number1，Number2，…）

"Number1，Number2，…"是要从中找出最大值的 1 到 255 个数据参数。

5. RANK：排名

排名"函数参数"对话框如图 4-6 所示。

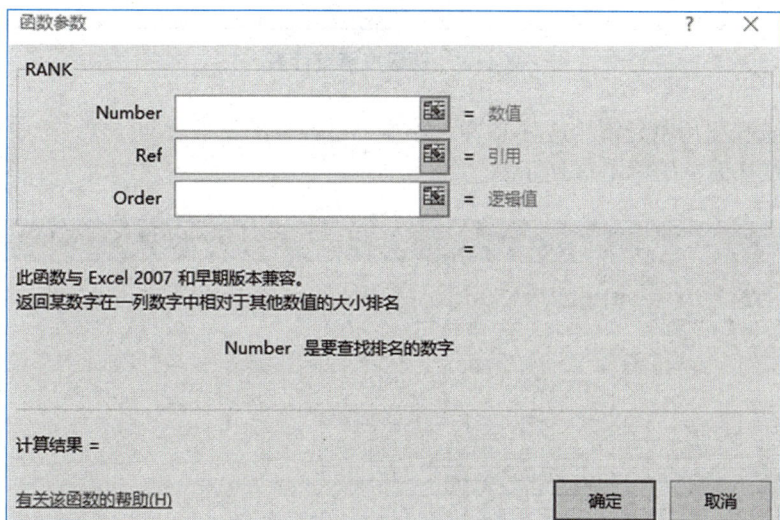

图 4-6 排名"函数参数"对话框

功能：返回某数字在一列数字中相对于其他数值的大小排名。

语法格式：RANK（Number，Ref，Order）

引用（Ref）：一组数或对一个数据列表的引用，其中非数字型参数将被忽略。

排位方式（Order）：为一数字，指定排位方式。若为 0 或忽略，降序；若为非零值，升序。

📖 **任务实现** ▶

## 一、求和（总分）

在 Excel 2016 中求和运算有两种方式，下面将分别对其进行介绍。

### 1. 选择求和函数

**步骤 1：** 打开教学资源"21 平面 2 班成绩统计表 .xlsx"，如图 4-7 所示。选中 J5 单元格，切换至"公式"选项卡，单击"自动求和"下拉按钮，选择"求和"。

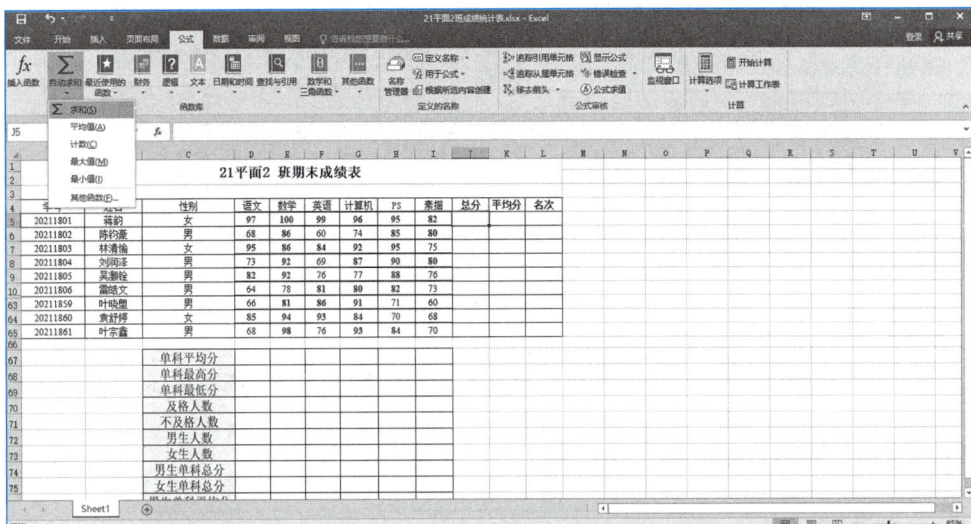

图 4-7　班级成绩统计表

**步骤 2：** 选择引用单元格。这时 J5 单元格中，已经自动显示求和公式，选中相应的单元格区域，这里是默认值，如图 4-8 所示。

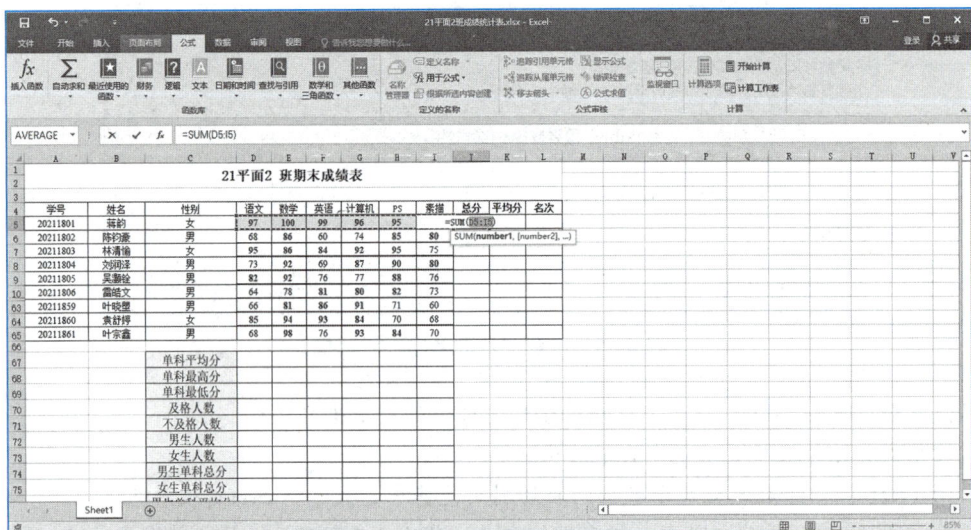

图 4-8　计算第一位同学总分公式

**步骤 3**：查看结果。按 Enter 键，这时 J5 单元格中会显示计算结果，如图 4-9 所示。

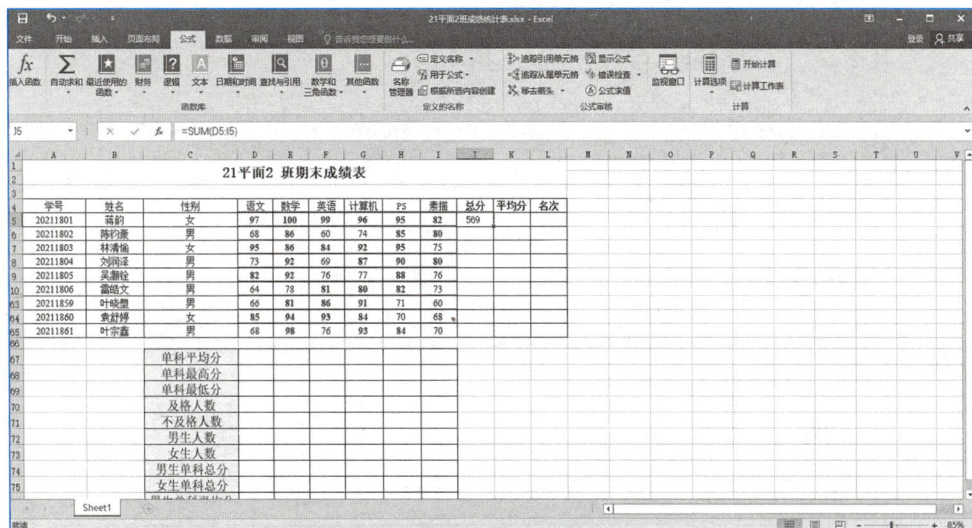

图 4-9　显示计算结果

### 2. 应用对话框插入函数求和

**步骤 1**：选中 J5 单元格，切换至"开始"选项卡，单击"插入函数"按钮，如图 4-10 所示，弹出"插入函数"对话框，如图 4-11 所示。将"或选择类别"设置为"常用函数"，选择"SUM"函数选项。

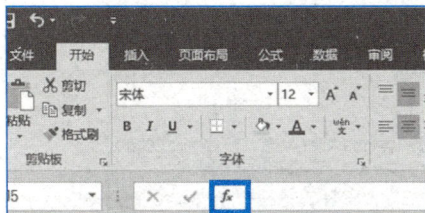

图 4-10　"插入函数"按钮

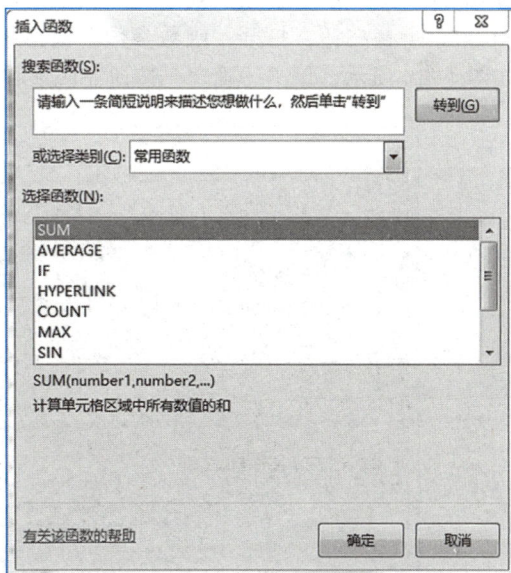

图 4-11　"插入函数"对话框

**步骤 2**：单击"确定"按钮，在"函数参数"对话框中，单击"Number1"折叠按钮，如图 4-12 所示，会显示如图 4-13 所示的"函数参数"对话框。

图 4-12 求和"函数参数"对话框

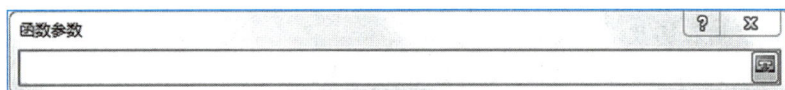

图 4-13 "函数参数"对话框

**步骤3：** 选择参数区域。这里选择D5:I5单元格区域，完成区域计算操作，再次单击"Number1"折叠按钮，打开"函数参数"对话框，此时"Number1"文本框中已显示参数区域，如图4-14所示，单击"确定"按钮完成求和运算。

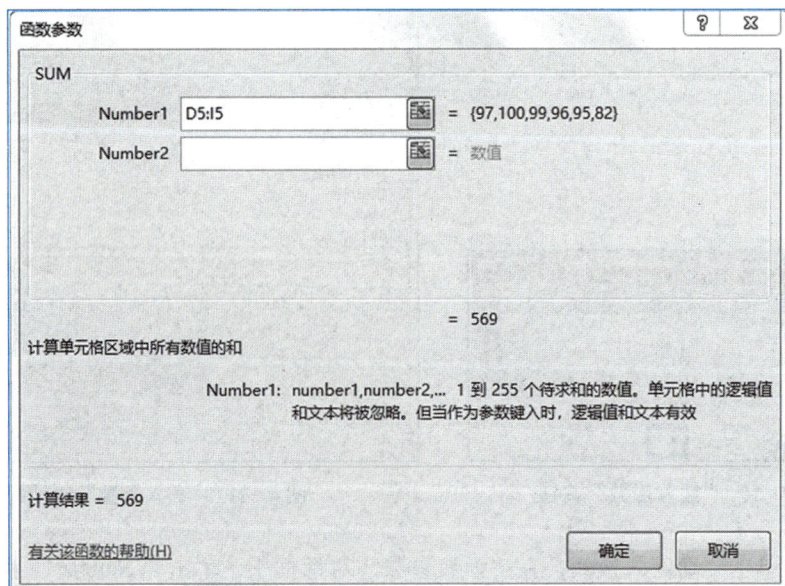

图 4-14 Number1 参数区域

**步骤 4：**复制公式。双击填充柄即可向下复制求和公式到其他单元格内。

## 二、计算平均分

在 Excel 中，对数据求平均值的方法与求和的方法相似，其方法如下：

### 1. 选择平均值函数

**步骤 1：**打开教学资源"21 平面 2 班成绩统计表 .xlsx"，如图 4-15 所示，选中 K5 单元格，切换至"公式"选项卡，单击"自动求和"下拉按钮，选择"平均值"。

图 4-15　班级成绩统计表

**步骤 2：**选择引用单元格。这时 K5 单元格中，已经自动显示求平均值公式，选中相应的单元格区域，这里是 D5:I5，如图 4-16 所示。

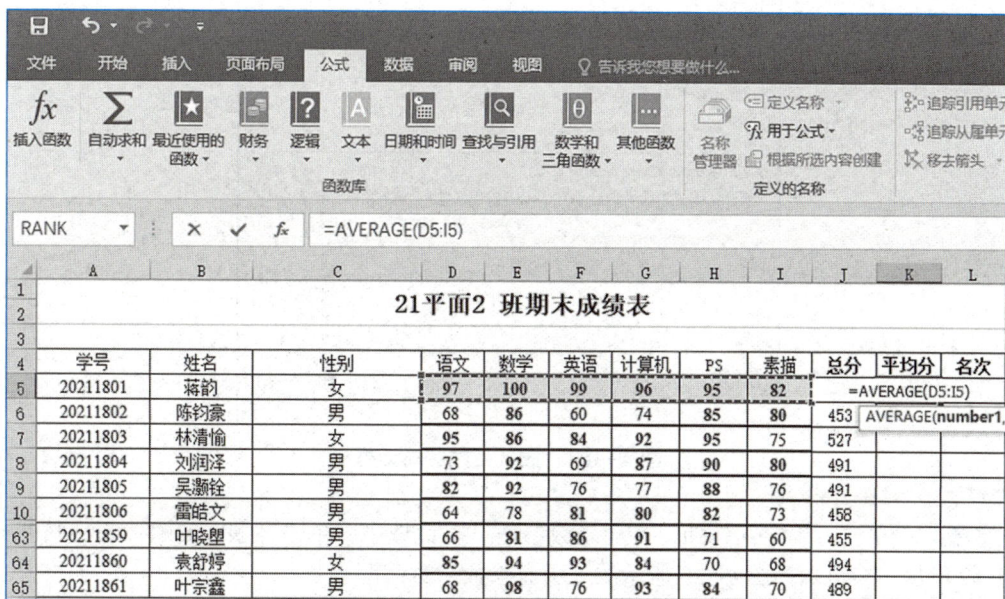

图 4-16　计算第一位同学平均分公式

**步骤 3：**查看结果。按 Enter 键，这时 K5 单元格中会显示计算结果，如图 4-17 所示。

图 4-17 第一位同学平均分

### 2. 应用对话框插入函数求平均值

**步骤 1：** 选中 K5 单元格，切换到"开始"选项卡，单击"插入函数"按钮，弹出"插入函数"对话框，如图 4-18 所示。将"或选择类别"设置为"常用函数"，选择"AVERAGE"函数选项。

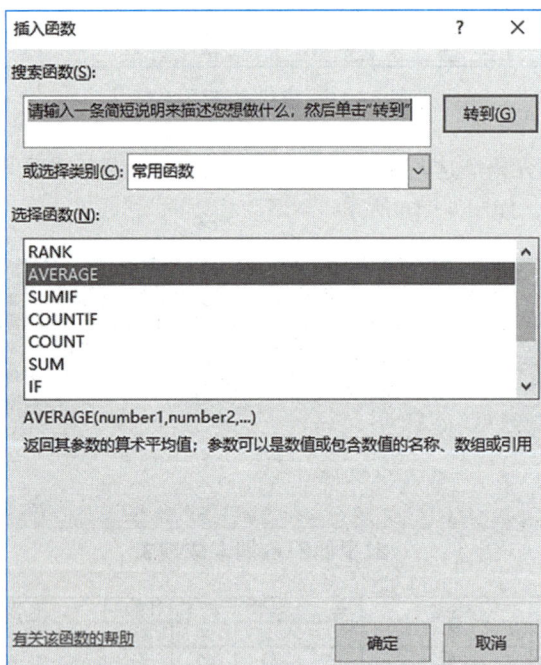

图 4-18 "插入函数"对话框

**步骤 2：** 单击"确定"按钮，在"函数参数"对话框中，单击"Number1"折叠按钮，如图 4-19 所示，会显示如图 4-20 所示的"函数参数"对话框。

**步骤 3：** 选择参数区域。这里选择 D5:I5 单元格区域，完成区域计算操作，再次单击"Number1"折叠按钮，打开"函数参数"对话框，此时"Number1"文本框中已显示参数区域，单击"确定"按钮完成求平均值计算，如图 4-21 所示。

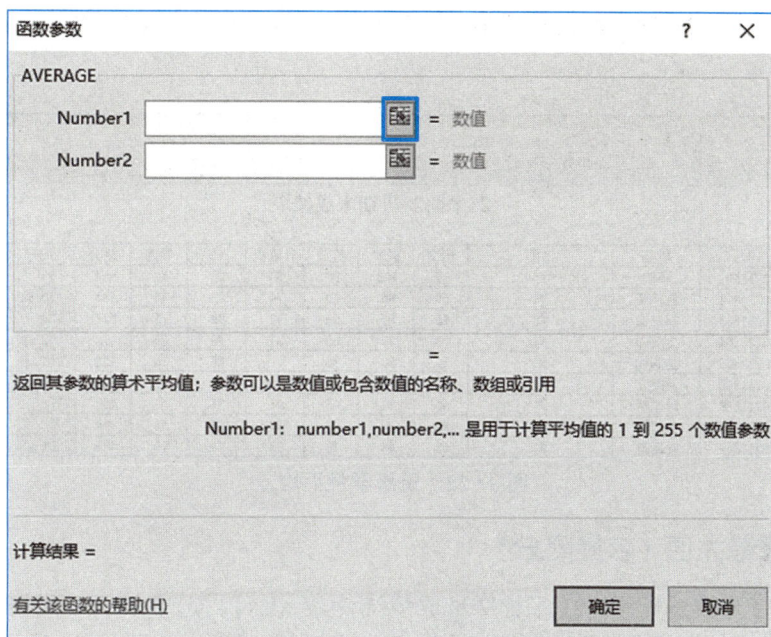

图 4-19　平均值"函数参数"对话框

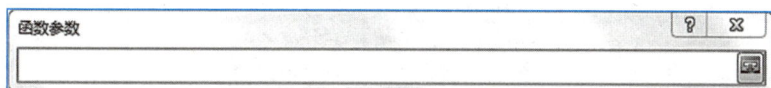

图 4-20　"函数参数"对话框

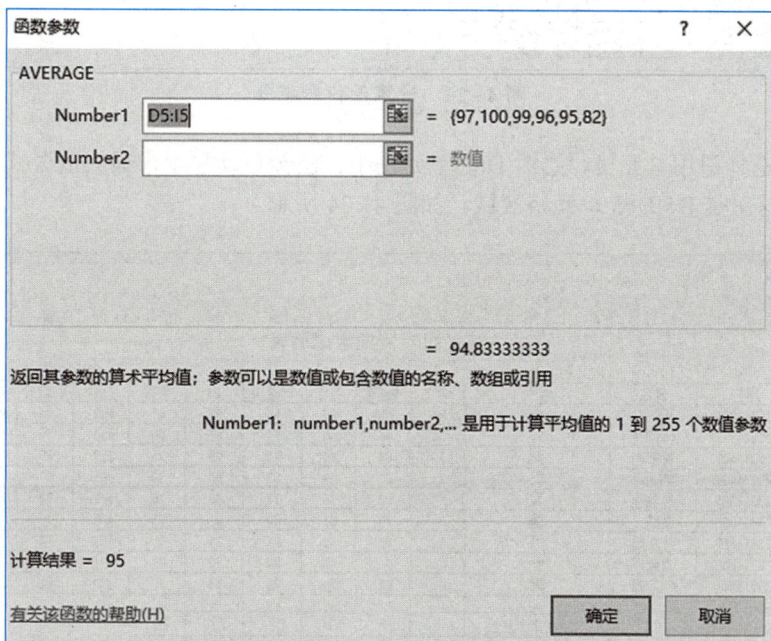

图 4-21　"Number1"文本框中参数区域

**步骤4：**复制公式。双击填充柄即可向下复制求平均值公式到其他单元格内，结果如图4-22所示。

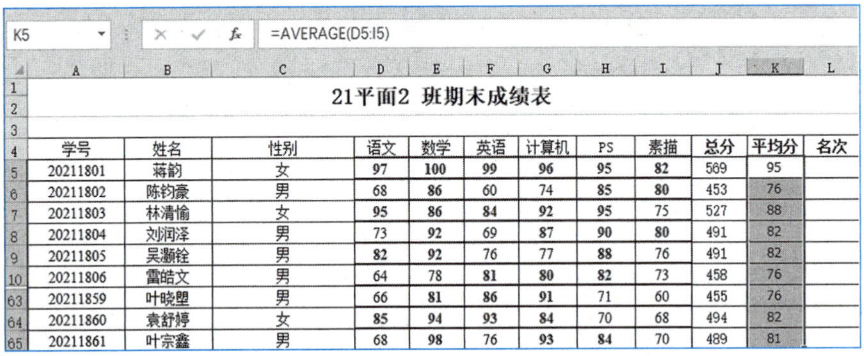

图4-22　班级学生平均分

## 三、计算最大值（求最高分）

**步骤1：**打开教学资源"21平面2班成绩统计表.xlsx"，选中D68单元格，切换至"公式"选项卡，单击"自动求和"下拉按钮，选择"最大值"选项，如图4-23所示。

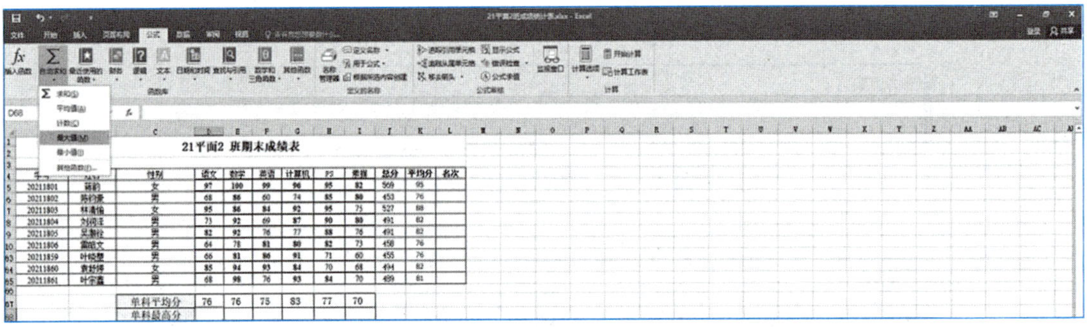

图4-23　计算单科最高分

**步骤2：**选择引用单元格。这时D68单元格中，已经自动显示求最大值公式，选中相应的单元格区域，这里是D5:D65单元格区域，如图4-24所示。

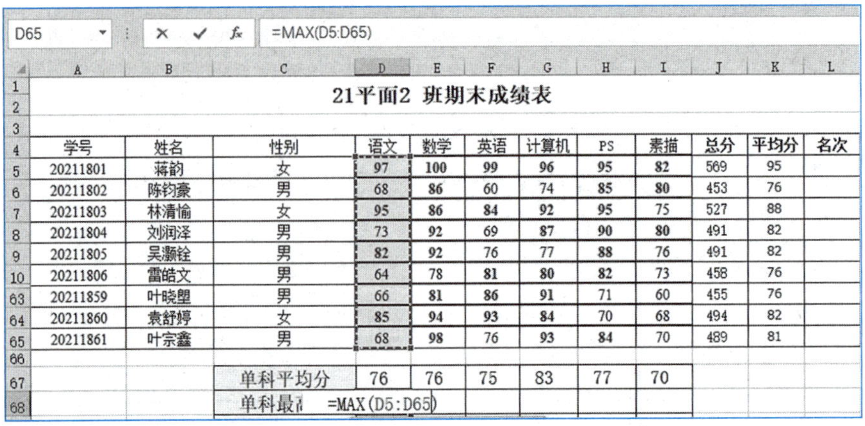

图4-24　求最大值公式

**步骤 3**：查看结果。按 Enter 键，这时 D68 单元格中会显示计算结果，如图 4-25 所示。

| | A | B | C | D | E | F | G | H | I | J | K | L |
|---|---|---|---|---|---|---|---|---|---|---|---|---|
| 1 | | | | | 21平面2 班期末成绩表 | | | | | | | |
| 2 | | | | | | | | | | | | |
| 3 | | | | | | | | | | | | |
| 4 | 学号 | 姓名 | 性别 | 语文 | 数学 | 英语 | 计算机 | PS | 素描 | 总分 | 平均分 | 名次 |
| 5 | 20211801 | 蒋韵 | 女 | 97 | 100 | 99 | 96 | 95 | 82 | 569 | 95 | |
| 6 | 20211802 | 陈钧豪 | 男 | 68 | 86 | 60 | 74 | 85 | 80 | 453 | 76 | |
| 7 | 20211803 | 林清愉 | 女 | 95 | 86 | 84 | 92 | 95 | 75 | 527 | 88 | |
| 8 | 20211804 | 刘润泽 | 男 | 73 | 92 | 69 | 87 | 90 | 80 | 491 | 82 | |
| 9 | 20211805 | 吴灏铨 | 男 | 82 | 92 | 76 | 77 | 88 | 76 | 491 | 82 | |
| 10 | 20211806 | 雷皓文 | 男 | 64 | 78 | 81 | 80 | 82 | 73 | 458 | 76 | |
| 63 | 20211859 | 叶晓塑 | 男 | 66 | 81 | 86 | 91 | 71 | 60 | 455 | 76 | |
| 64 | 20211860 | 袁舒婷 | 女 | 85 | 94 | 93 | 84 | 70 | 68 | 494 | 82 | |
| 65 | 20211861 | 叶宗鑫 | 男 | 68 | 98 | 76 | 93 | 84 | 70 | 489 | 81 | |
| 66 | | | | | | | | | | | | |
| 67 | | | 单科平均分 | 76 | 76 | 75 | 83 | 77 | 70 | | | |
| 68 | | | 单科最高分 | 97 | | | | | | | | |

图 4-25　语文最高分

**步骤 4**：复制公式。向右拖动填充柄即可复制求最大值公式到其他单元格内，结果如图 4-26 所示。

| | A | B | C | D | E | F | G | H | I | J | K | L |
|---|---|---|---|---|---|---|---|---|---|---|---|---|
| 1 | | | | | 21平面2 班期末成绩表 | | | | | | | |
| 2 | | | | | | | | | | | | |
| 3 | | | | | | | | | | | | |
| 4 | 学号 | 姓名 | 性别 | 语文 | 数学 | 英语 | 计算机 | PS | 素描 | 总分 | 平均分 | 名次 |
| 5 | 20211801 | 蒋韵 | 女 | 97 | 100 | 99 | 96 | 95 | 82 | 569 | 95 | |
| 6 | 20211802 | 陈钧豪 | 男 | 68 | 86 | 60 | 74 | 85 | 80 | 453 | 76 | |
| 7 | 20211803 | 林清愉 | 女 | 95 | 86 | 84 | 92 | 95 | 75 | 527 | 88 | |
| 8 | 20211804 | 刘润泽 | 男 | 73 | 92 | 69 | 87 | 90 | 80 | 491 | 82 | |
| 9 | 20211805 | 吴灏铨 | 男 | 82 | 92 | 76 | 77 | 88 | 76 | 491 | 82 | |
| 10 | 20211806 | 雷皓文 | 男 | 64 | 78 | 81 | 80 | 82 | 73 | 458 | 76 | |
| 63 | 20211859 | 叶晓塑 | 男 | 66 | 81 | 86 | 91 | 71 | 60 | 455 | 76 | |
| 64 | 20211860 | 袁舒婷 | 女 | 85 | 94 | 93 | 84 | 70 | 68 | 494 | 82 | |
| 65 | 20211861 | 叶宗鑫 | 男 | 68 | 98 | 76 | 93 | 84 | 70 | 489 | 81 | |
| 66 | | | | | | | | | | | | |
| 67 | | | 单科平均分 | 76 | 76 | 75 | 83 | 77 | 70 | | | |
| 68 | | | 单科最高分 | 97 | 100 | 99 | 100 | 98 | 85 | | | |

图 4-26　单科最高分

## 四、计算最小值（求最低分）

**步骤 1**：打开教学资源"21平面2班成绩统计表.xlsx"，选中 D69 单元格，切换至"公式"选项卡，单击"自动求和"下拉按钮，选择"最小值"，如图 4-27 所示。

**步骤 2**：选择引用单元格。这时 D69 单元格中，已经自动显示求最小值公式，选中相应的单元格区域，这里是 D5:D65 单元格区域，如图 4-28 所示。

**步骤 3**：查看结果。按 Enter 键，这时 D69 单元格中会显示计算结果，如图 4-29 所示。

**步骤 4**：复制公式。向右拖动填充柄即可复制求最小值公式到其他单元格内，结果如图 4-30 所示。

## 五、排名

如果要对表格中的数据进行排名，我们可以使用 RANK 函数进行操作，本案例根据总分进行排名，具体操作如下：

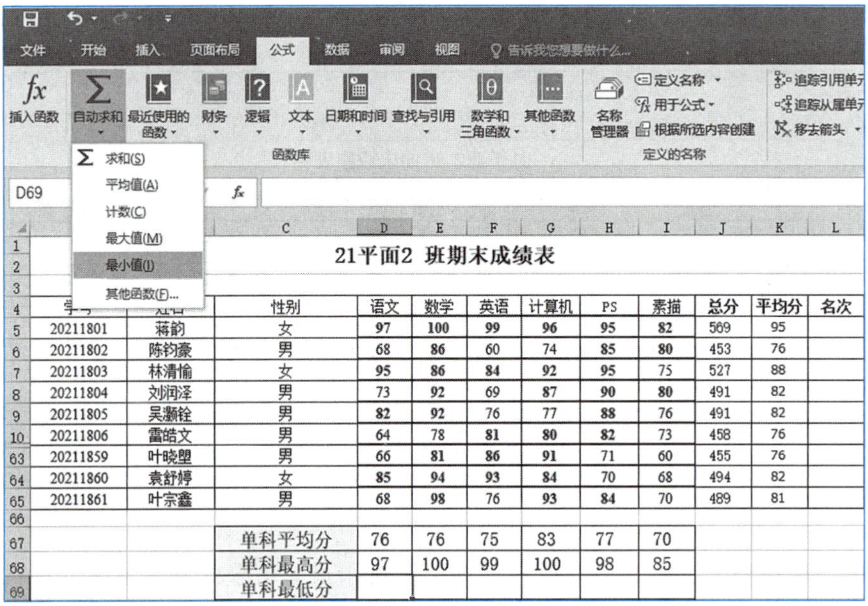


21平面2 班期末成绩表

| 学号 | 姓名 | 性别 | 语文 | 数学 | 英语 | 计算机 | PS | 素描 | 总分 | 平均分 | 名次 |
|---|---|---|---|---|---|---|---|---|---|---|---|
| 20211801 | 蒋韵 | 女 | 97 | 100 | 99 | 96 | 95 | 82 | 569 | 95 | |
| 20211802 | 陈钧豪 | 男 | 68 | 86 | 60 | 74 | 85 | 80 | 453 | 76 | |
| 20211803 | 林清愉 | 女 | 95 | 86 | 84 | 92 | 95 | 75 | 527 | 88 | |
| 20211804 | 刘润泽 | 男 | 73 | 92 | 69 | 87 | 90 | 80 | 491 | 82 | |
| 20211805 | 吴灏铨 | 男 | 82 | 92 | 76 | 77 | 88 | 76 | 491 | 82 | |
| 20211806 | 雷皓文 | 男 | 64 | 78 | 81 | 80 | 82 | 73 | 458 | 76 | |
| 20211859 | 叶晓塱 | 男 | 66 | 81 | 86 | 91 | 71 | 60 | 455 | 76 | |
| 20211860 | 袁舒婷 | 女 | 85 | 94 | 93 | 84 | 70 | 68 | 494 | 82 | |
| 20211861 | 叶宗鑫 | 男 | 68 | 98 | 76 | 93 | 84 | 70 | 489 | 81 | |
| | | 单科平均分 | 76 | 76 | 75 | 83 | 77 | 70 | | | |
| | | 单科最高分 | 97 | 100 | 99 | 100 | 98 | 85 | | | |
| | | 单科最低分 | | | | | | | | | |

图 4－27 计算单科最低分分数

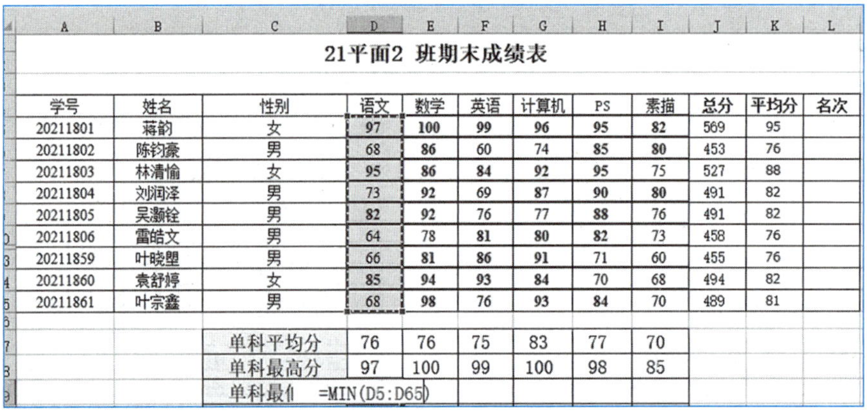

21平面2 班期末成绩表

| 学号 | 姓名 | 性别 | 语文 | 数学 | 英语 | 计算机 | PS | 素描 | 总分 | 平均分 | 名次 |
|---|---|---|---|---|---|---|---|---|---|---|---|
| 20211801 | 蒋韵 | 女 | 97 | 100 | 99 | 96 | 95 | 82 | 569 | 95 | |
| 20211802 | 陈钧豪 | 男 | 68 | 86 | 60 | 74 | 85 | 80 | 453 | 76 | |
| 20211803 | 林清愉 | 女 | 95 | 86 | 84 | 92 | 95 | 75 | 527 | 88 | |
| 20211804 | 刘润泽 | 男 | 73 | 92 | 69 | 87 | 90 | 80 | 491 | 82 | |
| 20211805 | 吴灏铨 | 男 | 82 | 92 | 76 | 77 | 88 | 76 | 491 | 82 | |
| 20211806 | 雷皓文 | 男 | 64 | 78 | 81 | 80 | 82 | 73 | 458 | 76 | |
| 20211859 | 叶晓塱 | 男 | 66 | 81 | 86 | 91 | 71 | 60 | 455 | 76 | |
| 20211860 | 袁舒婷 | 女 | 85 | 94 | 93 | 84 | 70 | 68 | 494 | 82 | |
| 20211861 | 叶宗鑫 | 男 | 68 | 98 | 76 | 93 | 84 | 70 | 489 | 81 | |
| | | 单科平均分 | 76 | 76 | 75 | 83 | 77 | 70 | | | |
| | | 单科最高分 | 97 | 100 | 99 | 100 | 98 | 85 | | | |
| | | 单科最( | =MIN(D5:D65) | | | | | | | | |

图 4－28 求最小值公式

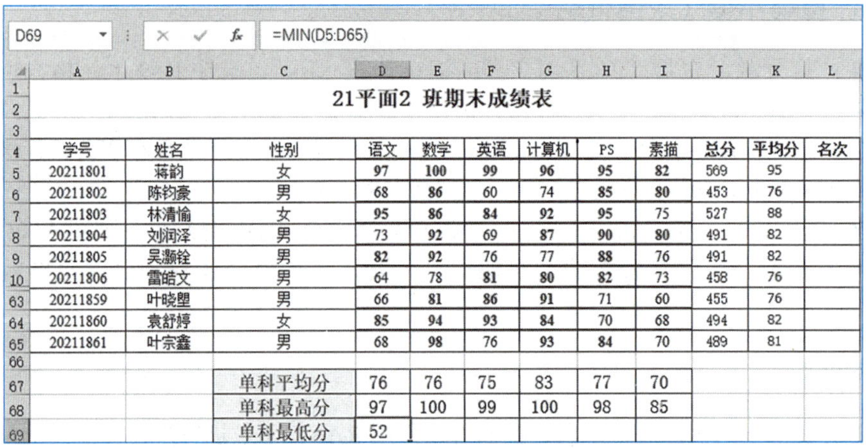


21平面2 班期末成绩表

| 学号 | 姓名 | 性别 | 语文 | 数学 | 英语 | 计算机 | PS | 素描 | 总分 | 平均分 | 名次 |
|---|---|---|---|---|---|---|---|---|---|---|---|
| 20211801 | 蒋韵 | 女 | 97 | 100 | 99 | 96 | 95 | 82 | 569 | 95 | |
| 20211802 | 陈钧豪 | 男 | 68 | 86 | 60 | 74 | 85 | 80 | 453 | 76 | |
| 20211803 | 林清愉 | 女 | 95 | 86 | 84 | 92 | 95 | 75 | 527 | 88 | |
| 20211804 | 刘润泽 | 男 | 73 | 92 | 69 | 87 | 90 | 80 | 491 | 82 | |
| 20211805 | 吴灏铨 | 男 | 82 | 92 | 76 | 77 | 88 | 76 | 491 | 82 | |
| 20211806 | 雷皓文 | 男 | 64 | 78 | 81 | 80 | 82 | 73 | 458 | 76 | |
| 20211859 | 叶晓塱 | 男 | 66 | 81 | 86 | 91 | 71 | 60 | 455 | 76 | |
| 20211860 | 袁舒婷 | 女 | 85 | 94 | 93 | 84 | 70 | 68 | 494 | 82 | |
| 20211861 | 叶宗鑫 | 男 | 68 | 98 | 76 | 93 | 84 | 70 | 489 | 81 | |
| | | 单科平均分 | 76 | 76 | 75 | 83 | 77 | 70 | | | |
| | | 单科最高分 | 97 | 100 | 99 | 100 | 98 | 85 | | | |
| | | 单科最低分 | 52 | | | | | | | | |

图 4－29 语文最低分

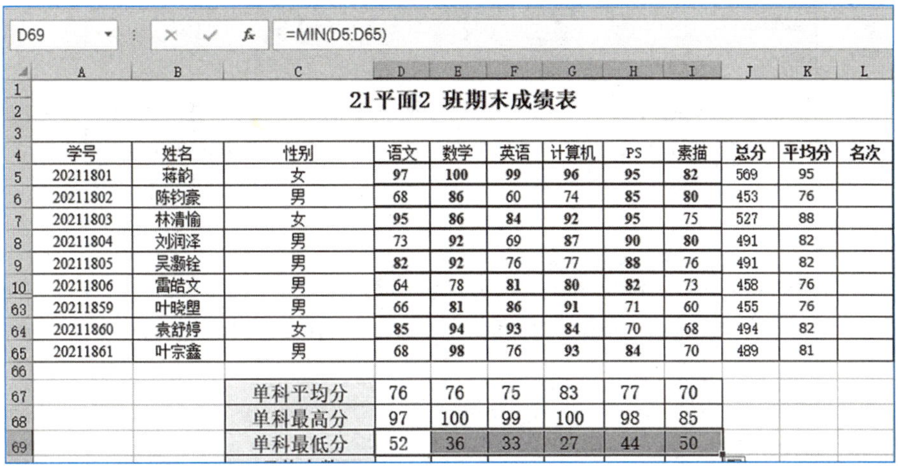

图 4-30　单科最低分

**步骤 1**：插入 RANK 函数。选中 L5 单元格，单击"插入函数"按钮，在打开的对话框中，设置"或选择类别"为"全部"，选择"RANK"函数选项，如图 4-31 所示。或者在对话框中"搜索函数"文本框中输入 RANK，单击"转到"，即可找到 RANK 函数选项，单击"确定"按钮。

图 4-31　插入 RANK 函数

**步骤 2**：设置函数参数。在"函数参数"对话框中，将"Number"设置为 J5；因为引用的数据列表不变，所以我们这里用绝对引用，"Ref"设置为"$J$5:$J$65"；排位方式为默认，所以 Order 项可以不作设置，如图 4-32 所示。

**步骤 3**：完成计算。输入后，单击"确定"按钮，完成计算。向下拖动填充柄即可复制排名值到其他单元格内，如图 4-33 所示。

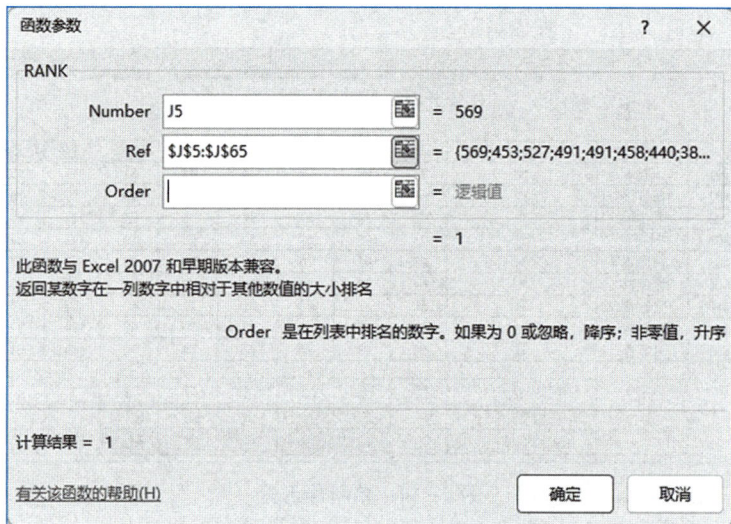

图 4-32　RANK 函数参数

| | A | B | C | D | E | F | G | H | I | J | K | L |
|---|---|---|---|---|---|---|---|---|---|---|---|---|
| 1 | | | | | | 21平面2 班期末成绩表 | | | | | | |
| 2 | | | | | | | | | | | | |
| 3 | | | | | | | | | | | | |
| 4 | 学号 | 姓名 | 性别 | 语文 | 数学 | 英语 | 计算机 | PS | 素描 | 总分 | 平均分 | 名次 |
| 5 | 20211801 | 蒋韵 | 女 | 97 | 100 | 99 | 96 | 95 | 82 | 569 | 95 | 1 |
| 6 | 20211802 | 陈钧豪 | 男 | 68 | 86 | 60 | 74 | 85 | 80 | 453 | 76 | 33 |
| 7 | 20211803 | 林清愉 | 女 | 95 | 86 | 84 | 92 | 95 | 75 | 527 | 88 | 5 |
| 8 | 20211804 | 刘润泽 | 男 | 73 | 92 | 69 | 87 | 90 | 80 | 491 | 82 | 20 |
| 9 | 20211805 | 吴灏铨 | 男 | 82 | 92 | 76 | 77 | 88 | 76 | 491 | 82 | 20 |
| 10 | 20211806 | 雷皓文 | 男 | 64 | 78 | 81 | 80 | 82 | 73 | 458 | 76 | 29 |
| 63 | 20211859 | 叶晓塑 | 男 | 66 | 81 | 86 | 91 | 71 | 60 | 455 | 76 | 32 |
| 64 | 20211860 | 袁舒婷 | 女 | 85 | 94 | 93 | 84 | 70 | 68 | 494 | 82 | 16 |
| 65 | 20211861 | 叶宗鑫 | 男 | 68 | 98 | 76 | 93 | 84 | 70 | 489 | 81 | 22 |
| 66 | | | | | | | | | | | | |
| 67 | | | 单科平均分 | 76 | 76 | 75 | 83 | 77 | 70 | | | |
| 68 | | | 单科最高分 | 97 | 100 | 99 | 100 | 98 | 85 | | | |
| 69 | | | 单科最低分 | 52 | 36 | 33 | 27 | 44 | 50 | | | |

图 4-33　班级成绩排名

## 项目小结

　　公式和函数是 Excel 的重要计算功能，计算能力强大，能满足用户数据处理和分析的需求。本项目介绍了常用函数，通过班级成绩表的统计分析，对常用函数的使用进行了详细的讲解。

项目二

# 班级成绩表的统计

**项目概述**

本项目将学习在 Excel 2016 中利用已有的数据，根据常用的统计函数进行计算，以便于对数据进行分析。

**任务描述** ▶

某学校每月都进行一次月考，所以制作成绩表是老师必做的工作。下面以班级成绩表为例，介绍 Excel 常用的统计函数。本节涉及的函数有 IF 函数、AVERAGEIF 函数、COUNTIF 函数、COUNTIFS 函数、SUMIF 函数、SUMIFS 函数、AVERAGEIFS 函数等。

**知识链接** ▶

逻辑函数是一类返回值为逻辑值 TRUE 或逻辑值 FALSE 的函数。统计函数是 Excel 函数中最重要的函数之一，是我们工作中使用最多、使用频率最高的函数，它能有效地提高我们的工作效率，能快速地从复杂、烦琐的数据中提取我们需要的数据。

## 一、IF 函数

功能：根据条件逻辑值进行判断，如果满足条件返回一个值，不满足则返回另一个值。

语法格式：IF（Logical_test, Value_if_true, Value_if_false）。

其中，Logical_test 表示计算结果为 TRUE 或 FALSE 的任意值或表达式。例如，A2 >= 60 就是一个逻辑表达式，如果 A2 单元格中的值大于等于 60，表达式即为 TRUE，否则为 FALSE。本参数可使用任何比较运算符。

Value_if_true 表示 Logical_test 为 TRUE 时返回的值。例如，如果 A2 单元格内的值大于等于 60，此时 Logical_test 参数值为 TRUE，结果为"及格"，如图 4-34 所示。当 Logical_test 为 TRUE 而 Value_if_true 为空，结果为 0。要显示 TRUE，本参数的逻辑值必须为 TRUE。当然 Value_if_true 也可以是其他公式。

Value_if_false 表示 Logical_test 为 FALSE 时返回的值。例如，如果 A2 单元格内的值小于 60，此时 Logical_test 参数值为 FALSE，结果为"不及格"。如果 Logical_test 为 FALSE 并且忽略了 Value_if_false（即 Value_if_true 后没有逗号），则结果为 FALSE。当 Logical_test 为 FALSE 且 Value_if_false 为空（即 Value_if_true 后有逗号，并紧跟着右括号），结果为 0。Value_if_false 也可以是其他公式。

图 4-34　IF "函数参数" 对话框

## 二、COUNTIF 函数

COUNTIF "函数参数" 对话框如图 4-35 所示。

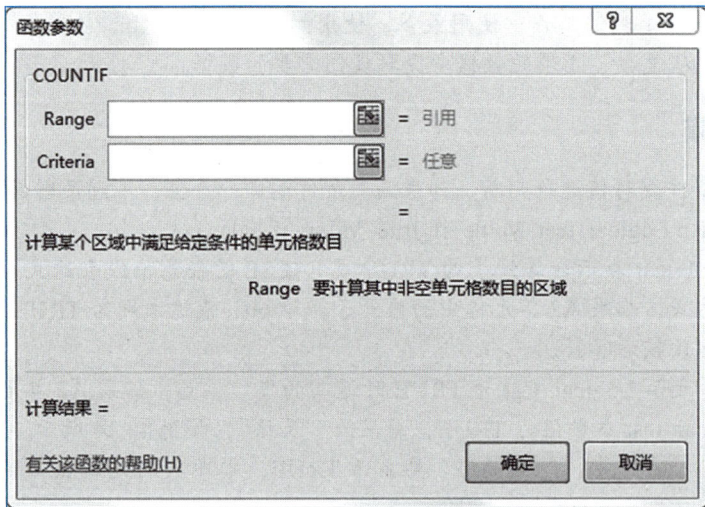

图 4-35　COUNTIF "函数参数" 对话框

功能：计算某个区域中满足给定的条件的单元格数目。

语法格式：COUNTIF（Range, Criteria）。

其中，Range 表示要计算其中非空单元格数目的区域（条件范围）；Criteria 表示以数字、表达式或文本形式定义的条件（条件）。使用该函数时先确定条件，然后再确定条件所在的数据区域。

## 三、COUNTIFS 函数

COUNTIFS "函数参数"对话框如图 4-36 所示。

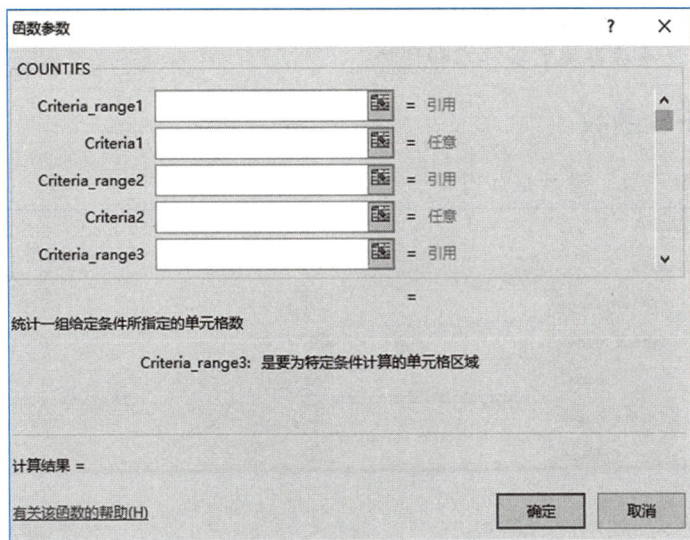

图 4-36 COUNTIFS "函数参数"对话框

功能：统计多个区域中满足给定条件的单元格的个数。

语法格式：COUNTIFS（Criteria_range1, Criteria1, Criteria_range2, Criteria2, ...）。

其中，Criteria_range1（必须）表示计算关联条件的第一个区域；Criteria1（必须）表示条件的形式为数字、表达式、单元格引用或文本，它定义了要计数的单元格范围。例如，条件可以表示为 10、">10"、B2、"A"或"16"。

Criteria_range2, Criteria2, ... 可选；附加的区域及其关联条件；最多允许 127 个区域 / 条件对。

## 四、SUMIF 函数

SUMIF "函数参数"对话框如图 4-37 所示。

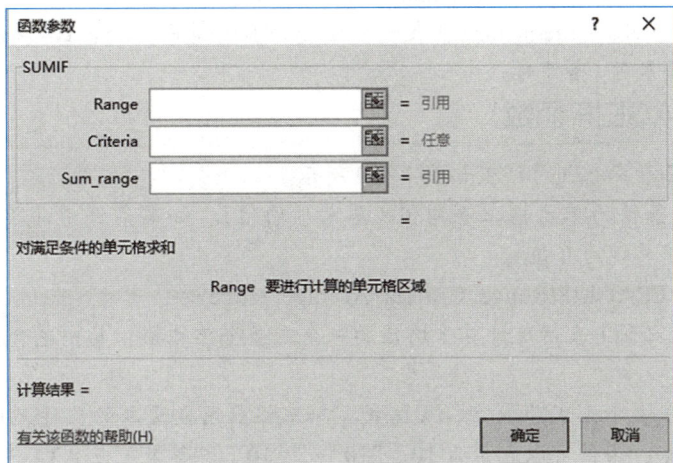

图 4-37 SUMIF "函数参数"对话框

功能：对满足条件的单元格进行求和（条件求和）。

语法格式：SUMIF（Range, Criteria, Sum_range）。

Range 表示用于条件判断的单元格区域（条件范围）；Criteria 是指以数字、表达式或文本形式定义的条件；Sum_range 是指用于实际求和的单元格区域。使用该函数时，先确定条件，再确定条件区域范围，最后再确定实际求和区域。

## 五、SUMIFS 函数

SUMIFS"函数参数"对话框如图 4-38 所示。

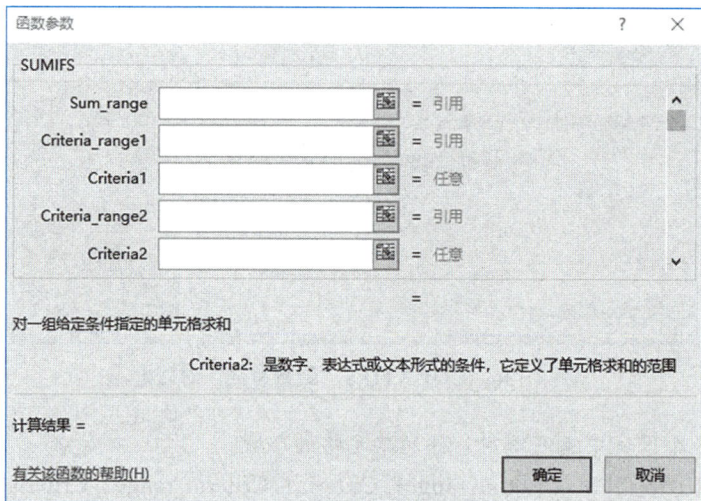

图 4-38　SUMIFS"函数参数"对话框

功能：此函数是一个数学与三角函数，用于计算满足多个条件的全部参数的总量，使用该函数可快速对多条件单元格求和。

语法格式：SUMIFS (Sum_range, Criteria_range1, Criteria1, [Criteria_range2, Criteria2], ...)。

其中，Sum_range（必须）表示要求和的单元格区域，Criteria_range1（必须）表示使用 Criteria1 测试的区域范围，Criteria_range1 和 Criteria1 设置用于搜索某个区域是否符合特定条件的搜索对。一旦在该区域中找到了项，将计算 Sum_range 中相应值的和。Criteria1（必须）定义将要计算 Criteria_range1 中的条件。Criteria_range2 表示要检查的其他范围，Criteria2 表示要检查的其他条件。最多允许 127 个范围 / 条件对。

## 六、AVERAGEIF 函数

AVERAGE"函数参数"对话框如图 4-39 所示。

功能：对满足条件的单元格求平均值（算术平均值）。如果条件中的单元格为空单元格，AVERAGEIF 就会将其视为 0 值。

语法格式：AVERAGEIF(Range, Criteria, Average_range)。

其中，Range（必须）表示要计算平均值的一个或多个单元格，其中包含数字或包含数字的名称、数组、引用。

Criteria（必须）表示形式为数字、表达式、单元格引用或文本的条件，用来定义将计算平均值的单元格。例如，条件可以表示为 10、"10"、">10"、"苹果"或 A3。

图 4-39　AVERAGEIF "函数参数" 对话框

Average_range（可选）表示要计算平均值的实际单元格区域。如果省略，则使用 Range。

## 七、AVERAGEIFS 函数

AVERAGEIFS "函数参数" 对话框如图 4-40 所示。

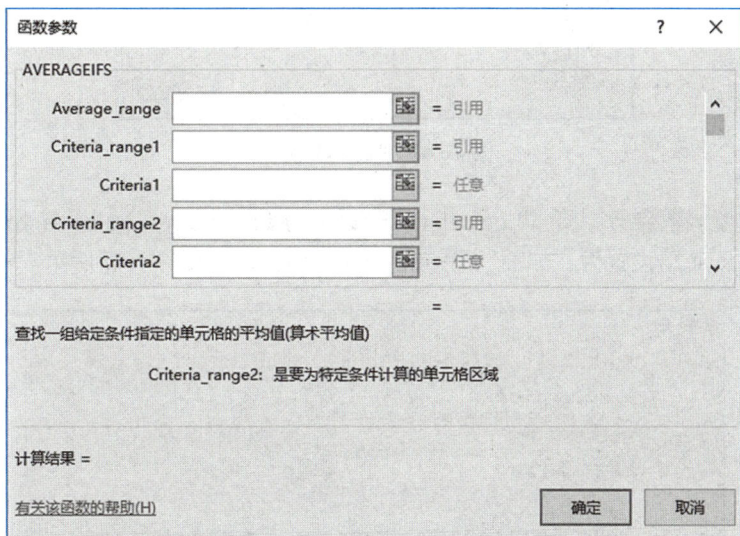

图 4-40　AVERAGEIFS "函数参数" 对话框

功能：查找一组给定条件指定的单元格的平均值，也可以说是多条件求平均值。

语法格式：AVERAGEIFS（Average_range, Criteria_range1, Criteria1, [Criteria_range2, Criteria2], ...）

其中，Average_range（必须）表示实际求平均值的单元格区域。Criteria_range1（必须）表示使用 Criteria1 测试的区域范围。Criteria_range1 和 Criteria1 设置用于搜索某个区域是否符合特定条件的搜索对。一旦在该区域中找到了项，将计算 Average_range 中相应值的平均值。Criteria1（必须）定义将要计算 Criteria_range1 中的条件。Criteria_range2 表示要检查的其他范围，Criteria2 表示要检查的其他条件。最多允许 127 个范围 / 条件对。

**任务实现** ▶

## 一、IF 函数

根据六科成绩的平均成绩进行判断，如果平均成绩大于等于 85，则输出"给力"，否则为"加油"。

**步骤 1：** 打开教学资源"21 平面 2 班成绩统计表 .xlsx"，选中 N5 单元格，单击"插入函数"按钮，弹出"插入函数"对话框，选择 IF 函数，单击"确定"按钮，如图 4-41 所示。

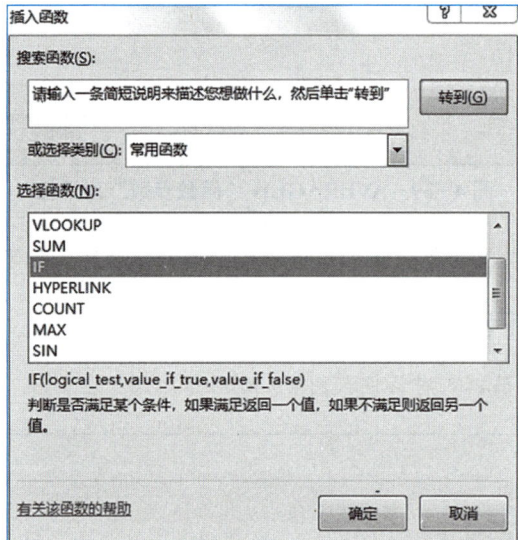

图 4-41　插入 IF 函数

**步骤 2：** 设置函数参数。将"Logical_test"设置为 L5 >= 85，"Value_if_true"设置为"给力"，"Value_if_false"设置为"加油"，单击"确定"按钮，如图 4-42 所示。

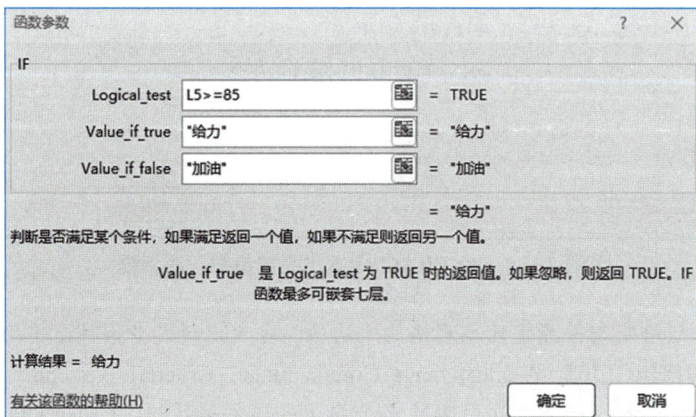

图 4-42　设置函数参数

**步骤 3：** 完成计算。拖动填充柄向下填充即可完成成绩等级判断。

## 二、COUNTIF 函数、COUNTIFS 函数、AVERAGEIF 函数、AVERAGEIFS 函数

有时对表格中的数据进行统计时，需要使用统计函数，下面将介绍统计函数的具体应用。

1. 统计每科及格人数，使用 COUNTIF 函数

步骤 1：打开教学资源"21 平面 2 班成绩统计表 .xlsx"，选中 E70 单元格，单击"插入函数"按钮，弹出"插入函数"对话框，"或选择类别"设置为"统计"，选择 COUNTIF 函数，单击"确定"按钮，如图 4-43 所示。

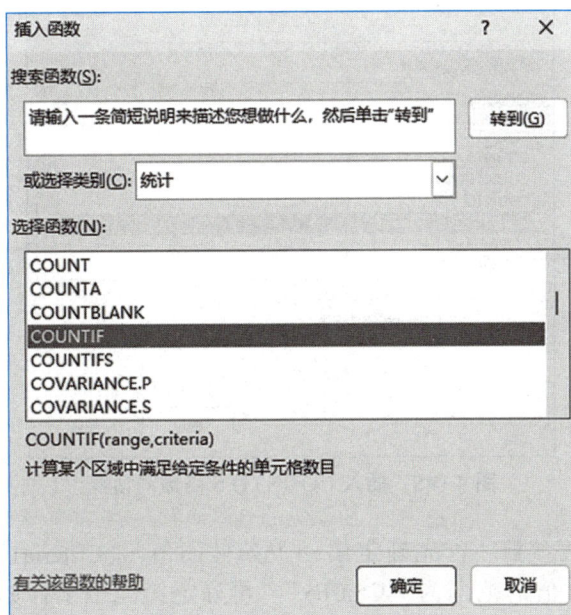

图 4-43 插入 COUNTIF 函数

步骤 2：设置函数参数。先确定条件"Criteria"的值为">= 60"，再确定"Range"的值为"E5:E65"。在打开的"函数参数"对话框输入对应的值，单击"确定"按钮，如图 4-44 所示。

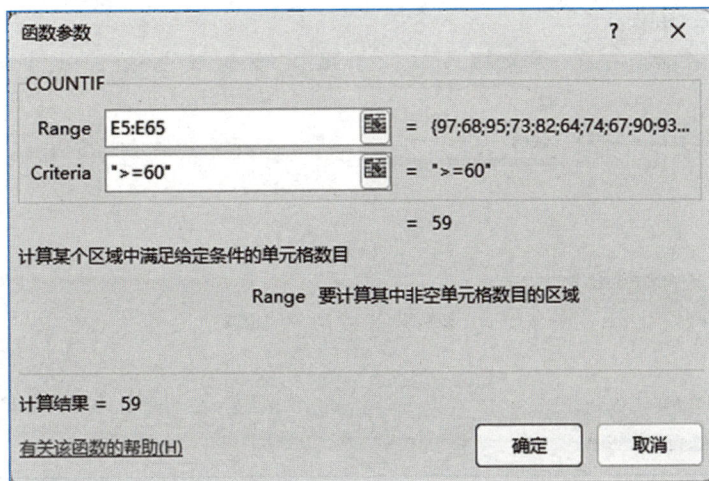

图 4-44 COUNTIF 函数参数设置

**步骤 3**：完成计算。拖动填充柄向右填充即可完成每科及格人数的统计。

**2. 统计男生及格人数，使用 COUNTIFS 函数**

**步骤 1**：打开教学资源"21 平面 2 班成绩统计表 .xlsx"，选中 E72 单元格，单击"插入函数"按钮，弹出"插入函数"对话框，"或选择类别"设置为"统计"，选择 COUNTIFS 函数，单击"确定"按钮，如图 4-45 所示。

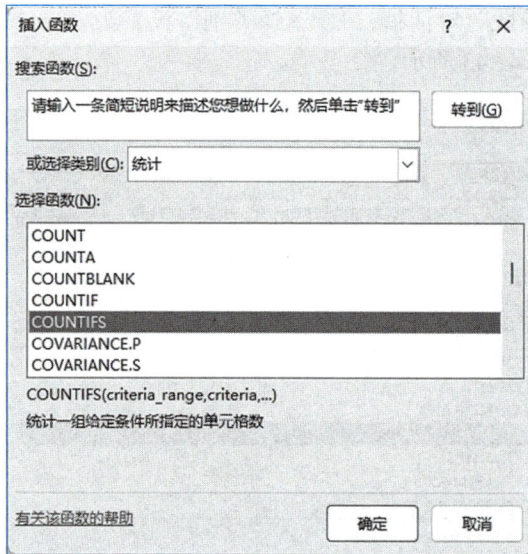

图 4-45　插入 COUNTIFS 函数对话框

**步骤 2**：设置函数参数。首先确定第一个条件的值，"Criteria1"的值为"男"，可判断出"Criteria_range1"值的范围为"C5:C65"。再确定第二个条件的值为">= 60"，因此"Criteria2"的值为">= 60"，可判断出"Criteria_range2"值的范围为"E5:E65"。在打开的"函数参数"对话框中输入对应的值。注意因为性别这列数据不变，想要复制公式必须绝对引用"$C$5:$C$65"区域，如图 4-46 所示。

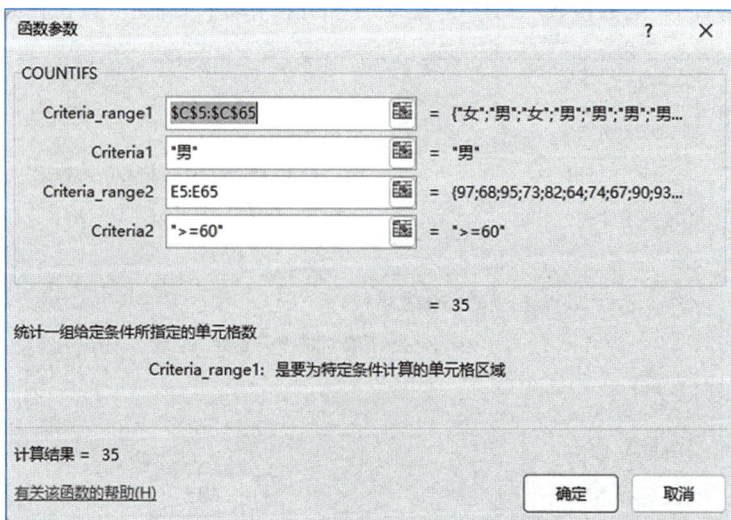

图 4-46　COUNTIFS 函数参数设置

**步骤 3**：完成计算。单击"确定"按钮，拖动填充柄向右填充即可完成每科男生及格人数的统计。

**3. 统计男生单科平均分，使用 AVERAGEIF 函数**

**步骤 1**：打开教学资源"21 平面 2 班成绩统计表 .xlsx"，选中 E74 单元格，单击"插入函数"按钮，弹出"插入函数"对话框，"或选择类别"设置为"统计"，选择 AVERAGEIF 函数，单击"确定"按钮，如图 4-47 所示。

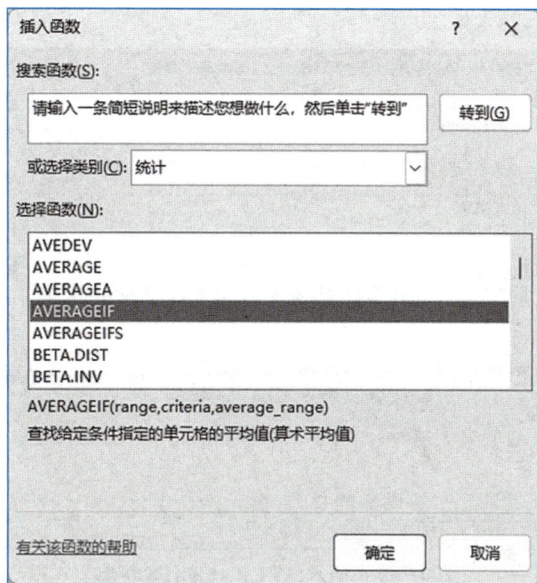

**图 4-47 插入 AVERAGEIF 函数**

**步骤 2**：设置函数参数。首先确定"Criteria"的值为"男"，可判断出"Range"值的范围为"C5:C65"，再确定实际求平均值的范围，"Average_range"的值为"E5:E65"。在打开的"函数参数"对话框中输入对应的值。注意因为性别这列数据不变，想要复制公式必须绝对引用"$C$5:$C$65"区域，如图 4-48 所示。

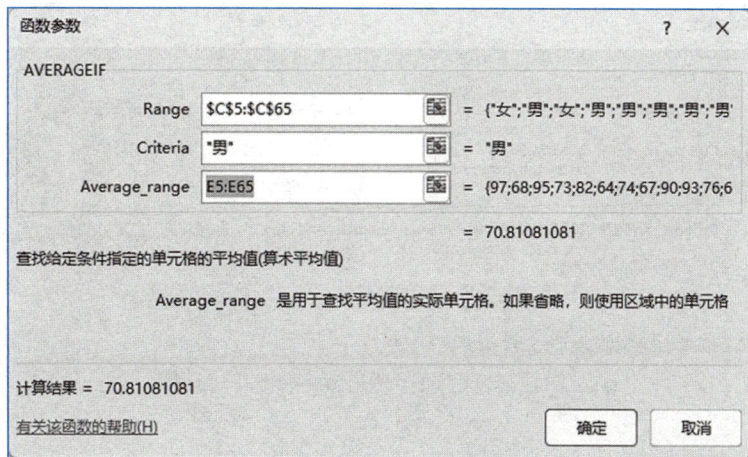

**图 4-48 AVERAGEIF 函数参数设置**

**步骤 3**：完成计算。单击"确定"按钮，拖动填充柄向右填充即可完成男生单科平均分计算。

#### 4.统计广东男生单科平均分，使用 AVERAGEIFS 函数

**步骤1**：打开教学资源"21平面2班成绩统计表.xlsx"，选中E74单元格，单击"插入函数"按钮，弹出"插入函数"对话框，"或选择类别"设置为"统计"，选择 AVERAGEIFS 函数，单击"确定"按钮，如图4-49所示。

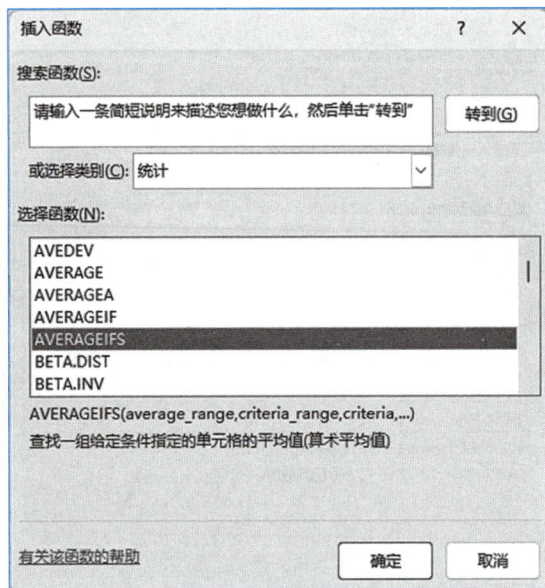

图 4-49　插入 AVERAGEIFS 函数

**步骤2**：设置函数参数。首先确定"Average_range"的值为"E5:E65"，再判断第一个条件"Criteria1"的值为"男"，可判断出"Criteria_range1"值的范围为"C5:C65"，最后确定第二个条件的值为"广东"，因此"Criteria2"的值为"广东"，可判断出"Criteria_range2"值的范围"D5:D65"。在打开的"函数参数"对话框中输入对应的值。注意因为性别、户籍列数据不变，想要复制公式使用绝对引用"$C$5:$C$65""$D$5:$D$65"区域，如图4-50所示。

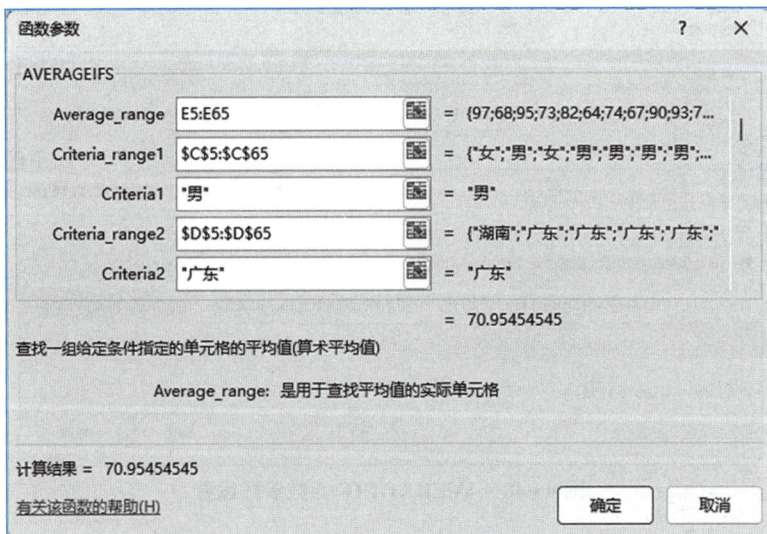

图 4-50　AVERAGEIFS 函数参数设置

步骤 3：完成计算。单击"确定"按钮，拖动填充柄向右填充即可完成广东男生平均分统计。

## 三、SUMIF 函数、SUMIFS 函数

有时对表格中的数据进行计算时，需要使用数学与三角函数，下面将介绍数学与三角函数的具体应用。

### 1. 男生单科总分计算，使用 SUMIF 函数

步骤 1：打开教学资源"21 平面 2 班成绩统计表 .xlsx"，选中 E74 单元格，单击"插入函数"按钮，弹出"插入函数"对话框，"或选择类别"设置为"数学与三角函数"，选择 SUMIF 函数，单击"确定"按钮，如图 4-51 所示。

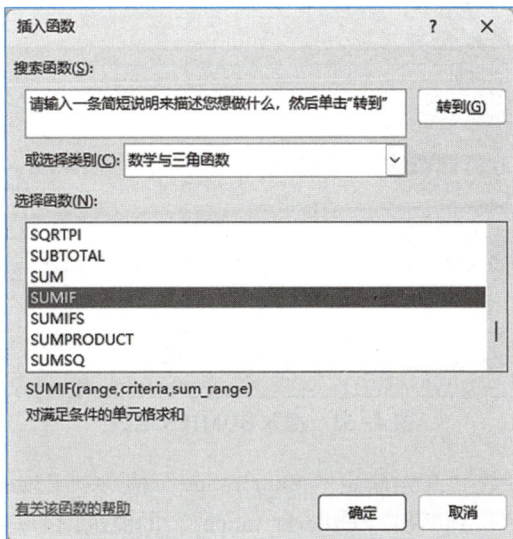

图 4-51 插入 SUMIF 函数

步骤 2：设置函数参数。首先确定"Criteria"的值为"男"，可判断出"Range"的值范围为"C5:C65"，再确定实际求平均值的范围，"Sum_range"的值为"E5:E65"。在打开的"函数参数"对话框中输入对应的值。注意因为性别这列数据不变，想要复制公式必须绝对引用"$C$5:$C$65"区域，如图 4-52 所示。

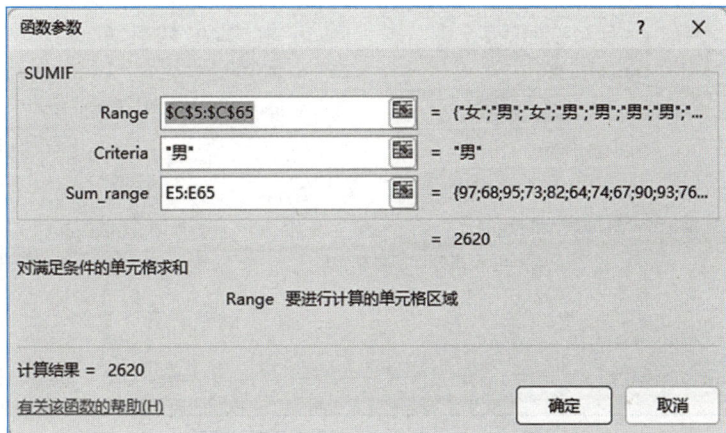

图 4-52 SUMIF 函数参数设置

**步骤 3**：完成计算。单击"确定"按钮，拖动填充柄向右填充即可完成男生单科总分计算。

**2. 统计广东男生单科总分，使用 SUMIFS 函数**

**步骤 1**：打开教学资源"21 平面 2 班成绩统计表 .xlsx"，选中 E74 单元格，单击"插入函数"按钮，弹出"插入函数"对话框，"或选择类别"设置为"数学与三角函数"，选择 SUMIFS 函数，单击"确定"按钮，如图 4-53 所示。

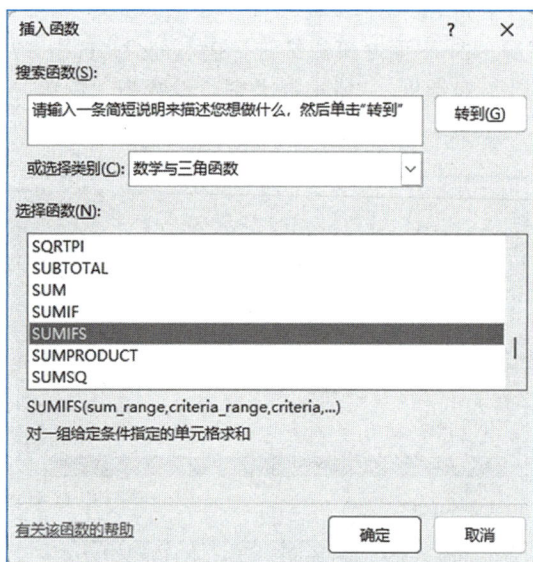

图 4-53　插入 SUMIFS 函数

**步骤 2**：设置函数参数。首先确定"Sum_range"值为"E5:E65"，再判断第一个条件"Criteria1"的值为"男"，可判断出"Criteria_range1"的值范围"C5:C65"，最后确定第二个条件的值为"广东"，因此"Criteria2"的值为"广东"，可判断出"Criteria_range2"的值范围"D5:D65"。在打开的"函数参数"对话框中输入对应的值。注意因为性别、户籍列数据不变，想要复制公式需绝对引用"$C$5:$C$65""$D$5:$D$65"区域，如图 4-54 所示。

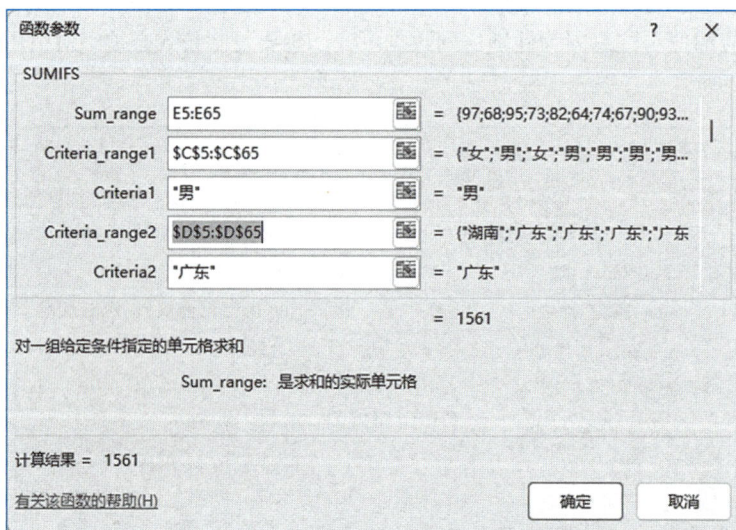

图 4-54　SUMIFS 函数参数设置

步骤 3：完成计算。单击"确定"按钮，拖动填充柄向右填充即可完成广东男生单科总分计算。

## 项目小结

Excel 提供了强大的函数功能，本项目主要讲解了逻辑函数（IF 函数）、数学与三角函数（SUMIF 函数、SUMIFS 函数）、统计函数（COUNTIF 函数、COUNTIFS 函数、AVERAGEIF 函数、AVERAGEIFS 函数）。填写函数参数，以及输入符号时，一定要把输入法关闭或切换为英文状态。

# 个人成绩变化统计表

图表是 Excel 的一个重要组成部分，也是办公环境中的一种常用工具。图表是以图形表示工作表中数据的一种方式。通过对数据创建图表，可以更加直观地把数据之间的关系显示出来，从而方便用户获取数据信息。

## 任务描述 ▶

数学科代表接到分析"数学月考成绩统计表"任务后，在众多图表分析方法中难以抉择。这时学习委员告诉数学科代表，先要查看并分析"数学月考成绩统计表"中的数据，再根据目标创建合适的图表，最后不要忘记编辑和美化图表。数学科代表在经过一番思索后，制作了最适合的图表。

## 知识链接 ▶

图表，Microsoft Office 用语，泛指在屏幕中显示的，可直观展示统计信息属性（时间性、数量性等），对知识挖掘和信息直观生动感受起关键作用的图形结构。图表是一种很好的将对象属性数据直观、形象展现出来的可视化手段。下面介绍图表的组成元素和类型。

## 一、图表的主要组成元素

图表主要由图表区、绘图区、数值轴、分类轴、数据系列、网格线、图例、图表标题等部分组成，如图 4-55 所示。不同类型的图表具有不同的构成元素，如图 4-56 所示，如折线图一般要有坐标轴，而饼图一般没有。归纳起来，图表的基本构成元素有图表标题、数据系列、图例和绘图区等。

（1）图表区：整个图表的背景区域，包含所有的数据信息以及图表辅助的说明信息。

（2）绘图区：坐标轴包围的图形区域。

（3）数值轴：用来表示数值大小的坐标轴。

（4）分类轴：表示图表中需要比较的每一个对象。

（5）数据系列：图表中的一行或一列数值数据。每个数据系列以一种图例表示。

（6）网格线：包括主要网格线和次要网格线。

（7）图例：表示图表中各个数据系列的色块及说明。

（8）图表标题：表示图表的名称，是对图表的说明。

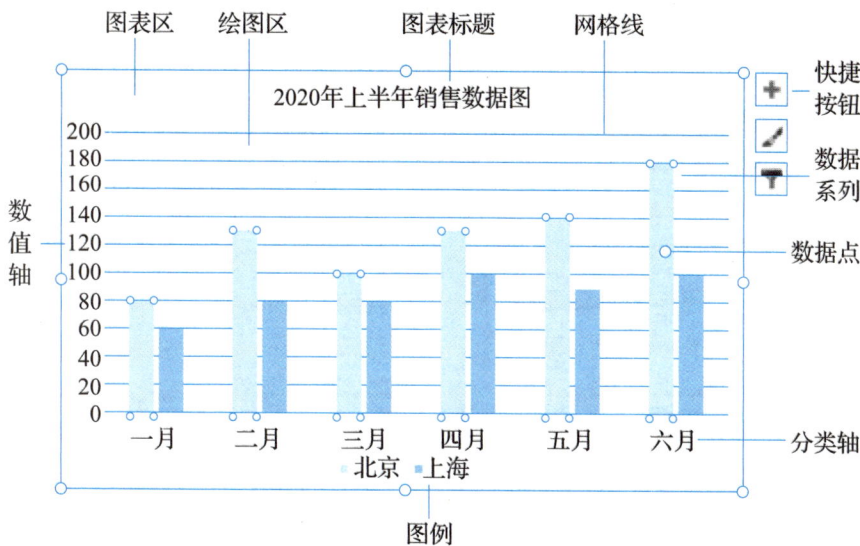

图 4-55　销售数据图表

图 4-56　图表元素

## 二、图表的类型

　　图表的类型主要有条形图、柱状图、折线图、饼图、面积图、散点图、股份图、曲面图、雷达图、树状图、旭日图、直方图、箱形图、瀑布图、组合图等，不同的图表类型有不同特征的数据。

**任务实现 ▶**

### 一、建立折线图

　　根据数学月考成绩表，选取姓名列的部分数据（B4:B9）、二月到六月列的部分数据（E4:I9）的内容建立折线图。

　　**步骤 1：**选取数据。打开素材"数学月考成绩表 .xlsx"，选择"B4:B9"区域数据，按住 Ctrl 键，选择"E4:I9"区域数据，如图 4-57 所示。

图 4-57　数学月考成绩表

　　**步骤 2：**选择图表。选择"插入"选项卡，单击"查看所有图表"按钮，弹出"插入图表"对话框，在"所有图表"项中选择折线图，如图 4-58 所示。

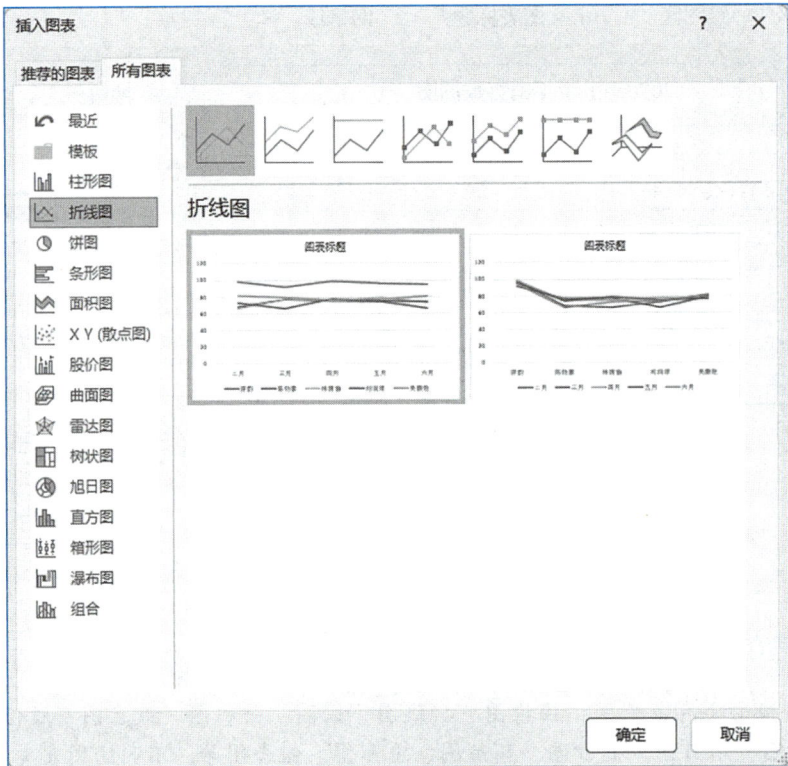

图 4-58　插入折线图

**步骤 3**：创建图表。单击"确定"后就可以完成图表的创建操作，如图 4-59 所示。

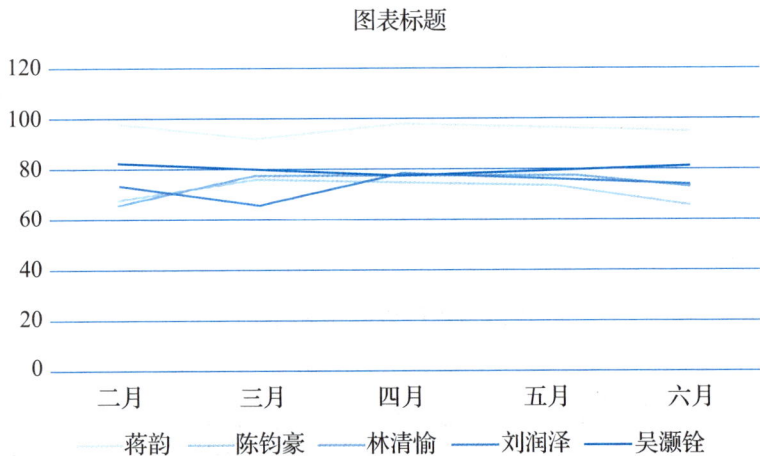

图 4-59　成绩折线图

## 二、建立簇状柱形图

选取数学月考成绩表中统计表 1 中的月份列（L6:L11）、及格人数列（M6:M11）、不及格人数列（N6:N11）数据区域的内容建立簇状柱形图，图表标题为"月考情况统计图"，位于图表上方；图例位于右侧；为数据系列添加"轴内侧"数据标签；添加不及格人数趋势线；图表插入当前工作表的"P7:U14"单元格区域。

步骤1：选取数据。打开素材"数学月考成绩表.xlsx"，选择"L6:N11"区域数据，如图4-60所示。

图4-60　数学月考成绩统计表

步骤2：选择图表。选择"插入"选项卡，单击"查看所有图表"按钮，弹出"插入图表"对话框，在"所有图表"项中选择"柱形图"中的"簇状柱形图"，如图4-61所示。

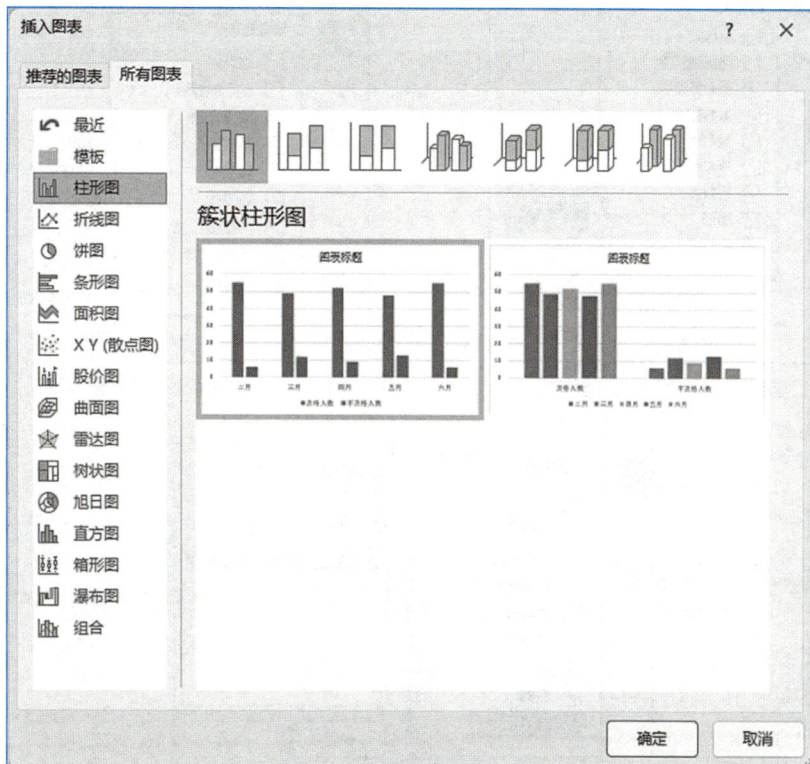

图4-61　插入簇状柱形图

步骤3：创建图表。单击"确定"后就可以完成图表的创建操作，如图4-62所示。

图表标题

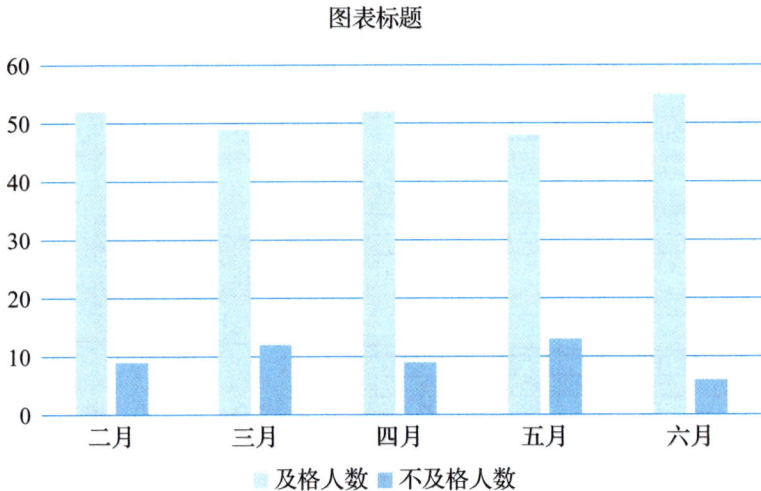

图4-62　数学月考成绩统计簇状柱形图

步骤4：修改部分元素参数。单击"图表标题"，修改"图表标题"为"月考情况统计图"，单击"图表元素"按钮，选择"图例"，设置图例的位置为右侧，如图4-63所示。选择"数据标签"，为数据系列添加"轴内侧"数据标签，如图4-64所示。选择"趋势线"，可以设置不及格人数趋势线，如图4-65所示。

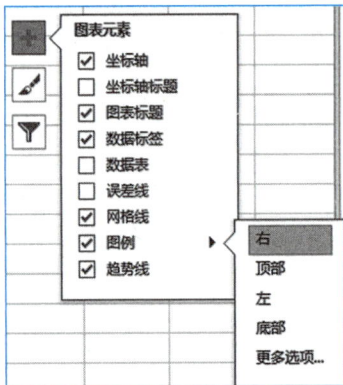

图4-63　设置图例位置

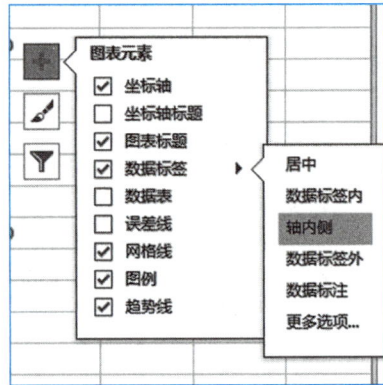

图4-64　添加数据标签

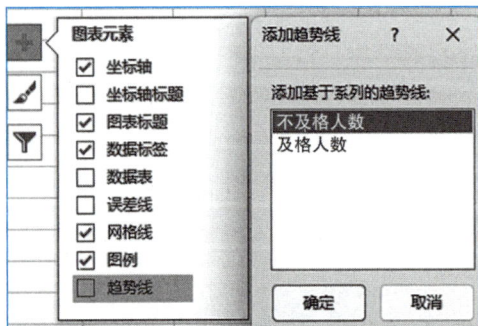

图4-65　添加趋势线

步骤 5：调整图表。选中图表，移动图表左上角将其放置到 P7 单元格内。鼠标移动到图表右下角的控制点，对图表进行缩放操作，当十字图标在 U14 单元格内，停止鼠标操作，此时图表插入当前工作表的"P7:U14"单元格区域内，如图 4-66 所示。

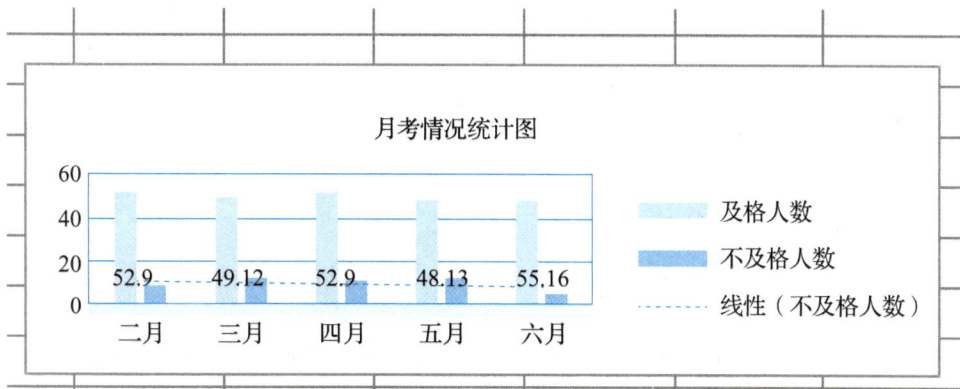

图 4-66　调整月考统计图

步骤 6：美化图表。设置绘图区背景。双击绘图区，打开"设置绘图区格式"窗格，根据需要可以设置绘图区的填充方式、填充颜色以及透明度，如图 4-67 和图 4-68 所示，效果如图 4-69 所示。

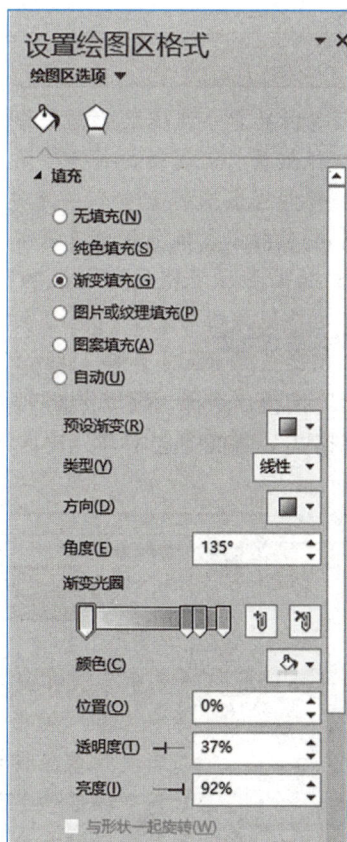

图 4-67　填充参数　　　　图 4-68　边框参数

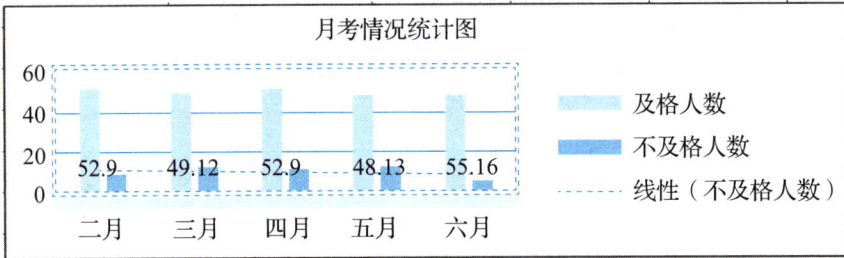

图 4-69　美化后的月考情况统计图

## 三、建立带百分比的饼图

选取数学月考成绩表中统计表 2 中的 "L58:Q59" 单元格区域的数据，建立带百分比的饼图，并美化图表。

**步骤 1**：建立饼图。与上一操作的步骤 1、2 相似，建立饼图，如图 4-70 所示。

| 统计表2 | | | | | |
|---|---|---|---|---|---|
| 月份 | >=90分人数 | >=80分人数 | >=70分人数 | >=60分人数 | 其他分数人数 |
| 二月 | 3 | 13 | 18 | 18 | 9 |

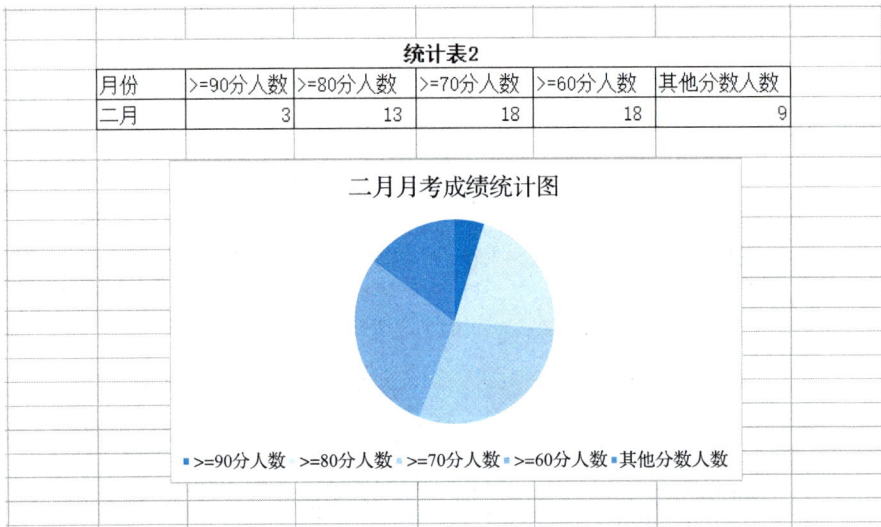

图 4-70　二月月考成绩统计图

**步骤 2**：设置图表数据标签。单击 "图表元素" 按钮，选择 "数据标签" 中的 "更多选项" 按钮，如图 4-71 所示，在打开的 "设置数据标签格式" 窗格中选中百分比，如图 4-72 所示，即可完成带百分比的数据标签设置，如图 4-73 所示。

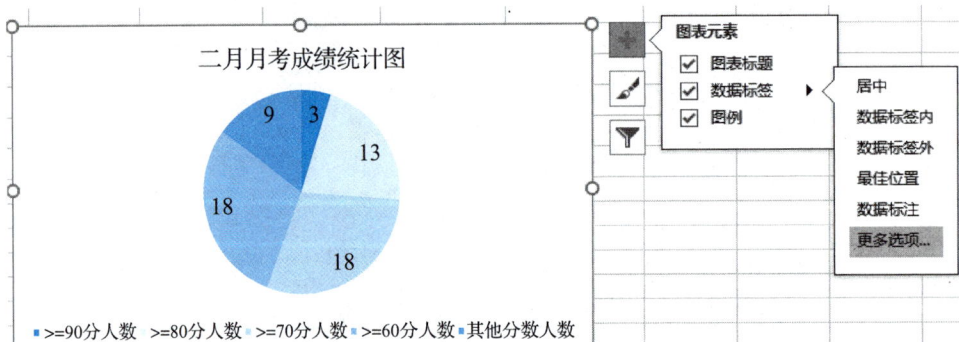

图 4-71　数据标签按钮

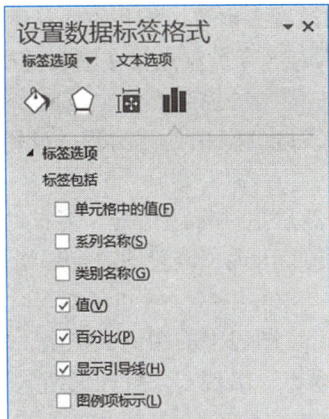

图 4-72 数据标签参数

图 4-73 带百分比效果图

**步骤 3**：美化图表。设置图表区背景。双击图表区空白处，单击"填充与线条"按钮，根据需要设置图表的填充方式、填充颜色、透明度、边框的线型，如图 4-74 所示，效果如图 4-75 所示。

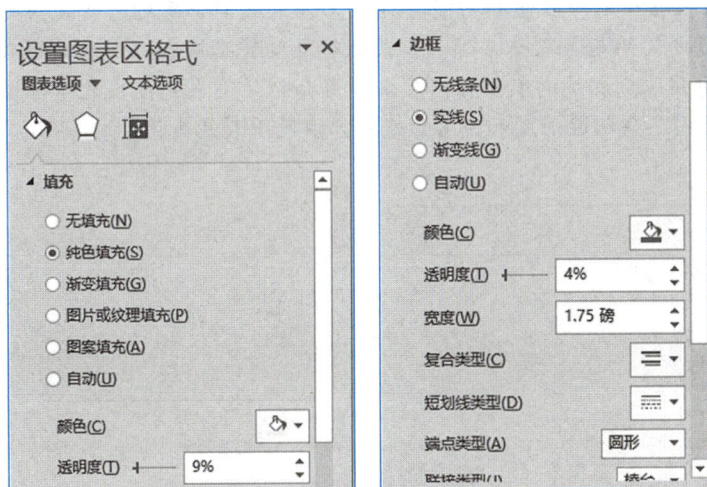

图 4-74 设置图表区格式

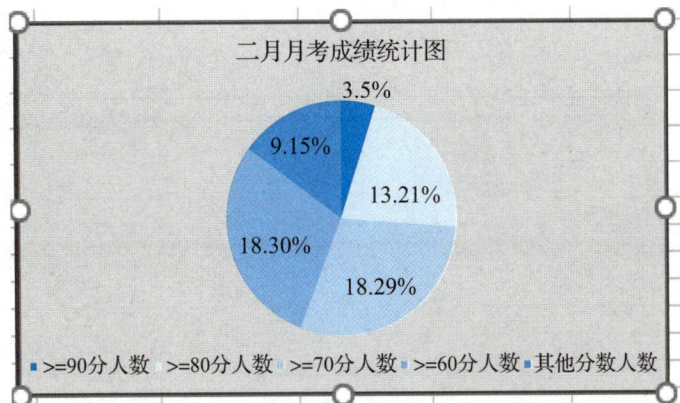

图 4-75 美化后的二月月考成绩统计图

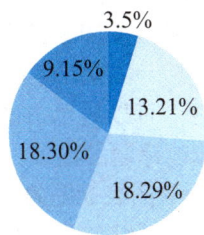

**步骤 4：**还可以移动图表位置、调整图表大小和修改图表内容。操作方法如下：

（1）单击图表区域，选定图表，被选定的图表周围有 8 个控制点，在图表区按下鼠标左键，并拖动，即可移动图表的位置。把鼠标指针移到图表右下角的控制点上，当鼠标指针变成双箭头时，按下左键拖动，即可改变图表的大小。双击图表区的空白处，出现"设置图表区格式"窗格。单击图表外任意一点，取消图表上的控制点。

（2）修改图表的标题。可以先单击图表的标题，然后拖动标题边框，能移动标题的位置。在标题框内单击，可以修改标题的内容。双击标题边框，出现"设置图表标题格式"窗格，在"图案"选项卡中，可以设置图表标题的边框、颜色。

（3）修改图表的图例，可以在图例的任意位置单击，图表中的图例被选定，单击图例中的任何图例项，可以选定该图例项，在图例的任意位置双击，出现"设置图例格式"窗格，可以拖动图例，改变图例的位置、大小。

## 项目小结

图表是 Excel 表格中的一项重要功能。日常工作中我们会面对一些复杂的表格数据，当无法直观地读取数据之间的趋势及关系时，如果能将这些数据信息以图表的形式显示的话，就可以轻松地从图表中获取到相关的数据信息。本项目介绍了图表的组成元素和图表类型，通过三个例子讲解了折线图、簇状柱形图和饼图的建立方法及图表的美化。

# 销售情况表的数据分析

为了更有效地对 Excel 表格内的数据进行分析和管理，Excel 2016 提供了较强的数据管理功能，按照数据库的管理方式对以数据清单形式存放的工作表进行排序、筛选、分类汇总和建立数据透视表等操作。

## 任务描述 ▶

制作产品销售情况表是为了能够第一时间了解产品在市场上的销售情况，公司会依据该统计信息做出相应的调整。下面以产品销售情况表为例，介绍对数据清单进行排序、筛选、分类汇总和建立数据透视表等统计分析的相关操作。

## 知识链接 ▶

Excel 作为一种广泛使用的电子表格软件，不仅能进行简单的数据录入和计算，还提供了丰富的数据分析方法。常用的数据分析方法包括排序、筛选、分类汇总、数据透视表等。

### 一、排序

数据排序是指按照一定的规则对数据进行重新整理、排列，便于浏览或为进一步处理（如分类汇总）做好准备。排序依据的字段名叫作关键字，分为主要关键字和次要关键字，用户可以根据需要添加和选取。排序的依据有数值、单元格颜色、字体颜色和单元格图标；次序有降序、升序，用户也可以自定义次序排序。

### 二、筛选

数据筛选是在工作表中把符合条件的数据显示出来，将其他不符合条件的数据隐藏起来，隐藏的数据并没有被删除。通过数据筛选可快速从数据中获取所需要的信息。Excel 2016 提供了自动筛选和高级筛选两种筛选方式。

#### 1.自动筛选

自动筛选是指依据设定的条件，自动将表格中满足条件的数据显示出来，不满足条件的数据将会自动隐藏。

#### 2.高级筛选

当我们利用自动筛选不能筛选出用户需要的信息时，可以使用 Excel 2016 提供的高级筛选功能。高级筛选主要用于多字段条件的筛选，使用高级筛选前必须先建立一个筛选条件区域，用来编辑筛选条件。条件区域的第一行是作为筛选条件的所有字段名,这些字段名必须与工作表中的清单字段名完全一致。条件区域内其他行输入的筛选条件,"与"关系的条件必须出现在同一行内,"或"关系的条件不能出现在同一行内。条件区域和数据清单之间不能连接,至少要空一行把两者隔开。

### 三、分类汇总

分类汇总是对数据清单进行分析的一种方法。分类汇总是对数据进行分析和统计时常用到的工具,使用分类汇总可以把工作表中的数据进行分类,然后统计同类数据记录的相关信息,包括求和、计数、平均值、最大值、最小值等,用户可根据需要进行选择。分类汇总时,数据清单的首行必须有列标题,用户分类汇总前先要对分类字段的数据进行排序。

### 四、数据透视表

数据透视表是一种交互式的动态表格,帮助用户分析、组织数据,进行某些计算,如求和、平均值、计数等。建好数据透视表后,可以对数据进行重新布局和分类汇总,方便用户从不同的角度查看数据,从而找出数据之间的联系,获取有用的价值信息。

### 五、VLOOKUP 函数

功能:一个纵向查找函数,按列进行查找,最终返回该列所需要查询序列对应的值。

格式:VLOOKUP(Lookup_value, Table_array, Col_index_num, Range_lookup)。

其中,Lookup_value 表示要查找的值(通过什么查找);Table_array 表示要查找的区域(在哪里找);Col_index_num 表示要返回的数据在查找区域的第几列,它的值为正整数;Range_lookup 表示精确匹配 / 近似匹配,它的值为 TRUE/FALSE。

📋 **任务实现** ▶

### 一、排序

#### 1. 利用"升序"按钮进行排序

对工作表中"销售情况表"数据清单中的内容按主要关键字"销售额排名"的升序进行排序。

**步骤 1:** 打开素材文件"销售表 .xlsx",选定工作表"销售情况表"中的数据清单"G1:G97"。

**步骤 2:** 在"数据"选项卡的"排序和筛选"选项组中单击"升序"按钮,如图 4-76 所示,弹出"排序提醒"对话框,如图 4-77 所示,选择以当前选定区域排序,最后单击"排序"按钮,即可完成对数据清单的排序,如图 4-78 所示。

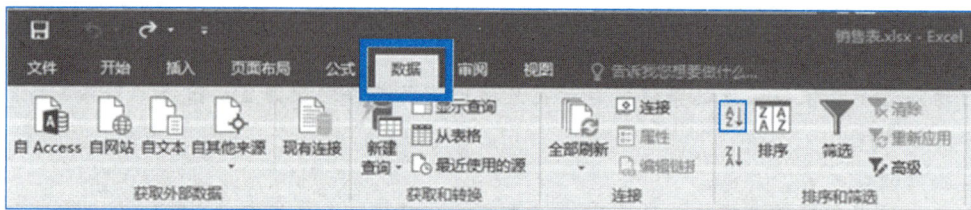

图 4-76 "升序"按钮

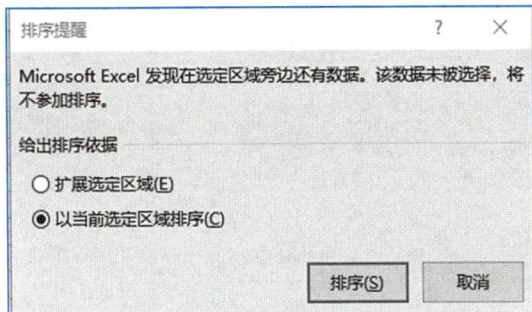

图 4-77　"排序提醒"对话框

图 4-78　按销售额排名升序后的效果

### 2. 利用"排序"按钮进行较复杂的排序

对工作表中"销售情况表"数据清单中的内容按主要关键字"季度"的升序和次要关键字"产品名称"的降序进行排序。

**步骤 1**：打开素材文件"销售表 .xlsx"，选定工作表"销售情况表"中的数据清单"A1:G97"。

**步骤 2**：在"数据"选项卡的"排序和筛选"选项组中单击"排序"按钮，弹出"排序"对话框，如图 4-79 所示。

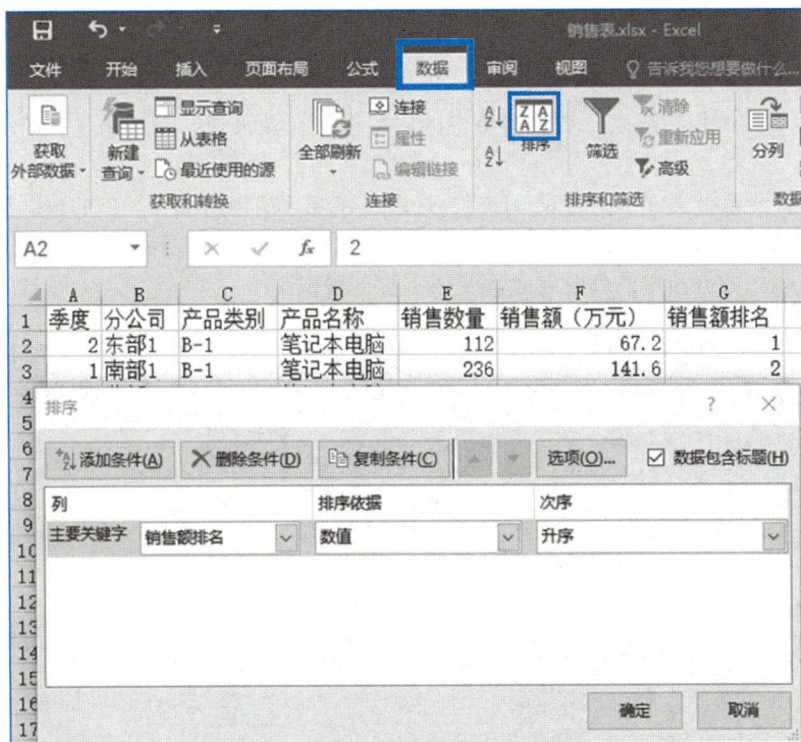

图 4-79　"排序"对话框

**步骤 3**：在"排序"对话框中，"主要关键字"设置为"季度"，"次序"设置为"升序"，单击"添加条件"按钮，将新增的"次要关键字"设置为"产品名称"，"次序"设置为"降序"，如图 4-80 所示，单击"确定"按钮即可完成排序。

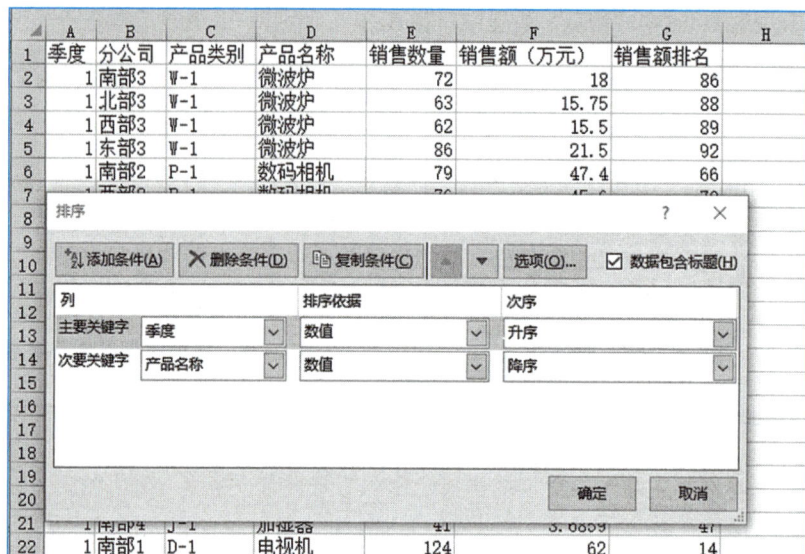

图 4-80　排序设置

## 二、自动筛选

### 1.单字段条件筛选

对工作表中"销售情况表"数据清单中的内容进行自动筛选，筛选条件：产品名称为笔记本电脑。

**步骤 1：** 打开素材文件"销售表 .xlsx"，选定工作表"销售情况表"中的数据清单 A1:G97。

**步骤 2：** 在"数据"选项卡的"排序和筛选"选项组中单击"筛选"按钮，如图 4-81 所示，这时工作表中数据清单的列标题全部变成下拉列表框。

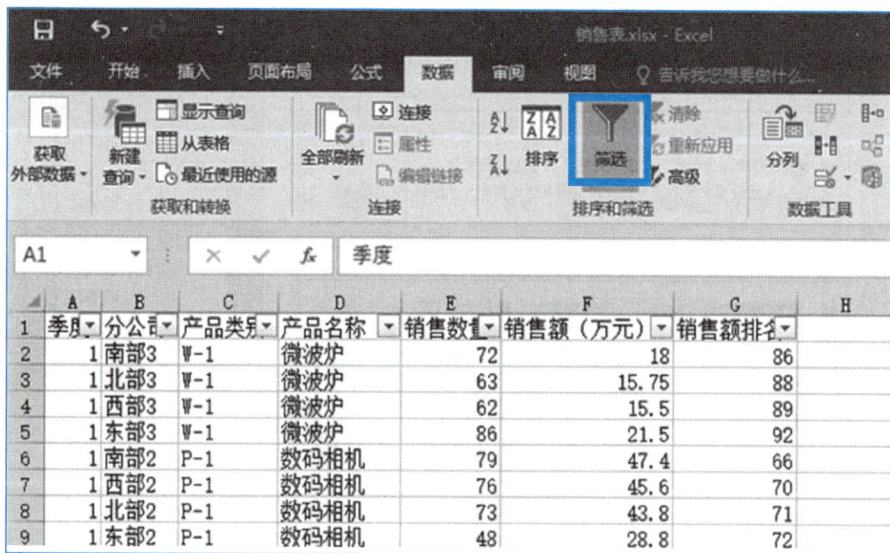

图 4-81　"筛选"按钮

**步骤 3**：打开"产品名称"下拉列表框，勾选"笔记本电脑"，单击"确定"按钮就可以完成自动筛选，如图 4-82 所示。此外在"产品名称"下拉列表框中选择"文本筛选"子列表中的"自定义筛选"命令，如图 4-83 所示，弹出"自定义自动筛选方式"对话框，在"产品名称"第一个下拉列表框中选择"等于"，在右侧的下拉列表框中选择"笔记本电脑"，如图 4-84所示，单击"确定"按钮，即可完成自动筛选，效果如图 4-85 所示。

图 4-82　筛选参数

图 4-83　"文本筛选"中的"自定义筛选"

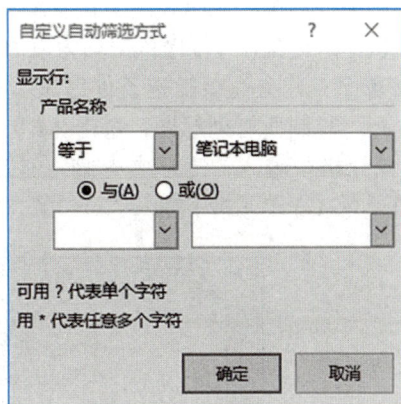

图 4-84　筛选方式

| | A | B | C | D | E | F | G |
|---|---|---|---|---|---|---|---|
| 1 | 季度 | 分公司 | 产品类别 | 产品名称 | 销售数量 | 销售额（万元） | 销售额排名 |
| 30 | 1 | 南部1 | B-1 | 笔记本电脑 | 236 | 141.6 | 2 |
| 31 | 1 | 北部1 | B-1 | 笔记本电脑 | 172 | 103.2 | 3 |
| 32 | 1 | 东部1 | B-1 | 笔记本电脑 | 134 | 80.4 | 6 |
| 33 | 1 | 西部1 | B-1 | 笔记本电脑 | 42 | 25.2 | 12 |
| 62 | 2 | 东部1 | B-1 | 笔记本电脑 | 112 | 67.2 | 1 |
| 63 | 2 | 北部1 | B-1 | 笔记本电脑 | 146 | 87.6 | 5 |
| 64 | 2 | 西部1 | B-1 | 笔记本电脑 | 84 | 50.4 | 10 |
| 65 | 2 | 南部1 | B-1 | 笔记本电脑 | 58 | 34.8 | 11 |
| 94 | 3 | 西部1 | B-1 | 笔记本电脑 | 156 | 93.6 | 4 |
| 95 | 3 | 东部1 | B-1 | 笔记本电脑 | 132 | 79.2 | 7 |
| 96 | 3 | 北部1 | B-1 | 笔记本电脑 | 128 | 76.8 | 8 |
| 97 | 3 | 南部1 | B-1 | 笔记本电脑 | 92 | 55.2 | 9 |

图 4-85　筛选结果

### 2. 多字段条件筛选

对工作表中"销售情况表"数据清单中的内容进行自动筛选，筛选条件：季度为 1 并且产品名称为笔记本电脑。

此题的操作方法与上一题操作方法相似，在上一操作筛选好的基础上，打开"季度"下拉列表框，勾选"1"，单击"确定"按钮即可完成，效果如图 4-86 所示。

| | A | B | C | D | E | F | G |
|---|---|---|---|---|---|---|---|
| 1 | 季度 | 分公司 | 产品类别 | 产品名称 | 销售数量 | 销售额（万元） | 销售额排名 |
| 30 | 1 | 南部1 | B-1 | 笔记本电脑 | 236 | 141.6 | 2 |
| 31 | 1 | 北部1 | B-1 | 笔记本电脑 | 172 | 103.2 | 3 |
| 32 | 1 | 东部1 | B-1 | 笔记本电脑 | 134 | 80.4 | 6 |
| 33 | 1 | 西部1 | B-1 | 笔记本电脑 | 42 | 25.2 | 12 |

图 4-86　筛选 1 季度笔记本电脑数据清单

## 三、高级筛选

对工作表中"销售情况表"数据清单中的内容进行高级筛选（在数据清单前插入 4 行，条件区域为"A1:G3"单元格区域，并在对应字段列内输入条件），筛选条件：产品名称为笔记本电脑或数码相机，且销售额排名在前 30（小于或等于 30）。

**步骤 1：**先对工作表进行排序。打开素材文件"高级筛选.xlsx"，选定工作表"销售情况表"中的数据清单"A1:G97"。按主要关键字"产品类别"的降序次序和次要关键字"分公司"的升序次序进行排序（排序依据均为数值）。

**步骤 2：**建立高级筛选条件区域。右击第一行行号，弹出快捷菜单，选择"插入"，需要插入 4 行。复制所有列标题，单击 A1 单元格，把复制的列标题粘贴到"A1:G1"单元格区域。在 D2 单元格中输入"笔记本电脑"，在 D3 单元格中输入"数码相机"，在 G2 单元格中输入"<= 30"，在 G3 单元格中输入"<= 30"，如图 4-87 所示。

| | A | B | C | D | E | F | G |
|---|---|---|---|---|---|---|---|
| 1 | 季度 | 分公司 | 产品类别 | 产品名称 | 销售数量 | 销售额（万元） | 销售额排名 |
| 2 | | | | 笔记本电脑 | | | <=30 |
| 3 | | | | 数码相机 | | | <=30 |
| 4 | | | | | | | |
| 5 | 季度 | 分公司 | 产品类别 | 产品名称 | 销售数量 | 销售额（万元） | 销售额排名 |
| 6 | 1 | 北部3 | W-1 | 微波炉 | 63 | 15.75 | 88 |
| 7 | 2 | 北部3 | W-1 | 微波炉 | 88 | 22 | 91 |
| 8 | 3 | 北部3 | W-1 | 微波炉 | 94 | 23.5 | 85 |
| 9 | 1 | 东部3 | W-1 | 微波炉 | 86 | 21.5 | 92 |
| 10 | 2 | 东部3 | W-1 | 微波炉 | 56 | 14 | 95 |

图 4-87　建立条件区域

步骤 3：在"数据"选项卡的"排序和筛选"选项组中单击"高级"按钮，如图 4-88 所示，弹出"高级筛选"对话框，如图 4-89 所示，将"列表区域"设置为"\$A\$5:\$G\$97"，"条件区域"设置为"销售情况表!\$A\$1:\$G\$3"，单击"确定"按钮，即可完成高级筛选，效果如图 4-90 所示。

图 4-88　"高级"按钮

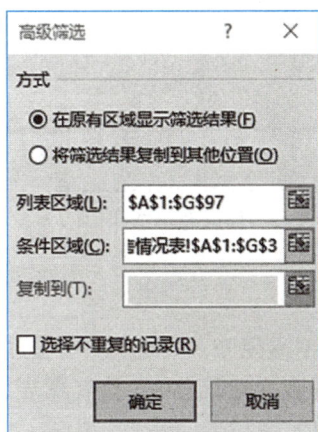

图 4-89　"高级筛选"对话框

| 季度 | 分公司 | 产品类别 | 产品名称 | 销售数量 | 销售额（万元） | 销售额排名 |
|---|---|---|---|---|---|---|
|  |  |  | 笔记本电脑 |  |  | <=30 |
|  |  |  | 数码相机 |  |  | <=30 |
|  |  |  |  |  |  |  |
| 季度 | 分公司 | 产品类别 | 产品名称 | 销售数量 | 销售额（万元） | 销售额排名 |
| 1 | 北部2 | P-1 | 数码相机 | 73 | 43.8 | 11 |
| 2 | 北部2 | P-1 | 数码相机 | 86 | 51.6 | 12 |
| 3 | 北部2 | P-1 | 数码相机 | 56 | 33.6 | 23 |
| 1 | 东部2 | P-1 | 数码相机 | 48 | 28.8 | 24 |
| 2 | 东部2 | P-1 | 数码相机 | 89 | 53.4 | 30 |
| 3 | 南部2 | P-1 | 数码相机 | 82 | 49.2 | 25 |
| 1 | 北部1 | B-1 | 笔记本电脑 | 172 | 103.2 | 14 |
| 2 | 北部1 | B-1 | 笔记本电脑 | 146 | 87.6 | 1 |
| 3 | 北部1 | B-1 | 笔记本电脑 | 128 | 76.8 | 2 |
| 1 | 东部1 | B-1 | 笔记本电脑 | 134 | 80.4 | 3 |
| 2 | 东部1 | B-1 | 笔记本电脑 | 112 | 67.2 | 4 |
| 3 | 东部1 | B-1 | 笔记本电脑 | 132 | 79.2 | 6 |
| 1 | 南部1 | B-1 | 笔记本电脑 | 236 | 141.6 | 7 |
| 2 | 南部1 | B-1 | 笔记本电脑 | 58 | 34.8 | 8 |
| 3 | 南部1 | B-1 | 笔记本电脑 | 92 | 55.2 | 22 |
| 1 | 西部1 | B-1 | 笔记本电脑 | 42 | 25.2 | 28 |

图 4-90　高级筛选后的数据清单

## 四、分类汇总

对工作表中"销售情况表"数据清单中的内容按主要关键字"季度"的升序和次要关键字"产品名称"的降序进行排序，完成按产品名称、销售额（万元）的分类汇总，汇总结果显示在数据下方。

步骤 1：排序，参照前文。

步骤 2：单击"数据"选项卡的"分级显示"选项组中的"分类汇总"按钮，如图 4-91 所示。

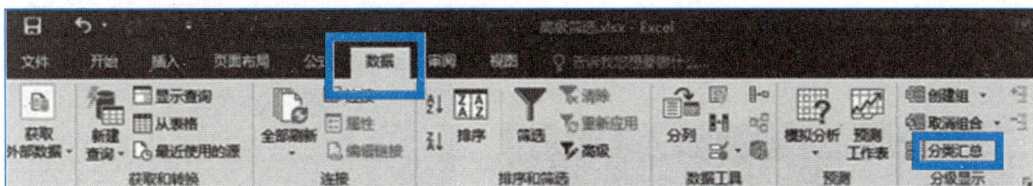

图 4-91　"分类汇总"按钮

步骤 3：在弹出"分类汇总"对话框中，选择"分类字段"为"季度"，"汇总方式"为"求和"，"选定汇总项"为"销售额（万元）"，勾选"汇总结果显示在数据下方"，如图 4-92 所示，单击"确定"按钮即可完成分类汇总，效果如图 4-93 所示。

图 4-92 "分类汇总"对话框

图 4-93 分类汇总后的数据清单

## 五、数据透视表

选取"销售情况表"，对工作表内数据清单的内容建立数据透视表，按行为"分公司"，列为"季度"，数据为"销售额（万元）"求和，利用"数据透视表样式浅色 9"修饰图表，添加"镶边行"和"镶边列"，将数据透视表置于现有工作表的 I2 单元格。

步骤 1：选取数据。打开素材文件"数据透视表 .xlsx"，选择表中的数据清单" A1:F97"单元格区域，单击"插入"选项卡"表格"选项组的"数据透视表"按钮，如图 4-94 所示，弹出"创建数据透视表"对话框，如图 4-95 所示。

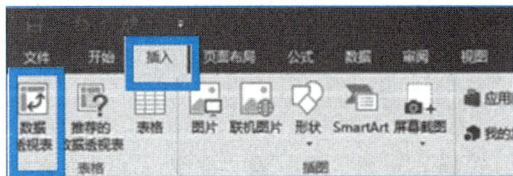

图 4-94 "数据透视表"按钮

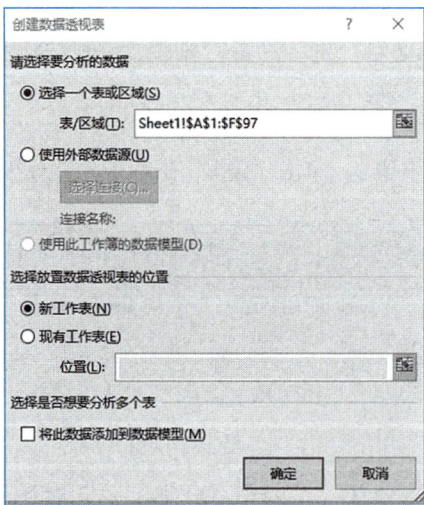

图 4-95 "创建数据透视表"对话框

**步骤2**：在对话框中设置参数。此时对话框自动选取了"选择一个表或区域"（也可以通过"表/区域"的切换按钮选定区域"Sheet1!\$A\$1:\$F\$97"），在"选择放置数据透视表位置"区域选中"现有工作表"，单击"位置"右侧折叠按钮，设置位置参数为"Sheet1!\$I\$2"，单击"确定"按钮，出现未完成的数据透视表，右侧出现"数据透视表字段"窗格，如图4-96所示。

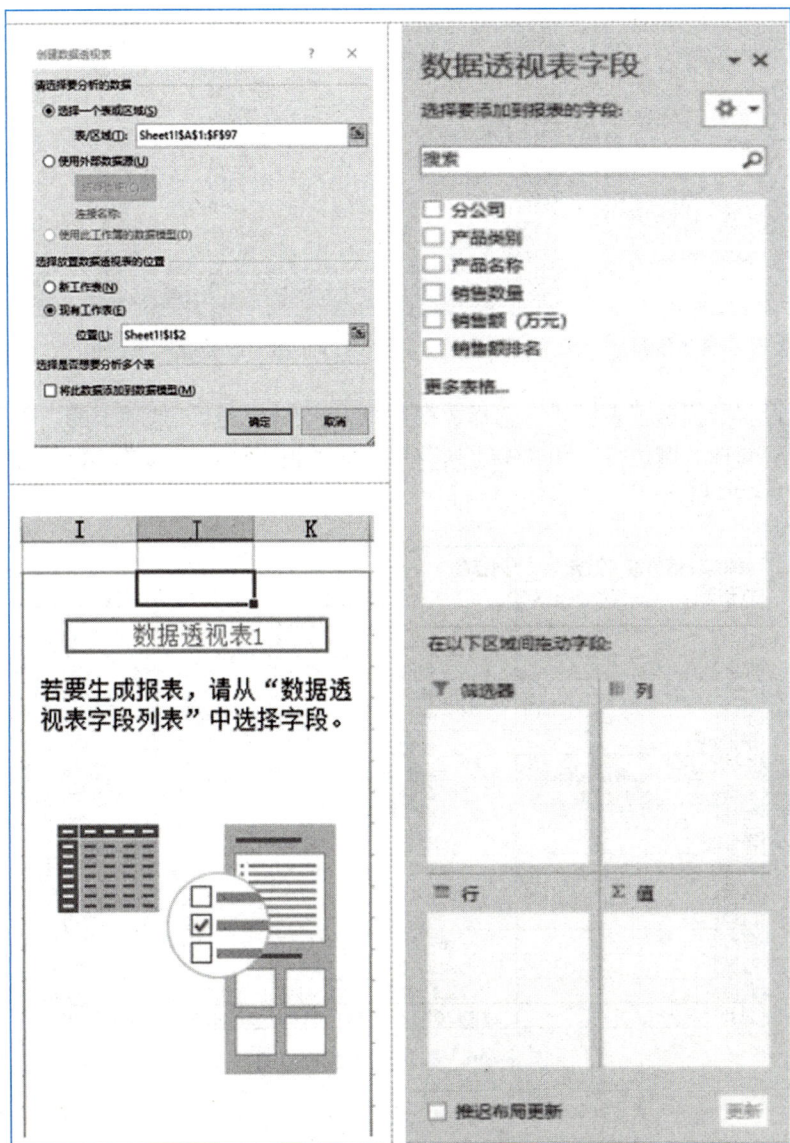

图4-96 "数据透视表字段"窗格

**步骤3**：在"数据透视表字段"窗格中设置参数。"列"标签设置为"季度"，"行"标签设置为"分公司"，"值"标签设置为"销售额（万元）"，"计算类型"设置为"求和"，如图4-97所示，效果如图4-98所示。

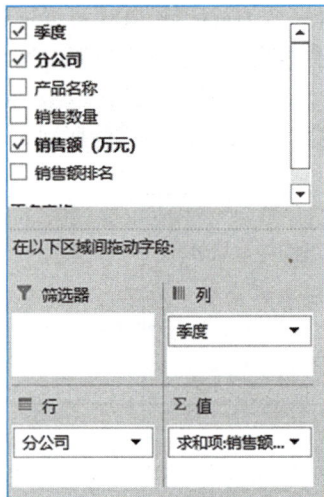

图 4-97　数据透视表字段参数

图 4-98　数据透视表效果

步骤 4：设置数据透视表样式。选择数据透视表，在"设计"选项卡的"数据透视表样式选项"选项组中勾选"镶边行"和"镶边列"，"数据透视表样式"选择"数据透视表样式浅色9"，效果如图 4-99 所示。

图 4-99　美化后的数据透表

## 六、VLOOKUP 函数

根据某公司员工销售情况表，利用 VLOOKUP 函数完善员工销售情况表（要求根据产品名称查询产品单价）。

步骤 1：打开素材文件"VLOOKUP 函数 .xlsx"，选中 C3 单元格，单击"插入函数"按钮，如图 4-100 所示，弹出"插入函数"对话框，在"搜索函数"区域输入"VLOOKUP"，单击"转到"按钮，在"选择函数"区域选择 VLOOKUP，单击"确定"按钮，如图 4-101 所示。

图 4-100　"插入函数"按钮

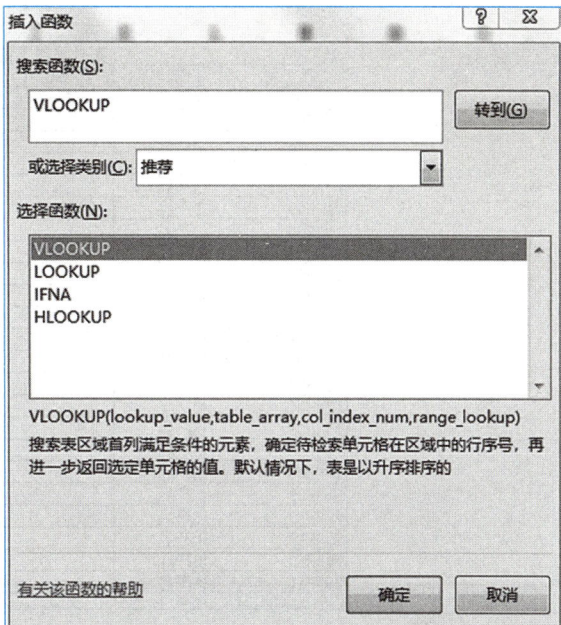

图 4-101　插入 VLOOKUP 函数

**步骤 2**：设置函数参数。在"函数参数"对话框中设置"Lookup_value"参数为 B3，"Table_array"参数为"$G$3:$H$7"，"Col_index_num"参数为 2，"Range_lookup"参数为 FALSE，如图 4-102 所示，单击"确定"按钮即可计算出 A 产品的单价。

图 4-102　VLOOKUP 函数参数

**步骤 3**：计算其他产品单价。双击填充柄可向下复制公式，完成其他产品单价的计算。选中 E3 单元格，在编辑栏输入"＝C3*D3"可完成销售额的计算，效果如图 4-103 所示。

| | A | B | C | D | E |
|---|---|---|---|---|---|
| 1 | | | 某公司员工销售情况表 | | |
| 2 | 员工号 | 产品名称 | 产品单价（万元） | 销售数量（件） | 销售额(万元) |
| 3 | H01 | A产品 | 0.16 | 56 | 8.96 |
| 4 | H01 | B产品 | 0.27 | 123 | 33.21 |
| 5 | H02 | B产品 | 0.27 | 58 | 15.66 |
| 6 | H02 | C产品 | 0.87 | 109 | 94.83 |
| 7 | H03 | A产品 | 0.16 | 91 | 14.56 |
| 8 | H03 | B产品 | 0.27 | 45 | 12.15 |
| 9 | H03 | D产品 | 0.68 | 63 | 42.84 |
| 10 | H04 | C产品 | 0.87 | 212 | 184.44 |
| 11 | H05 | A产品 | 0.16 | 51 | 8.16 |
| 12 | H05 | D产品 | 0.68 | 32 | 21.76 |
| 13 | H06 | A产品 | 0.16 | 45 | 7.2 |
| 14 | H06 | B产品 | 0.27 | 54 | 14.58 |
| 15 | H06 | D产品 | 0.68 | 179 | 121.72 |
| 16 | H07 | A产品 | 0.16 | 39 | 6.24 |
| 17 | H07 | C产品 | 0.87 | 65 | 56.55 |
| 18 | H08 | B产品 | 0.27 | 59 | 15.93 |
| 19 | H08 | D产品 | 0.68 | 156 | 106.08 |
| 20 | H09 | A产品 | 0.16 | 57 | 9.12 |
| 21 | H09 | B产品 | 0.27 | 159 | 42.93 |
| 22 | H10 | C产品 | 0.87 | 61 | 53.07 |
| 23 | H10 | B产品 | 0.27 | 45 | 12.15 |
| 24 | H10 | D产品 | 0.68 | 54 | 36.72 |
| 25 | H11 | A产品 | 0.16 | 79 | 12.64 |
| 26 | H11 | C产品 | 0.87 | 20 | 33.03 |

图 4-103　销售情况表

**项目小结**

本项目对销售情况表的数据信息进行了排序、筛选（分自动筛选和高级筛选）、分类汇总、数据透视表、利用 VLOOKUP 查找数据等操作。对数据清单进行有效的处理，目的是帮助用户从不同的角度查看数据，从而找出数据之间的联系，获取有价值的信息。

# W 模块五

# 演示文稿

项目一

# PPT 基本操作

在本项目中，我们将深入了解 PPT 的基础知识与基本操作。通过本项目的学习与实践，掌握 PPT 的创建、编辑等基本技能，为后续进行更高级的 PPT 处理打下基础。

## 任务描述

小明在某教育局办公室实习，他在日常工作中需要频繁使用 PPT 来制作和展示公文内容。因此，本项目的主要任务是通过实际操作，帮助小明掌握 PPT 的基础操作，提高他的工作效率。

## 知识链接

演示文稿（Microsoft Office PowerPoint）是美国微软公司出品的系列办公软件的重要组件之一。它可以把静态的图片、文字、表格和一些动态的视频、声音等素材制作成动态文件，使之通俗易懂，更加生动，给人留下深刻的印象。用户不仅可以在投影仪或者计算机上进行演示，也可以将演示文稿打印出来，制作成胶片，应用到更广泛的领域中。

## 任务实现

### 一、PPT 的启动与退出

#### 1. 启动 PowerPoint
同 Word、Excel 一样，启动 PowerPoint 的方法主要有以下 3 种：
（1）单击"开始"按钮，选择"所有应用"/"PowerPoint 2016"。
（2）双击桌面上的 PowerPoint 快捷方式图标。
（3）双击扩展名为".pptx"的 PowerPoint 演示文稿文件。

#### 2. 退出 PowerPoint
退出 PowerPoint 常用的方法有以下 4 种：
（1）单击 PowerPoint 窗口右上角的"关闭"按钮。
（2）双击窗口标题栏左侧的控制菜单区。
（3）选择"文件"/"关闭"命令（此方法只退出演示文稿文档，不退出程序）。
（4）按 Alt+F4 组合键。

## 二、创建演示文稿

PowerPoint 提供了多种创建新演示文稿的方式，如创建空白演示文稿、根据联机模板创建等。

### 1. 创建空白演示文稿

在 PowerPoint 中，单击"文件"/"新建"，再单击"空白演示文稿"图标，如图 5-1 所示，即可创建一个空白演示文稿。

图 5-1　创建空白演示文稿

### 2. 根据联机模板创建

PowerPoint 为用户提供了多种模板。单击"文件"/"新建"，在"新建"界面的"搜索联机模板和主题"搜索框搜索想要的主题，在下方的模板列表中选择需要的模板，如图 5-2 所示，在弹出的对话框中单击"创建"按钮。

## 三、幻灯片的版式与基础操作

单击"空白演示文稿"图标创建演示文稿时，一开始只会生成 1 张幻灯片，该幻灯片默认是标题幻灯片。此时，可以单击"开始"选项卡的"幻灯片"组中的"版式"下拉按钮，在打开的下拉列表中选择不同的版式，常用的版式如图 5-3 所示。

单击幻灯片上含有提示性文字的虚线框（又称为占位符），激活光标，输入标题或文本，这样可为幻灯片添加内容。

如果需要加入图片、表格、形状等，则可以通过"插入"选项卡的相关按钮来完成。

如果要对文本设置格式，则可以在选择文本后，单击"开始"选项卡的"字体"组中的"字体"按钮，在弹出的"字体"对话框中设置字符格式，如图 5-4 所示。单击"段落"组中的"对齐"按钮可以设置文本的对齐格式。设置方法与在 Word 中设置文本格式的方法一样。

图 5-2　根据联机模板创建演示文稿

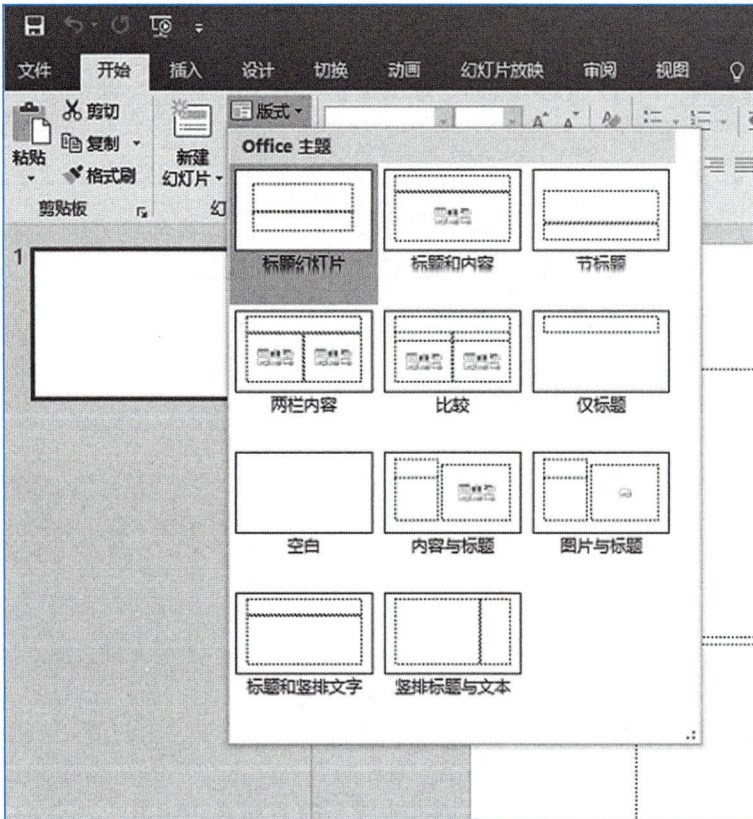

图 5-3　不同的幻灯片版式

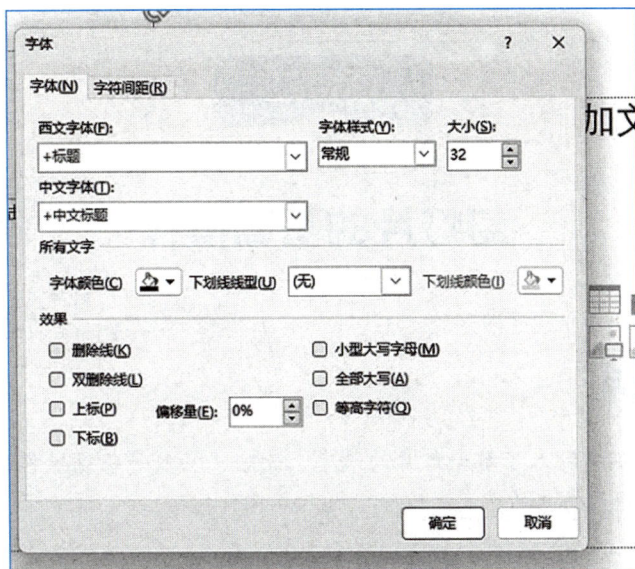

图 5-4　"字体"对话框

PPT 的保存方法与 Word、Excel 一致，这里不展开叙述。

## 项目小结

本项目主要介绍 PPT 的基础知识和基本操作，包括 PPT 的启动与退出、创建演示文稿、幻灯片的版式与基础操作，为今后的工作和学习打下坚实的基础。通过在实际操作过程中的不断练习和反思，逐渐提高学生的 PPT 处理水平，提升工作效率和展示效果。

# 幻灯片的基础操作

## 项目概述

在本项目中，我们将深入了解幻灯片的选定、删除、插入等基础操作技巧。通过本项目的学习与实践，全面掌握幻灯片的选定、删除、插入等操作技巧。

## 任务描述 ▶

小明在某教育局办公室实习，他现在需要修改一份 PPT，涉及 PPT 的删除、插入与调换幻灯片的顺序等操作。

## 知识链接 ▶

快捷键，又叫快速键或热键，是指通过某些特定的按键或按键组合来完成一个操作，它可以代替鼠标做一些工作，或与鼠标配合工作，提高了操作效率。演示文稿中常用的快捷键有：新建，Ctrl+N；打开，Ctrl+O；保存，Ctrl+S；另存为，Ctrl+Shift+S；关闭当前，Ctrl+W；退出，Ctrl+Q；在当前幻灯片后插入新幻灯片，Ctrl+M；复制当前幻灯片，Ctrl+D；删除当前幻灯片，Ctrl+Shift+D；等等。

## 任务实现 ▶

### 一、选定幻灯片

在对幻灯片进行操作之前，要选定需要进行操作的幻灯片，选定幻灯片的操作方法如下：

#### 1. 选定单张幻灯片

（1）在普通视图、大纲视图下，在幻灯片窗格中显示该幻灯片，代表该幻灯片被选定，成为当前幻灯片。

（2）在幻灯片浏览视图下，单击所要选定的幻灯片，其被粗线框包围，表示此幻灯片被选定，成为当前幻灯片，如图 5-5 所示。

#### 2. 选定多张幻灯片

（1）在普通视图、大纲视图下，按住 Ctrl 键，单击大纲窗格中所要选定的幻灯片图标。

（2）在幻灯片浏览视图下，按住 Ctrl 键，单击所要选定的幻灯片。

#### 3. 全选

在大纲视图或幻灯片浏览视图下，选定一张幻灯片，在"开始"选项卡的"编辑"组中单击"选择"下拉按钮，在弹出的下拉列表中选择"全选"命令；或者按 Ctrl+A 键。

图 5-5 选定幻灯片

## 二、插入、删除幻灯片

### 1. 插入幻灯片

（1）插入一张新幻灯片。

将新幻灯片直接插入已有的幻灯片序列，操作步骤如下：

**步骤 1：**将光标定位到要插入位置的前一张幻灯片上，使其成为当前幻灯片。

**步骤 2：**单击"开始"选项卡的"幻灯片"组中的"新建幻灯片"下拉按钮，在弹出的下拉列表中选择需要的版式；或者按 Ctrl+M 键，此时直接插入一张幻灯片，然后通过"开始"选项卡的"幻灯片"组中的"版式"下拉按钮设置需要的版式。

（2）插入来自其他演示文稿文件的幻灯片。

插入来自其他演示文稿文件的幻灯片的操作步骤如下：

**步骤 1：**打开源演示文稿文件和目标演示文稿文件，并均切换到幻灯片浏览视图。

**步骤 2：**单击"视图"选项卡的"窗口"组中的"全部重排"按钮，则两个演示文稿窗口并排排列，如图 5-6 所示。

**步骤 3：**在源演示文稿文件中选定要插入的一张或多张幻灯片缩略图。

**步骤 4：**按住 Ctrl 键，将所选幻灯片缩略图拖动到目标演示文稿文件中要插入的位置，则在目标演示文稿文件中出现源演示文稿文件中所选的幻灯片缩略图。

### 2. 删除幻灯片

在普通视图中选定要删除的幻灯片，使用鼠标右键单击该幻灯片，在弹出的快捷菜单中选择"删除幻灯片"命令。

## 三、改变幻灯片版式

在某些情况下，我们需要通过改变幻灯片的版式来改变幻灯片的布局。当我们需要通过改变幻灯片中的文本走向，插入其他对象来改变幻灯片的版式时，可以进行如下操作：

图 5-6　并列显示两个演示文稿

步骤 1：在打开的演示文稿中，选定要改变版式的幻灯片，使其成为当前幻灯片。

步骤 2：单击"开始"选项卡的"幻灯片"组中的"版式"下拉按钮，弹出下拉列表，如图 5-7 所示。

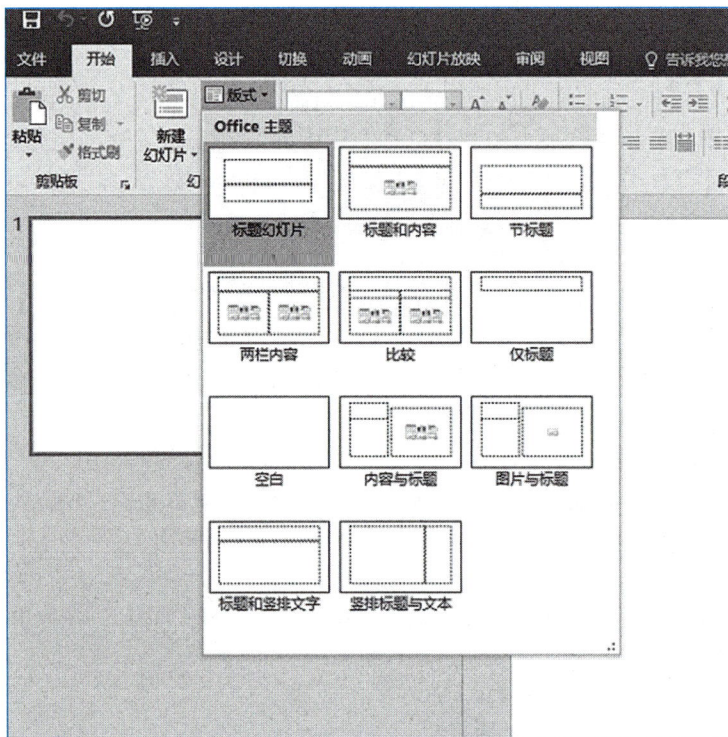

图 5-7　"版式"下拉列表

步骤 3：选定需要应用的幻灯片版式。

## 四、调整幻灯片顺序

调整幻灯片的顺序实质上就是移动幻灯片，一般在幻灯片浏览视图中进行操作，也可以在普通视图中进行操作。

在普通视图中，选定要移动的幻灯片，按住鼠标左键将幻灯片拖动到目标位置，松开鼠标左键，所选幻灯片就会移动到该位置，如图 5-8 所示。

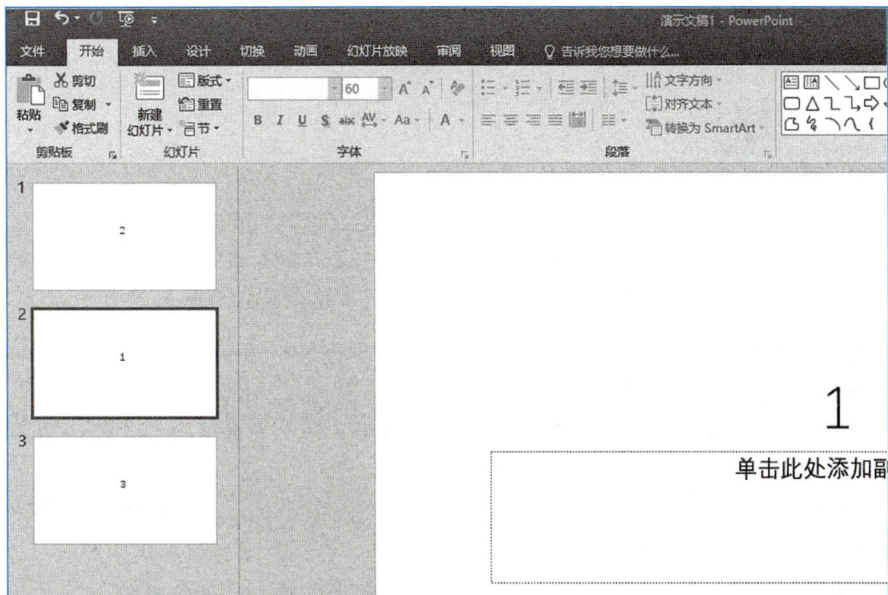

图 5-8 拖动幻灯片到目标位置

### 项目小结

本项目重点介绍了幻灯片的选择、插入、删除以及版式的改变和播放顺序的调整等内容。通过该项目的学习，我们可以根据要求插入和删除幻灯片、调整幻灯片的顺序以及改变幻灯片的版式。

# 幻灯片的修饰

## 项目概述

经过前面的学习，我们已经掌握了演示文稿的创建、修改、删除等基本操作，但制作出来的演示文稿没有动感，也不好看，本项目着重讲述演示文稿幻灯片的修饰，包括幻灯片的母版设计、主题设计、背景设置、动画效果的添加、切换、多媒体内容的添加等内容。

## 任务描述 ▶

小明在某教育局办公室实习，他之前做出来的演示文稿不够美观，达不到上司的要求，现在需要美化演示文稿。

## 知识链接 ▶

（1）母版：PowerPoint 中有一类特殊的幻灯片，称为母版。母版包括幻灯片母版、讲义母版和备注母版 3 种。其中，幻灯片母版可以用于控制相同版式的幻灯片属性，也可以用于控制幻灯片中其他类别对象的共同特征，如文本格式、图片、幻灯片背景及某些特殊效果。

如果需要统一修改全部幻灯片的外观，如希望每张幻灯片都出现演示文稿的制作日期，则不必逐张对幻灯片加入日期，而只需在幻灯片母版中输入日期，PowerPoint 将自动更新已有或新建的幻灯片，使所有幻灯片的相同位置均出现在母版内输入的日期。

（2）主题：主题是用于设置幻灯片格式的工具。主题中含有幻灯片的背景、颜色、字体、版式等成套的格式信息，我们可以直接把这些已经设置好的格式用于幻灯片。PowerPoint 自带了很多主题，我们可以根据自己的需要，选择不同风格的主题。

（3）幻灯片背景：幻灯片背景是幻灯片中一个重要的组成部分，改变幻灯片背景可以使幻灯片整体面貌发生变化，较大程度地改善放映效果。我们可以在 PowerPoint 中轻松改变幻灯片背景的颜色、渐变、纹理、图案及背景图像等填充效果。

（4）切换效果：幻灯片和普通的文本不同，文本最后是用来阅读的，用页码标记清楚顺序即可；而幻灯片是用来放映的，一张幻灯片放映完毕，另一张幻灯片出现。如果它们之间没有过渡，则放映效果是非常生硬的，所以，一般要为幻灯片添加过渡效果。幻灯片之间的过渡效果在 PowerPoint 中被称为切换效果。

（5）动画：幻灯片的内容是由文本、图片、表格等要素组成的，设置动画效果实际上就是为这些要素分别设置动画，组合使用会让幻灯片变得生动。

## 任务实现 ▶

### 一、用母版统一幻灯片的外观

#### 1. 为每张幻灯片添加相同的对象

下面以插入联机图片为例说明如何在幻灯片母版上添加对象，使在每张幻灯片的相同位置均出现该对象。具体的操作步骤如下。

**步骤 1：** 单击"视图"选项卡中"母版视图"组中的"幻灯片母版"按钮，出现该演示文稿的幻灯片母版，如图 5-9 所示。

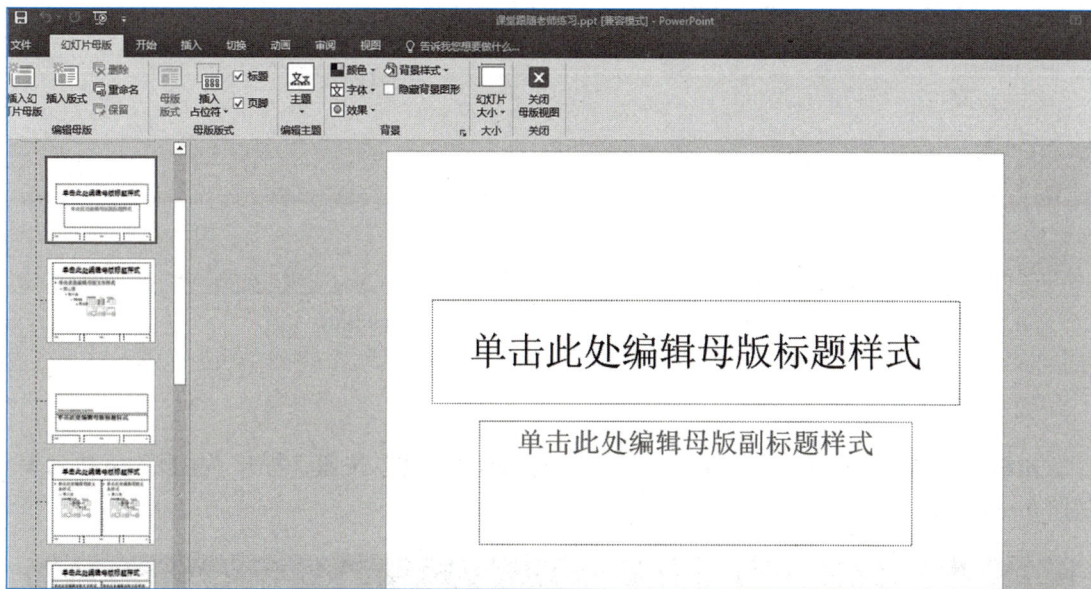

图 5-9　幻灯片母版

**步骤 2：** 选定幻灯片母版的第一张，单击"插入"选项卡中"图像"组中的"联机图片"按钮，在弹出的对话框中搜索要插入的图片。

**步骤 3：** 选定要插入的图片，单击"插入"按钮，将该图片插入幻灯片母版。

**步骤 4：** 单击"幻灯片母版"选项卡的"关闭"组中的"关闭母版视图"按钮，退出幻灯片母版，就可以看到所有幻灯片的相同位置均出现了刚插入的图片，如图 5-10 所示。

#### 2. 建立与母版不同的幻灯片

如果要使个别幻灯片与母版不一致，可以进行以下操作。

**步骤 1：** 选定不同于母版的目标幻灯片。

**步骤 2：** 单击"设计"选项卡的"自定义"组中的"设置背景格式"按钮，在右侧打开"设置背景格式"窗格。

**步骤 3：** 在"幻灯片母版"选项卡的"背景"组中勾选"隐藏背景图形"复选框，则当前幻灯片上的母版信息被清除。

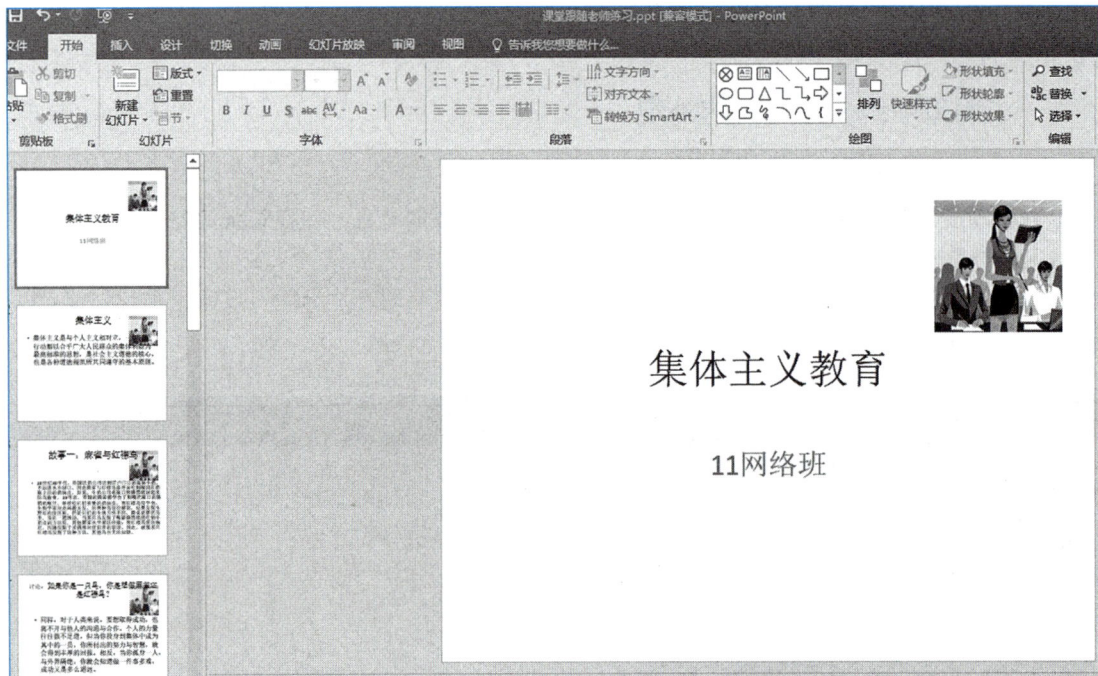

图 5-10　通过幻灯片母版插入图片后的效果

## 二、应用主题

步骤 1：单击"设计"选项卡的"主题"组中的"其他"按钮，打开"主题"下拉列表，如图 5-11 所示。

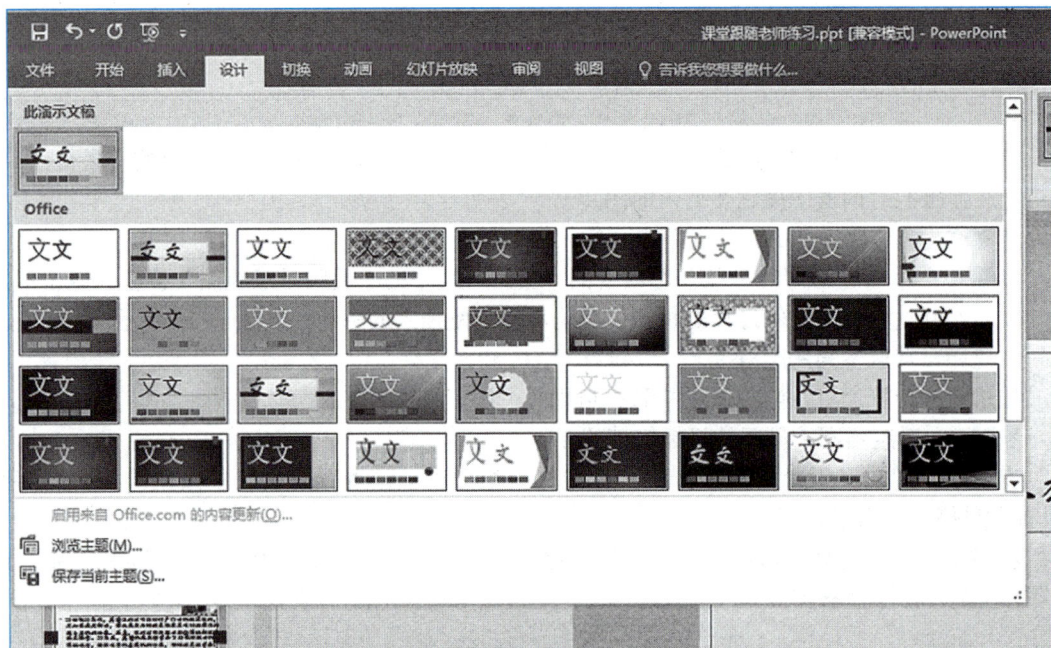

图 5-11　设置幻灯片主题

**步骤2：** 从"主题"下拉列表中选择合适的主题。

幻灯片在应用主题前后的对比效果，如图5-12所示。

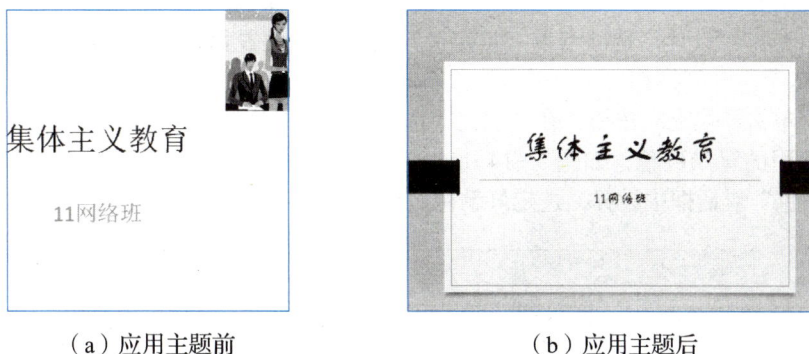

　　（a）应用主题前　　　　　　　　　　　（b）应用主题后

图5-12　幻灯片在应用主题前后的对比效果

## 三、背景设置

在"填充"选项组中有4个单选按钮：纯色填充、渐变填充、图片或纹理填充、图案填充。

（1）纯色填充：PowerPoint提供了单色及自定义颜色来修改幻灯片的背景色，即幻灯片的背景色以一种颜色进行显示。

（2）渐变填充：渐变填充即幻灯片的背景以多种颜色进行显示，包括预设渐变、类型、方向、角度、渐变光圈等的设置。

（3）图片或纹理填充：图片或纹理填充即幻灯片的背景以图片或者纹理来显示，包括纹理、将图片平铺为纹理、透明度等的设置。"纹理"下拉列表框中包含一些质感较强的背景，应用后会使幻灯片具有特殊材料的质感，如图5-13（a）所示。

（4）图案填充：一系列网格状的底纹图形，由背景色和前景色构成，其形状多是线条和点，如图5-13（b）所示。一般很少使用此填充效果。

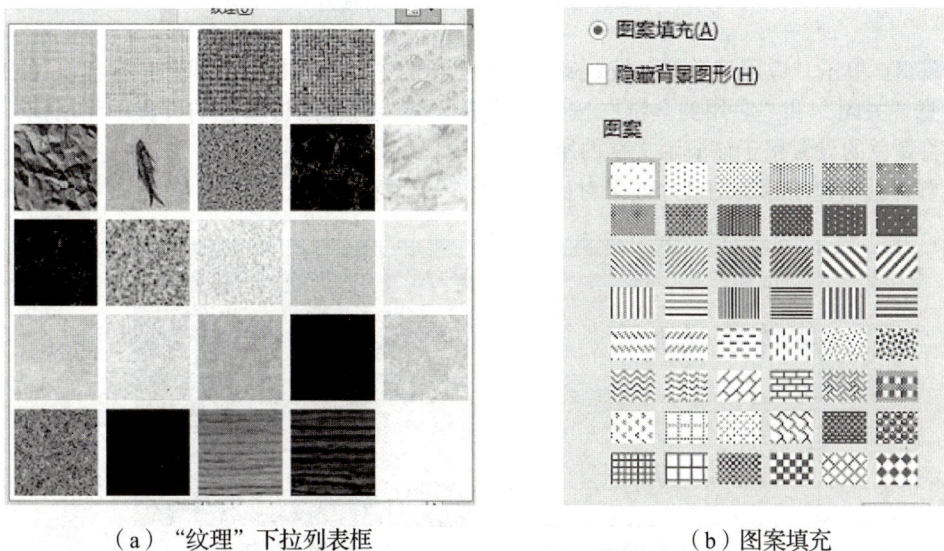

　　　（a）"纹理"下拉列表框　　　　　　　　　（b）图案填充

图5-13　填充

**1.改变背景颜色**

改变背景颜色就是为幻灯片背景均匀地"喷"上一种颜色，快速地改变整个演示文稿的风格，操作步骤如下：

步骤1：单击"设计"选项卡的"自定义"组中的"设置背景格式"按钮，打开"设置背景格式"窗格。

步骤2：单击"填充"按钮，在"填充"选项组中选中"纯色填充"，在"颜色"下拉列表中选择需要使用的背景颜色，如图5-14所示。如果没有合适的颜色，可以选择"其他颜色"，在弹出的"颜色"对话框中设置，选定好颜色后单击"确定"按钮。

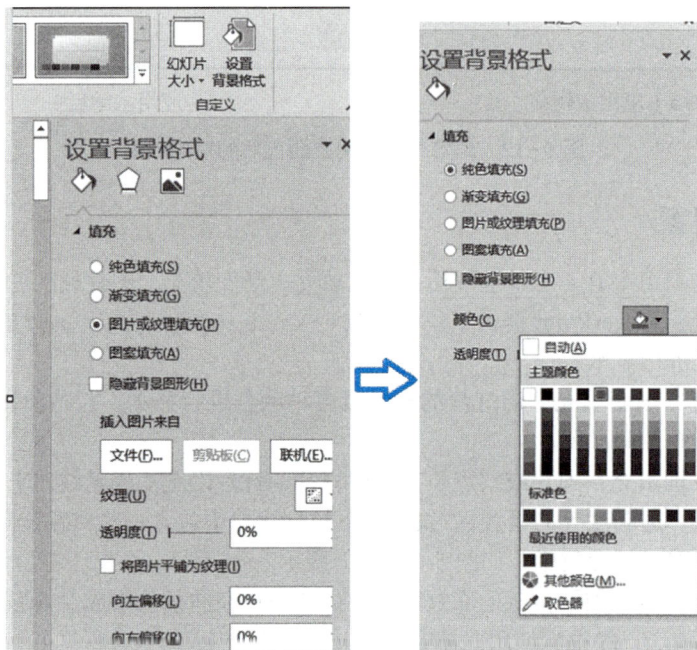

图5-14　设置背景的填充颜色

步骤3：单击"应用到全部"按钮或单击右上角的"关闭"按钮完成背景颜色设置的操作。

注意"关闭"和"应用到全部"按钮的功能区别：前者是将颜色的设置用于当前幻灯片，后者是将颜色的设置用于该演示文稿的所有幻灯片。

设置背景颜色前后的幻灯片效果对比，如图5-15所示。

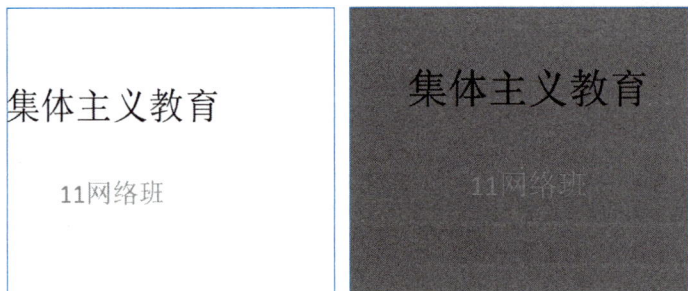

（a）设置背景颜色前　　　　（b）设置背景颜色后

图5-15　设置背景颜色的效果对比

#### 2. 改变背景的其他设置

设置背景颜色后，虽然比原来的效果好多了，但是因为颜色单一，整个幻灯片仍然显得比较单调。可以把背景设置得更加美观，PowerPoint 提供了许多个性化的设计，足以满足在制作演示文稿时的各项需求。

**步骤 1**：单击"设计"选项卡的"自定义"组中的"设置背景格式"按钮，打开"设置背景格式"窗格。

**步骤 2**：单击"填充"按钮，在"填充"选项组中选中"渐变填充"，在"预设渐变"下拉列表中选择需要使用的渐变效果。

**步骤 3**：在"类型"下拉列表中选择合适的类型，在"方向"下拉列表中选择合适的方向。

**步骤 4**：在"设置背景格式"窗格中，单击右上角的"关闭"按钮或者单击"应用到全部"按钮完成背景设置的操作。操作过程如图 5-16 所示。

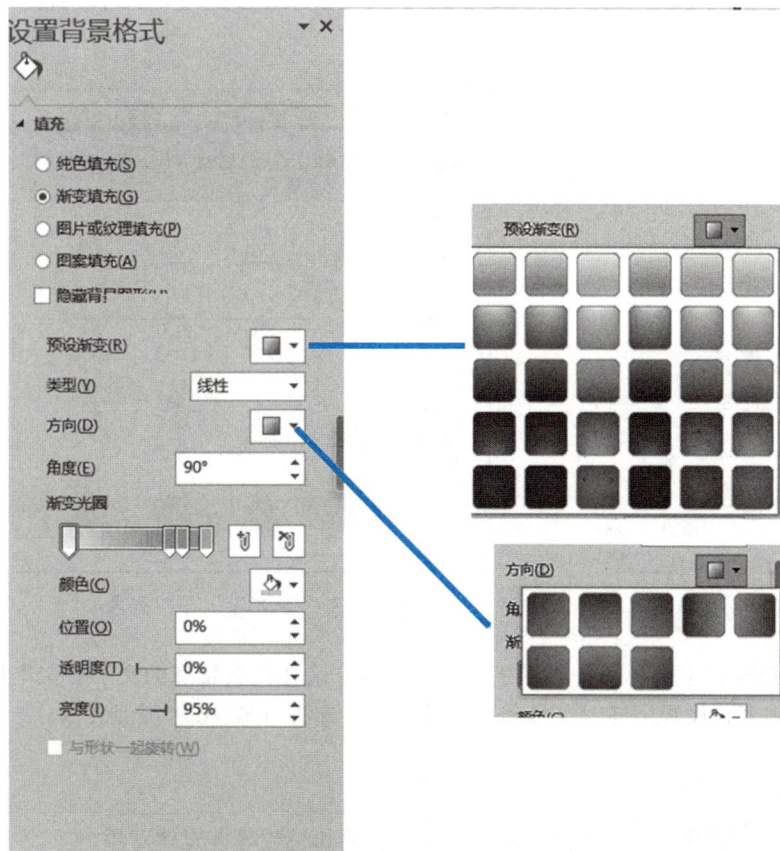

图 5-16　设置背景填充效果

## 四、添加图形、表格和艺术字

PowerPoint 演示文稿中不仅可以包含文本，还可以包含各类图形、表格等。

#### 1. 绘制基本图形

单击"插入"选项卡的"插图"组中的"形状"下拉按钮，在下拉列表中根据需要选择图形。

**2. 插入表格**

为使数据表达简洁、直观，可在演示文稿中使用表格。下面介绍插入表格的操作步骤。

**步骤 1：** 选定要插入表格的幻灯片。

**步骤 2：** 单击"插入"选项卡的"表格"组中的"表格"下拉按钮，在弹出的下拉列表中选择"插入表格"命令，打开"插入表格"对话框，在对话框中输入表格的列数和行数，如图 5-17 所示。

**步骤 3：** 单击"确定"按钮，出现一个表格，拖动表格的控制点，可以改变表格的大小；拖动表格外边框，可以移动表格。

**3. 插入艺术字**

用户可以对文本进行艺术化处理，使其具有特殊的艺术效果。插入艺术字便能实现这一目的。

**步骤 1：** 单击"插入"选项卡的"文本"组中的"艺术字"下拉按钮，弹出下拉列表，如图 5-18 所示。

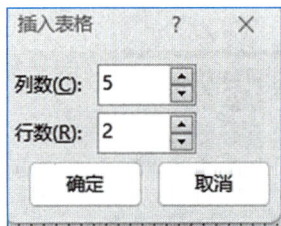

图 5-17 插入表格

图 5-18 "艺术字"下拉列表

**步骤 2：** 在下拉列表中选择一种艺术字样式，弹出"请在此放置您的文字"文本框。在该文本框中输入文本内容并设置字体、字号和字形等，操作方法与 Word 中类似。

## 五、添加多媒体对象

在幻灯片中除了文字及图形，还可以插入图片、音频和视频等多媒体对象。

**1. 插入图片**

（1）插入联机图片。

在普通视图下，选定要插入联机图片的幻灯片，然后进行以下操作。

**步骤 1：** 单击"插入"选项卡的"图像"组中的"联机图片"按钮，弹出"联机图片"对话框。

**步骤 2：** 在"搜索必应"文本框中输入要插入的图片类型，然后按 Enter 键。

**步骤 3：** 在下方的列表框中选择一张或多张图片，单击"插入"按钮，则将该联机图片下载并插入幻灯片，然后对图片的大小和位置进行调整。

（2）插入来自文件的图片。

用户还可以插入平时收集的精美图片，操作步骤如下：

**步骤1：**单击"插入"选项卡的"图像"组中的"图片"按钮，弹出"插入图片"对话框。

**步骤2：**在上方的地址栏中选择目标图片所在位置，再选择图片，然后单击"插入"按钮，即可将该图片插入幻灯片。

### 2. 插入与播放音频

（1）插入音频。

用户可以插入自己准备的各种音频文件。向幻灯片中插入音频文件的操作步骤如下：

**步骤1：**选定要插入音频的幻灯片，单击"插入"选项卡的"媒体"组中的"音频"下拉按钮，在弹出的下拉列表中选择"PC上的音频"，弹出"插入音频"对话框。

**步骤2：**在对话框中选择存放音频文件的文件夹，从中选择一个音频文件，单击"插入"按钮，在激活的"音频工具"的"播放"功能区中，按自己的需要设置音频播放方式。

（2）播放音频。

一般音频只播放一遍，若需要重复播放音频，则需设置循环播放。

在激活的"音频工具"的"播放"功能区中，勾选"音频选项"组中的"循环播放，直到停止"复选框。这样，放映幻灯片时，就可以反复播放该音频。按Esc键或从当前幻灯片切换到另一张幻灯片后就可以停止播放音频。

### 3. 插入与播放视频

（1）插入视频。

向幻灯片插入已存在的视频文件的方法与插入音频文件的方法类似，具体的操作步骤如下：

**步骤1：**选定要插入视频的幻灯片，单击"插入"选项卡的"媒体"组中的"视频"下拉按钮，在弹出的下拉列表中选择"PC上的视频"，弹出"插入视频文件"对话框。

**步骤2：**从对话框中选择存放视频文件的文件夹，选择视频文件，单击"插入"按钮，在激活的"视频工具"的"播放"功能区中，按自己的需要设置视频播放方式。

（2）播放视频。

一般视频只播放一遍，若需要重复播放视频，则需设置循环播放。

在激活的"视频工具"的"播放"功能区中，勾选"视频选项"组中的"循环播放，直到停止"复选框。这样，放映幻灯片时，就可以反复播放该视频。按Esc键或从当前幻灯片切换到另一张幻灯片后就可以停止播放视频。

## 六、设置切换效果

### 1. 设置切换效果的操作步骤

**步骤1：**选定需要设置切换效果的幻灯片。

**步骤2：**单击"切换"选项卡的"切换到此幻灯片"组中的"其他"按钮，弹出"切换效果"下拉列表，如图5-19所示。

**步骤3：**选择需要的切换效果。如果单击"计时"组中的"应用到全部"按钮，则每张幻灯片都带有这种切换效果。

### 2. "切换"选项卡中各组及其中按钮和选项的功能

下面介绍"切换"选项卡中各组及其中各按钮和选项的功能。

（1）"预览"组：如果需要观看设置的切换效果，可以单击"预览"按钮。

图 5-19　"切换效果"下拉列表

（2）"切换到此幻灯片"组：用于设置不同的切换效果，其中"效果选项"按钮可以设置切换方向等属性。

（3）"计时"组：用于设置幻灯片切换的声音、持续时间和换片方式等。

1）"应用到全部"按钮：用于应用全部幻灯片的切换效果。

2）"换片方式"选项组：勾选"单击鼠标时"复选框，放映时，单击一次就切换到下一张幻灯片；勾选"设置自动换片时间"复选框，幻灯片放映时，每隔一段时间就会自动换页。

3）"声音"下拉列表：从中选择一种声音，在切换幻灯片时就会发出相应的声音。

4）"持续时间"微调框：用于设置幻灯片切换的持续时间。

取消幻灯片切换效果的方法和设置切换效果的方法相似，单击"切换"选项卡的"切换到此幻灯片"组中的"其他"按钮，弹出"切换效果"下拉列表，选择"无"即可。

## 七、设置动画效果

前面介绍了设置演示文稿中幻灯片之间切换效果的方法，这样做的目的是让幻灯片更具动感，生动有趣。实际上，还可以为每一张幻灯片中的各要素设置动画效果，使其在播放时能够"动"起来，以吸引观众的注意力。

图 5-20 所示的幻灯片由标题、文本和图片 3 个要素组成。下面介绍让幻灯片"动"起来的操作方法。

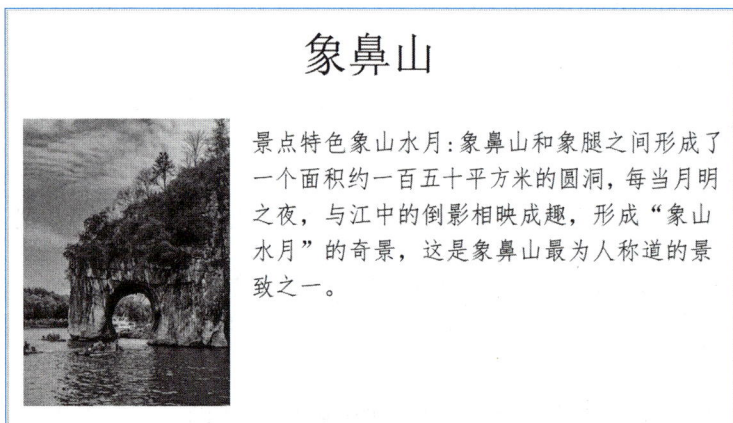

图 5-20　幻灯片示例

步骤1：在普通视图中，选定一张幻灯片，选定幻灯片中的某一要素。

步骤2：单击"动画"选项卡的"动画"组中的"其他"按钮，弹出"动画"下拉列表，如图5-21所示。

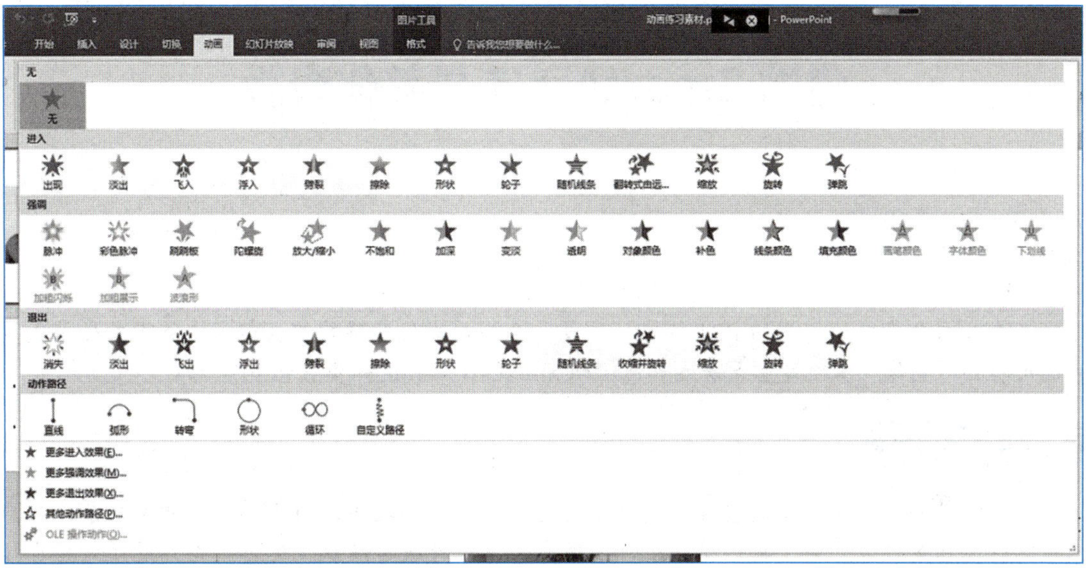

图5-21　"动画"下拉列表

步骤3：选择"更多进入效果"，弹出"更改进入效果"对话框，在"基本"选项组中选择"飞入"，单击"确定"按钮。这时"动画"选项卡的"动画"组中的"效果选项"按钮和"计时"组变为可用状态。

步骤4：在"计时"组的"开始"下拉列表中设置开始动画的方式；单击"效果选项"按钮，在弹出的下拉列表中设置飞入方向；在"持续时间"微调框中设置动画持续的时间。

步骤5：设置完成后，再设置下一个要素的动画效果，直到所有的要素都设置完毕。

设置动画效果后，可以播放幻灯片来看一看设置的效果。如果还需要调整，则在"动画"选项卡中按照以上步骤重新设置即可。

## 项目小结

本项目重点学习幻灯片的修饰，即如何美化幻灯片，这其中包含幻灯片母版的设置，幻灯片主题的选择，背景的设置，图片、表格、艺术字、声音、视频的插入和设置，幻灯片的切换以及动画效果的设置等。通过该项目的学习，可以让一些平淡无奇的幻灯片变得生动起来，图文并茂、动静结合、声画同步，美感十足。

## 项目四

# 借助 SmartArt 工具美化母版

### W 项目概述

一个公司会有自己通用的 PPT 模板，这是一个公司文化品牌的组成部分，便于本公司成员的使用和公司宣传。本项目重点讲述如何借助 SmartArt 工具进一步美化 PPT 母版。

### 任务描述 ▶

正文页是整个演示文稿的重要组成部分。这部分内容比较多，因此排版也相对复杂，在具体编辑时工作量较大。为了减轻排版难度，用户需要在母版中设置正文页版式，设计好后直接应用，以提高工作效率。本任务将结合 SmartArt 工具介绍正文页的设计。

### 知识链接 ▶

SmartArt 是办公软件中的一个重要工具，用户可在 PowerPoint、Word、Excel 中使用该工具创建各种漂亮的图形图表，从而快速、轻松、有效地传达要表达的信息。在幻灯片编辑的过程中，不仅可以添加文字、图片、文本框，还能插入 SmartArt 图形。

### 任务实现 ▶

编辑正文页的母版版式，具体操作如下。

步骤 1：单击"视图"选项卡下"母版视图"组中的"幻灯片母版"，进入幻灯片母版视图。在左侧列表框中选中幻灯片母版下的第 3 张幻灯片，将版式中的内容全部删除，删除多余占位符，选择"幻灯片母版"下的"背景样式"下拉列表中的"设置背景格式"，如图 5-22 所示，打开"设置背景格式"窗格，单击"填充"按钮，在"填充"选项组中选中"图片或纹理填充"，单击"插入图片来自"下的"文件"按钮，在弹出的对话框中选择"04 内容页背景"图片文件，单击"插入"按钮，插入背景图片。

步骤 2：插入占位符。单击"母版版式"组中"插入占位符"下拉按钮，从下拉列表中选择合适的占位符，这里选择"文本"，效果如图 5-23 所示。

步骤 3：设置完成后，单击"关闭母版视图"按钮，返回普通视图，然后在各个正文页的占位符处输入对应标题。插入横排文本框，输入文字"完善公司组织架构搭建"，设置字体为"黑体""加粗"，字号为"26"，颜色为"白色"，效果如图 5-24 所示。

步骤 4：在占位符中输入文字，利用 Tab 键对名称进行分级。最终设置的效果如图 5-25 所示。

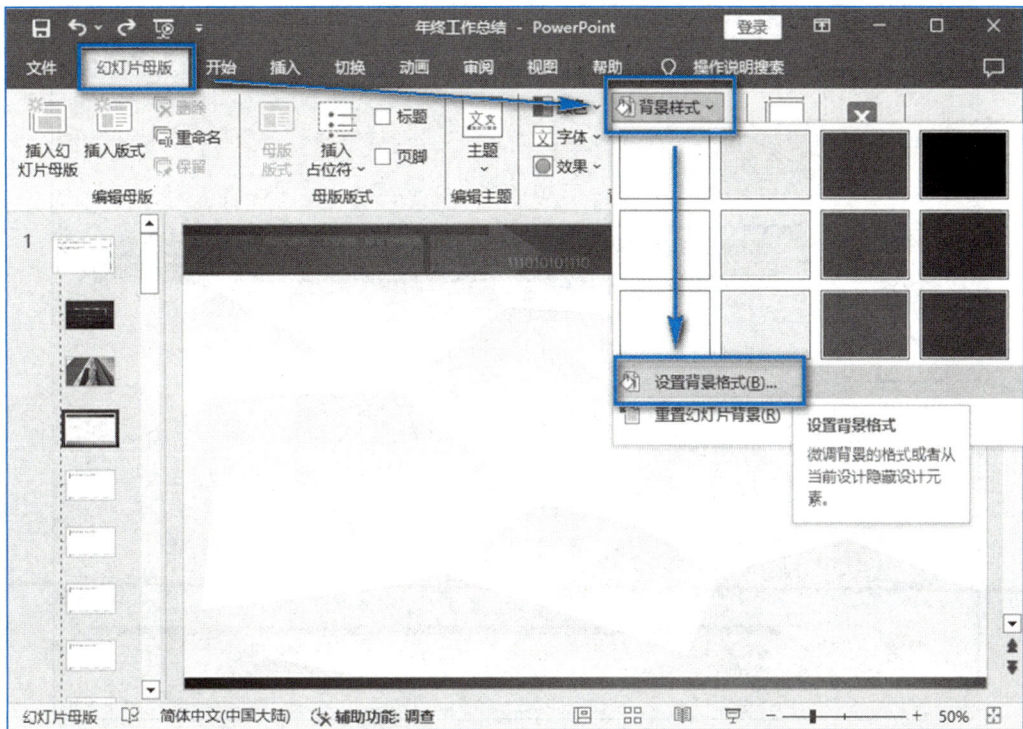

图 5-22 设置背景格式

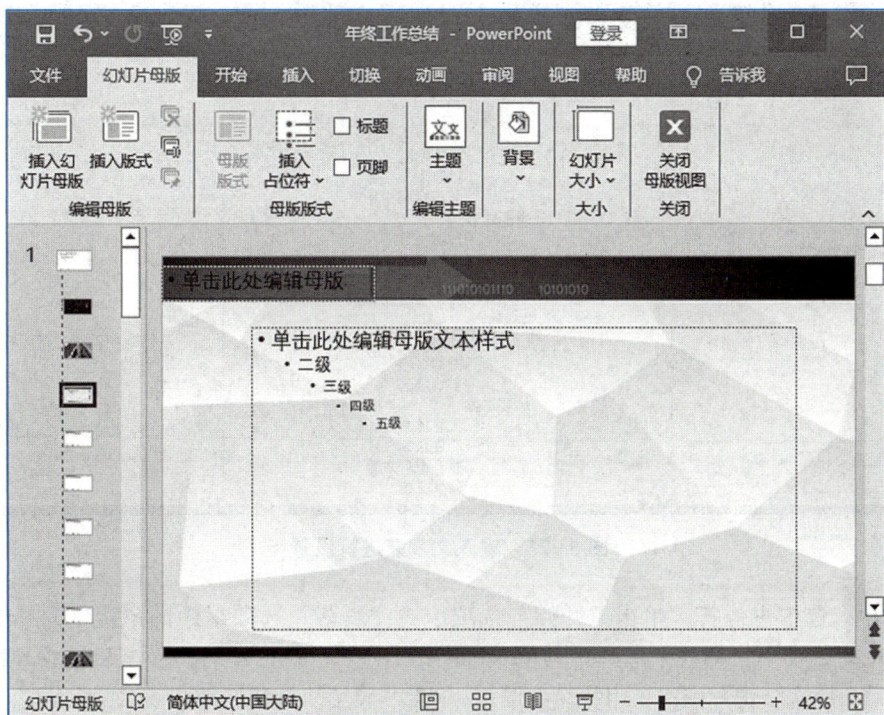

图 5-23 插入占位符

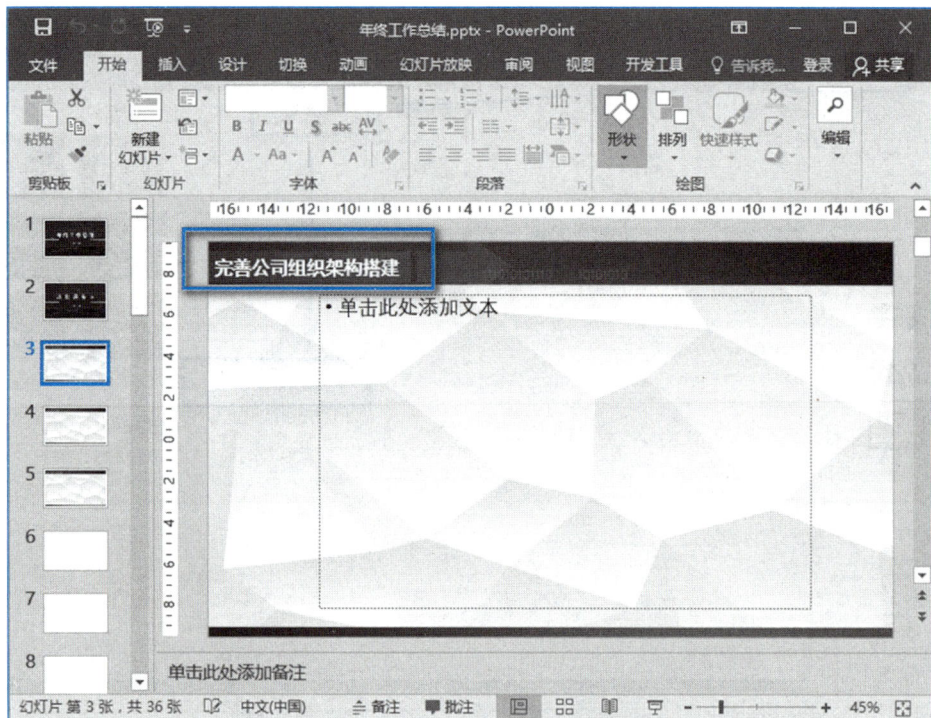

图 5-24　在正文页占位符处输入对应标题

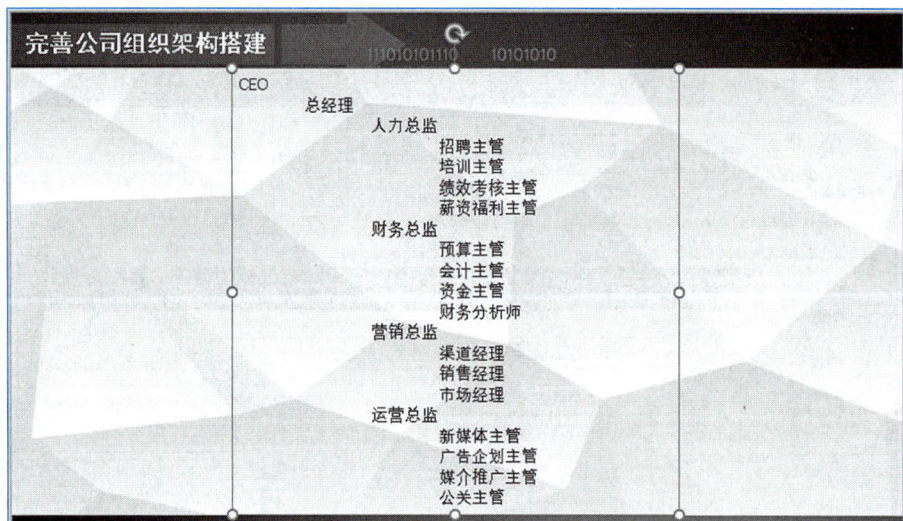

图 5-25　输入文字并进行设置

　　**步骤 5**：选中占位符，单击"开始"选项卡中"段落"选项组中的"转化为 SmartArt 图形"下拉按钮，在下拉列表中选择"其他 SmartArt 图形"，在打开的"选择 SmartArt 图形"对话框中选择"层次结构"中的"组织结构图"，单击"确定"按钮，如图 5-26 所示。

　　**步骤 6**：选中"组织结构图"，单击"设计"选项卡中的"更改颜色"下拉按钮，在下拉列表框中设置"主题颜色（主色）"为"深色 2　填充"，如图 5-27 所示。

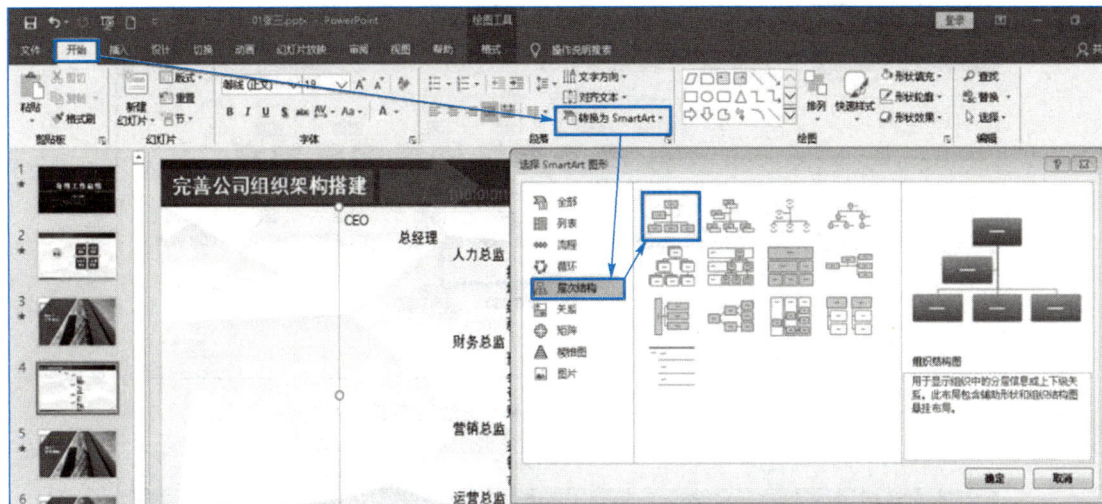

图 5-26　转化为 SmartArt 图形

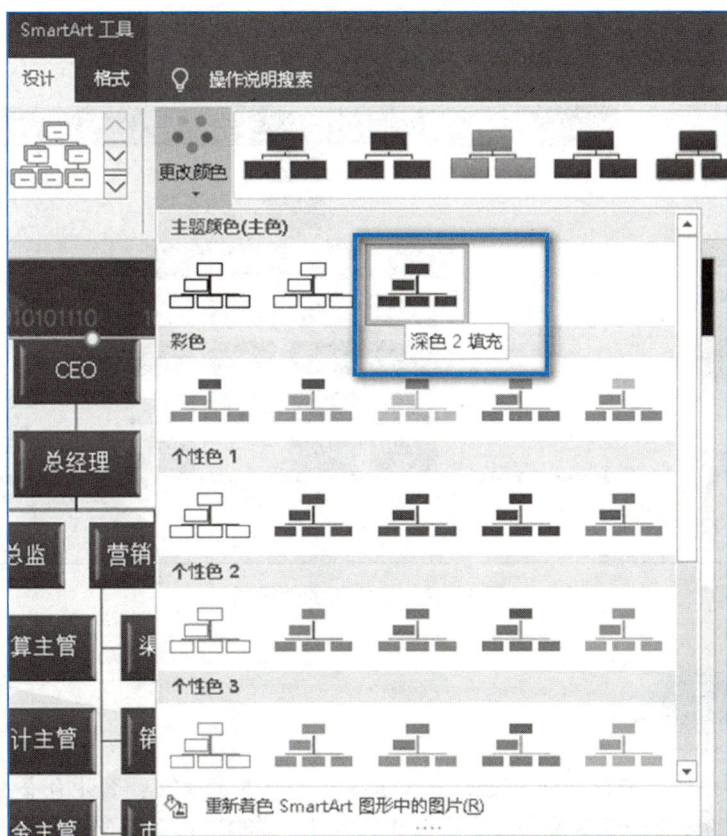

图 5-27　更改 SmartArt 图形的颜色

步骤 7：设置 SmartArt 样式为"三维—嵌入"，如图 5-28 所示。

步骤 8：通过整理，正文页如图 5-29 所示。

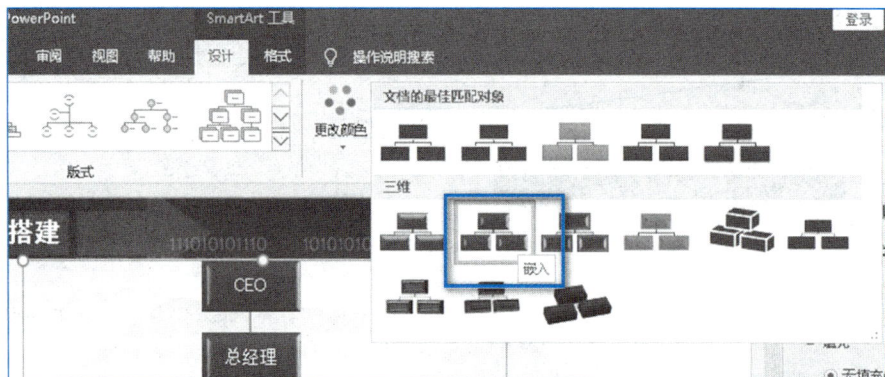

图 5-28 设置 SmartArt 图形的样式

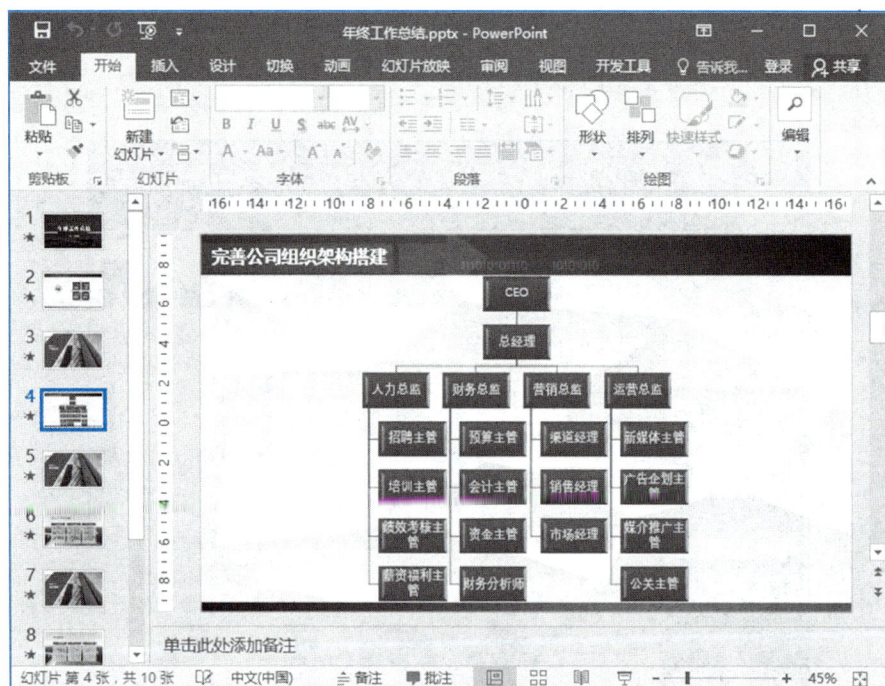

图 5-29 正文页的效果图

### 项目小结

本项目主要介绍了如何借助 SmartArt 工具美化幻灯片的母版，其中包含 SmartArt 工具介绍以及具体使用的方法和步骤等。通过该项目的学习，我们可以灵活使用 SmartArt 工具，并借助该工具制作出更加精美的演示文稿。

# W 模块六

# 计算机网络相关知识

# 计算机网络和因特网

## 项目概述

近年来，随着计算机技术和通信技术的发展，云计算、5G 等新技术的兴起推动了网络技术的发展，计算机网络技术已经融入各行各业。本项目重点介绍计算机网络的发展、组成及分类，认识常见的网络拓扑结构、硬件设备及网络协议。

# 任务一　计算机网络的基础知识

## 任务描述

计算机网络技术是随着计算机技术和通信技术的发展而产生与发展起来的，它是计算机技术与通信技术的有机结合，代表了当代计算机体系结构发展的一个极其重要的方向。本任务将重点学习计算机网络的基础知识。

## 知识链接

作为一门相对独立的学科，计算机网络经历了一个从简单到复杂、从低级到高级的发展过程。它萌芽于 20 世纪 60 年代，在 20 世纪 70 ～ 80 年代得到发展与完善，并在 20 世纪 90 年代以后不断壮大。计算机网络的发展和演变过程，大致可分为以下三大类，共四个阶段：

（1）面向终端的计算机网络系统（第一阶段）
（2）计算机网络——多机系统（第二阶段）
（3）互联网——多网络系统（第三、四阶段）。

## 任务实现

### 一、计算机网络简介

计算机网络是一门独立学科，也是计算机专业的一个发展方向。从广义上讲，计算机网络是计算机技术与通信技术相结合的产物；从狭义上讲，计算机网络是利用通信线路和通信设备，把地理上分散、具有独立功能的多个计算机系统相互连接，按照网络协议进行数据通信，由功能完善的网络软件实现资源共享的计算机系统的集合。

从计算机网络的定义来看，计算机网络的目标是实现资源共享和信息传输，需要注意的是，计算机网络有三个独立要素：独立计算机、通信介质和网络协议。从系统功能的角度来看，计算机网络主要由资源子网与通信子网两部分组成。

> ### 📝 知识拓展
>
> 计算机网络中数据通信系统的主要技术指标有比特率、波特率、信道容量、带宽、误码率。
>
> 比特率（Bit Rate，数据传输速率）是指网络上每秒钟传输的二进制比特数，单位为比特 / 秒（bit/s），简写为 bps。
>
> 波特率（Baud Rate，传输码元符号速率）是指每秒传输码元符号的个数，采用高阶调制格式可以在一个码元上负载多个比特信息，单位为 Baud。通常，波特率小于比特率。
>
> 信道容量为在单位时间内从网络中的某一点到另一点所能通过的"最大传输速率"，单位为 bps。
>
> 带宽可类比为高速公路宽度，单位为 Hz，通常是指信息传输通道允许传递的信号的频率范围，比如 10GHz ～ 100GHz，这是一个值域，而不是一个值。信道容量 ≠ 带宽，信道容量应该大于等于带宽。香农定理（香农极限）：$C = B \log_2(1 + S/N)$。
>
> 误码率（Bit Error Ratio，BER）是衡量数据在规定时间内数据传输精确性的指标，它是错误接收的比特数与发送的总比特数之比。

## 二、计算机网络的分类

按网络覆盖范围分类，计算机网络分为局域网、城域网、广域网。

### 1. 局域网（Local Area Network，LAN）

局域网是将小区域如工厂、学校、公司等的计算机、终端和外围设备等互连在一起的通信网络。它具有高比特率（0.1Mbps ～ 100Mbps）、短距离传输（0.1km ～ 2.5km）、低误码率的特点。机关网、企业网、校园网均属于局域网。

### 2. 城域网（Metropolitan Area Network，MAN）

城域网是局域网的延伸，用于局域网之间的连接，网络规模局限在一座城市范围内，其传输速率的范围较宽，距离范围为 5km ～ 50km，使用者多为需要在城市内进行高速通信的较大单位与公司等。

### 3. 广域网（Wide Area Network，WAN）

广域网是大区域的计算机网络，由多个 MAN 互联而成的跨市、国家或国际性的计算机网络，它的通信传输介质一般由电信部门提供。相对于局域网来说，广域网的传输速度较慢，连接的设备较复杂，维护难度较大。因特网、ChinaDDN 网、Chinanet 网均为广域网。

## 三、计算机网络拓扑结构

计算机网络拓扑结构反映的是网络中计算机及其他设备等网络节点的连接关系。网络拓扑结构一般隐去了网络的具体物理细节，而抽象出节点之间的关系加以研究。常见的网络拓扑结构主要有以下五种。

（1）星形拓扑结构是最早的网络拓扑结构，如图 6-1（a）所示。在星形拓扑结构中，节点通过点到点通信链路与中心节点连接。中心节点控制全网的通信，任何两节点之间的通信都要经过中心节点。星形拓扑结构简单，易于实现，便于管理。但需要注意的是，网络的中心节点是全网可靠性的关键，一旦发生故障就有可能造成全网瘫痪。

（2）环形拓扑结构如图6-1（b）所示，在环形拓扑结构中，节点通过点到点通信线路循环连接成一个闭合环路。环中数据将沿一个方向逐站传送。环形拓扑结构简单，传输延时确定，但环中点与点的通信线路会成为网络可靠性的"瓶颈"。任何一个节点出现故障都可能造成网络瘫痪。

（3）总线型拓扑结构如图6-1（c）所示，总线型拓扑结构采用单根传输线作为传输介质，所有的站点都通过相应的硬件接口直接连到传输介质——总线上。任何一个站点发送的信号都可以沿着介质传播，并且能被所有其他站点接收。总线型拓扑结构简单，易于实现和扩展，且可靠性较好。

（4）树形拓扑结构如图6-1（d）所示，树形拓扑结构的节点按层次进行连接，像树一样，有分支、根节点、叶子节点等，信息交换主要在上、下节点之间进行，适用于汇集信息的应用要求。

（5）网状拓扑结构如图6-1（e）所示，网状拓扑结构没有上述四种拓扑结构那么明显的规则，节点的连接是任意的，没有规律。网状拓扑系统的可靠性高，但结构复杂。广域网中基本采用网状拓扑结构。

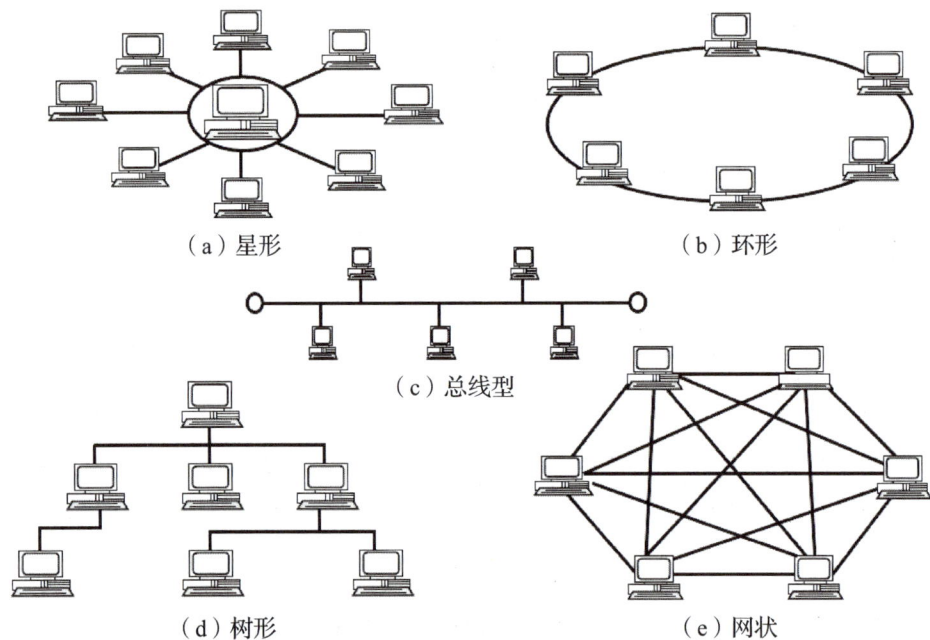

图 6-1　常见的网络拓扑结构

## 四、计算机网络的硬件设备

### 1. 局域网的组网设备

（1）传输介质（Media）：常用的传输介质有双绞线、同轴电缆、光缆、无线电波等。

（2）网络接口卡（Network Interface Card，NIC）：又叫网络适配器（简称网卡），通常安装在计算机的扩展槽上，用于计算机和通信电缆的连接，使计算机之间能够进行高速数据传输。

（3）集线器（Hub）：是早期局域网的基本连接设备，集线器是典型的物理层设备，目前已经被交换机替代。

（4）交换机（Switch）：交换概念的提出是对共享工作模式的改进，共享式局域网在每个时间段上只允许一个节点占用公用的通信信道，而交换机支持端口连接节点之间的多个并发连接，从而增大网络带宽，改善局域网的性能和服务质量。交换机是目前局域网最常用的网络设备之一。

（5）无线 AP（Access Point）：也称为无线访问点或无线桥接器，任何一台装有无线网卡的主机通过无线 AP 都可以连接有线局域网。无线 AP 不仅提供单纯性的无线接入点，也是无线路由器等设备的统称，兼具路由、网关等功能。单纯性的无线 AP 就是一个无线交换机，其工作原理是将网络信号通过双绞线传送过来，转换成无线电信号发送出去，形成无线网的覆盖。无线 AP 按型号的不同具有不同的功率，可以实现不同程度、不同范围的网络覆盖。一般无线 AP 的最大覆盖距离可达 300m。

### 2. 网络互联设备

（1）路由器（Router）：负责不同广域网中各局域网之间的地址查找（建立路由）、信息包翻译和交换，实现计算机网络设备与通信设备的连接和信息传递，是实现局域网与广域网互联的主要设备。

（2）网桥（Bridge）：用于实现相同类型局域网之间的互联，达到扩大局域网覆盖范围和保证各局域网安全的目的。

（3）调制解调器（Modem）：是 PC 机通过电话线接入因特网的必备设备，具有调制和解调两种功能。调制解调器分为外置与内置两种。

## 五、计算机网络通信协议及无线局域网

### 1. 通信协议

通信协议是通信双方都必须遵守的通信规则，是一种约定。TCP/IP 协议是当前最流行的网络协议，被公认为是当前的互联网标准或事实标准。TCP/IP 参考模型将计算机网络划分为四个层次：应用层、传输层、网际层和网络接口层（物理层 + 数据链路层）。

### 2. 无线局域网（WLAN）

无线局域网中有许多台计算机，每台计算机都有一个无线电调制器和一个天线，通过该天线与其他系统通信。另外，在室内的墙壁或天花板上也有一个天线，所有机器通过它进行相互通信。在无线局域网的发展中，Wi-Fi 具有传输速度高、覆盖范围大等优点。

# 任务二  因特网的基础知识

## 📖 任务描述 ▶

因特网是一个全球性的计算机网络系统，它连接了成千上万、各种各样的计算机系统和网络，包括个人计算机、各种局域网和广域网以及大型系统工作站。只要连入因特网，就可以享用网上所有的信息资源和网络服务，也可以将自己的信息资源放在因特网上与他人共享和交流。本任务重点学习因特网的相关知识。

## 🔗 知识链接 ▶

Internet 的中文名称是因特网，也叫"国际互联网"，是一种全球性的、开放的计算机网络。它起源于 1969 年美国国防部高级研究计划局建立的一个用于军事实验的网络 ARPANET，诞生

的初衷是战争时能够维持正常通信，这就是互联网的前身。现在的 Internet 已不再只是计算机技术人员和军事部门进行科研的领域，而变成了一个开发和使用信息资源的、覆盖全球的信息海洋。

**任务实现** ▶

## 一、因特网的基本概念

### 1. 因特网（Internet）

因特网又称互联网，它是遵守网络协议规则把不同地区的计算机、网络设备或终端等连接起来，一起共享网络上海量的数据资源，为全世界用户提供信息的网络。Internet 可以理解为由 Inter 和 net 组成，Inter 的意思是相互的、交互的，net 的意思是网络。

### 2. 万维网（WWW）

万维网是环球信息网（World Wide Web）的简称，也称为 Web、3W 等。它是基于因特网的分布式信息查询和浏览系统，使用超文本和超媒体技术，采用网状结构组织信息，为用户提供一种交叉交互式查询和浏览信息的方式。万维网是基于客户机/服务器方式的信息发现技术和超文本技术的综合。万维网服务器通过超文本标记语言（HTML）把信息组织成为图文并茂的超文本，利用链接从一个站点跳到另一个站点。这样彻底摆脱了以前查询工具只能按特定路径一步步地查找信息的限制。

### 3. 超文本和超链接

文本是指可见字符（文本、字母、数字、符号等）的有序组合，又称普通文本。超文本是指页面内可以包含图片、链接，甚至音乐、程序等非文字元素。我们日常浏览的网页上的链接都属于超文本。超链接是指从一个网页指向一个目标的连接关系，这个目标可以是另一个网页，也可以是相同网页上的不同位置，还可以是一个图片、一个电子邮件地址、一个文件，甚至是一个应用程序。

### 4. 超文本标记语言（HTML）

超文本标记语言是一种专门的编程语言，是 Web 页的标记语言，它使用各种标记（Tag）定义文档中文字、图片等对象的格式，用规定的标记将文档中的文字或图像与其他文档连接起来，即定义超链接。HTML 文件的扩展名通常是".html"或".htm"，以文本文件（ASCII 码）格式保存。

### 5. 超文本传输协议（HTTP）

超文本传输协议（Hyper Text Transfer Protocol，HTTP）是网际网络上应用最为广泛的一种网络协议。所有的万维网文件都必须遵守这个协议。通常是由 HTTP 客户端发起一个请求，建立一个到服务器指定端口（默认是 80 端口）的 TCP 连接。HTTP 服务器则在那个端口接收客户端发送过来的请求。一旦收到请求，服务器向客户端发挥一个状态行（比如"HTTP/1.1 200 OK"）和响应消息，响应消息的消息体可能是请求的文件、错误消息或者是其他一些信息。

### 6. 统一资源定位器（URL）

统一资源定位符（Uniform Resource Locator，URL）是对可以从互联网上得到的资源的位置和访问方法的一种简洁表示，是互联网上标准资源的地址。互联网上的每个文件都有一个唯一的 URL，它包含的信息表明文件的位置以及浏览器应该怎么处理它。URL 的一般形式由以下四个部分组成：

〈协议〉：//〈主机〉:〈端口〉/〈路径〉

例如：http://www.sina.com.cn。

## 二、因特网的专用协议 TCP/IP

传输控制协议 / 网际协议（TCP/IP）是互联网中事实使用的一个协议簇，它是 Internet 中不同网络和不同计算机相互通信的基础，其主要功能是确保数据的可靠传输。IP 是 TCP/IP 协议体系中的网络层协议，其主要功能是将不同类型的物理网络互联在一起。也就是说，它需要将不同格式的物理地址转换成统一的 IP 地址，将不同格式的帧（即物理网络传输的数据单元）转换成"IP 数据报"，从而屏蔽下层物理网络的差异，向上层传输层提供 IP 数据报，实现无连接数据报传送服务。

IP 还能从网上选择两节点之间的传输路径，将数据从一个节点按路径传输到另一个节点。TCP 即传输控制协议，位于传输层。TCP 向应用层提供面向连接的服务，确保网上所发送的数据报可以被完整地接收，一旦某个数据报丢失或损坏，TCP 发送端可以通过协议机制重新发送这个数据报，以确保发送端到接收端的可靠传输。

## 三、IP 地址和域名

每一台与因特网相连的计算机都有一个永久的或临时分配的地址。因特网上计算机的地址有两种类型：一种是以阿拉伯数字表示的，称为 IP 地址；另一种是以英文单词和数字表示的，称为域名。

### 1. IP 地址

IP 地址是 TCP/IP 所规定的一种数字型标志，它是一个由 0、1 组成的二进制数字串，共 32 位。一个 IP 地址包含了两部分信息，即网络号和主机号。其中，网络号长度将决定整个 Internet 中能包含多少个网络，主机号长度则决定每个网络能容纳多少台主机。每个 IP 地址分为 4 段，段与段之间用小数点隔开，每段再用一个十进制整数表示，每个十进制整数的范围是 0 ～ 255。

按 IP 地址的首字节的取值范围，IP 地址可分为 A、B、C、D、E 共 5 类，见表 6-1。

表 6-1　IP 地址分类表

| 分类 | 地址范围 |
|---|---|
| A 类 IP 地址 | 第 1 段为 1 ～ 126（其中 0、127 特殊） |
| B 类 IP 地址 | 第 1 段为 128 ～ 191 |
| C 类 IP 地址 | 第 1 段为 192 ～ 223 |
| D 类和 E 类 | 保留作特殊用途 |

### 2. 域名

每个域名对应一个 IP 地址，且在全球是唯一的。为了避免重名，域名采用层次化、结构化的命名机制，各层次之间用"."隔开，从右向左分别为第一级域名（顶级域名）、第二级域名……，直至主机名（最低级域名）。域名层次结构如图 6-2 所示。

关于域名还要注意以下几点：

（1）因特网的域名不区分大小写；

（2）由字母 a ～ z、数字 0 ～ 9 或者连字符"—"组成，长度不超过 255 个字符；

（3）一台计算机一般只能拥有一个 IP 地址，但可以拥有多个域名地址；

（4）IP 地址与域名间的转换由域名服务器完成。

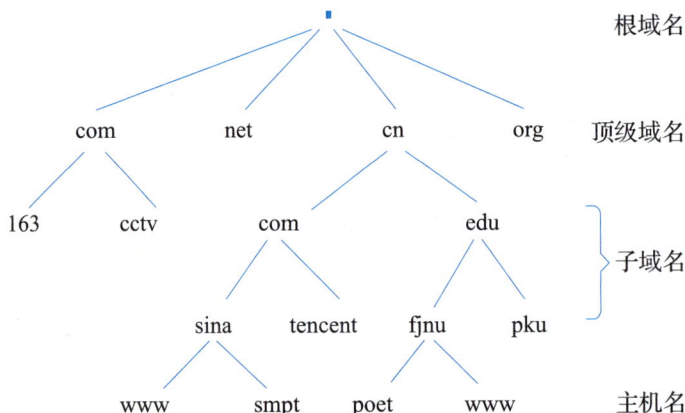

图6-2 域名层次结构

常用的域名见表6-2。

表6-2 常用的域名

| 域名代码 | 说明 | 域名代码 | 说明 |
|---|---|---|---|
| .com | 商业组织 | .edu | 教育机构 |
| .net | 网络机构 | .gov | 政府机构 |
| .org | 非营利性机构 | .mil | 军队 |
| .int | 国际组织 | .cn | 中国 |

### 3. 域名系统

域名系统（Domain Name System，DNS）在互联网中的作用是把域名转换为网络可以识别的 IP 地址。DNS 中存放 Internet 主机域名与 IP 地址对照表，实现两者的相互转换。

### 4. 客户机/服务器体系结构

在因特网的 TCP/IP 环境中，互联网计算机之间相互通信的模式采用客户机/服务器模式，简称为 C/S 结构。因特网中常见的 C/S 结构应用有 TELNET 远程登录、FTP 文件传输服务、HTTP 超文本服务、DNS 域名解析服务等。

## 四、接入因特网

要接入因特网，需要寻找一个合适的 Internet 服务提供商（ISP）。ISP 一般提供分配 IP 地址服务、网关、DNS、互联网软件、各种因特网服务、接入服务等。因特网接入方式通常有拨号连接、专线连接、局域网连接、无线连接 4 种。

### 1. 拨号连接

非对称数字用户线路（ADSL）是目前用电话线接入因特网的主流技术，这种接入技术的非对称性体现在上、下行速率的不同，高速下行信道速率一般在 1.5MB/s ～ 8MB/s，低速上行速率一般在 16kB/s ～ 640kB/s。采用 ADSL 接入因特网，除了需要一台带有网卡的计算机和一条直拨电话线，还需向电信部门申请 ADSL 业务，由相关服务部门负责安装话音分离器、ADSL 调制解调器和拨号软件。对众多个人用户和小单位来说，使用 ADSL 方式拨号连接是最经济、简单、采用最多的一种接入方式。

#### 2. 无线连接

架设无线网需要一台无线 AP。通过 AP，装有无线网卡的计算机或天线设备就可以快速、方便地接入因特网。普通的小型办公室、家庭，有一个 AP 就已经足够，几个邻居之间也可以共享一个 AP，共同上网。无线连接成为当前流行的一种接入方式，给网络用户提供了极大便利。

### 📝 知识拓展

日常生活中，我们常常听说某同学家里装的宽带是 100M，但下载速度不是 100M。

这是因为我们混淆了两个概念：带宽的 100M 其实是 100Mbps，下载文件的速度比如是 10MB/s，也就是说这两个单位是不一样的。如果家里宽带装的是 100M，则下载速度是 100 除以 8，理想的下载速度是 12.5MB/s。而事实上，下载速度还要受目标主机限速等因素的影响，速度往往会比 12.5MB/s 还低。

# 任务三　IP 地址的设置

### 📇 任务描述 ▶

因特网改变了我们的生活，我们可以通过因特网看新闻、购物、看电影，甚至可以和网络上的朋友视频聊天。接入因特网的成千上万的计算机是怎么做到准确无误地传递信息的？这当然要靠每台计算机的 IP 地址，本任务讲解设置 IP 地址的方法。

### 🔗 知识链接 ▶

就像我们用身份证号码来区分每个人的身份一样，为了区别网上的每一台计算机，我们给因特网上的每一台计算机一个唯一的编号，把它称为该计算机的 IP 地址。IP 地址具有全球唯一性，是唯一标识出主机所在的网络及在网络中位置的编号。它是一个 32 位的无符号二进制数，为了便于网络管理员进行配置，通常人为地把 IP 地址分为 4 段，每段用圆点隔开，用十进制数字表示，这种表示方法称为"点分十进制"，每个十进制数的取值范围是 0 ~ 255。例如，192.168.1.1。

### 📋 任务实现 ▶

## 一、TCP/IP 参数概述

#### 1. IP 地址

IP 地址由 32 位二进制数组成，但是二进制格式使用（书写、记忆）起来比较麻烦。因此，我们常常使用"点分十进制"来表示一个 IP 地址。例如：

二进制格式　　　　　10000011011010110000001100011000

十进制格式　　　　　131.107.3.24

　　为了便于管理，通常把 IP 地址人为地划分成两部分：网络号＋主机号。网络号用于识别主机所在的网络区段，主机号用于识别该网络中的主机地址。这就好比某位同学在 23 网络 1 班 50 号一样，这里的网络地址就相当于 23 网络 1 班，主机地址就相当于班级座位号 50 号。我们要找到该同学，先要找到这个班级，再找到 50 号座位。

　　IP 地址分为 A ～ E 类，常用的 IP 地址为 A、B、C 类，划分的依据主要是 IP 地址的首字节，A 类地址最高位是 0，B 类地址最高位是 10，C 类地址最高位是 110。常用的 A、B、C 类 IP 地址，如表 6-3 所示。

表6-3　常用的 A、B、C 类 IP 地址

| 类别 | 第一字节范围 | 网络地址位数 | 主机地址位数 | 最大的主机数目 | 地址总数 |
|---|---|---|---|---|---|
| A | 1 ～ 126 | 8bit | 24bit | $2^{24} - 2 = 16\ 777\ 214$ | 16 777 216 |
| B | 128 ～ 191 | 16bit | 16bit | $2^{16} - 2 = 65\ 534$ | 65 536 |
| C | 192 ～ 223 | 24bit | 8bit | $2^{8} - 2 = 254$ | 256 |

### 2. 子网掩码

　　子网掩码的主要作用是判断任意两个 IP 是否属于同一网络。掩码是一个 32 位二进制数字，用点分十进制数来描述。掩码包含两个域：网络域和主机域。在默认情况下，网络域地址全部为 “1”，主机域地址全部为 “0”。各类网络的默认子网掩码如表 6-4 所示。

表6-4　各类网络的默认子网掩码

| 网络类别 | 默认子网掩码 |
|---|---|
| A 类 | 255.0.0.0 |
| B 类 | 255.255.0.0 |
| C 类 | 255.255.255.0 |

### 3. 默认网关

　　当局域网中的计算机需要访问 Internet，且收发的数据无法找到指定的网络地址时，就会尝试从 “默认网关” 中收发数据，所以默认网关是需要设置的。默认网关的 IP 地址通常是具有路由功能的设备的 IP 地址。

### 4. 域名服务器地址

　　域名服务器的主要工作就是将域名与 IP 进行翻译。为什么要对域名和 IP 进行翻译呢？原因在于具有典型特征的域名比由数字组成的 IP 地址便于记忆。在 TCP/IP 中有两个域名服务器的 IP 地址，分别是首选域名服务器和备用域名服务器，当 TCP/IP 需要对一个域名进行 IP 地址的翻译时，会首先使用首选域名服务器进行翻译，当首选域名服务器失效时，为了保证用户能正常对该网站进行访问，就要立即启用备用域名服务器进行翻译，所以如果要想正常访问网页，就必须把域名服务器设置好。不同地区和不同运营商的域名服务器不同。

### 5. IP 地址分配方式

　　IP 地址分配方式有两种：静态地址和动态地址。静态地址由网络管理员事先指定好，如没有特殊情况，一直使用这个分配好的地址。动态地址则是遵循动态主机配置协议（Dynamic

Host Configuration Protocol，DHCP）在地址池中随机分配的一个当前空闲的 IP 地址。DHCP 是动态地址配置的常用协议。

## 二、配置 TCP/IP 参数

计算机访问互联网前，必须正确配置 TCP/IP 的相关参数。例如，新买一台计算机，操作系统已经安装，要对计算机进行相关的配置，使之能访问 Internet。配置参数：IP 地址为 192.168.199.210，子网掩码为 255.255.255.0，默认网关为 192.168.199.1，首选 DNS 服务器为 192.168.199.1。具体步骤如下：

步骤 1：打开"网络和共享中心"，单击"本地连接"，弹出"本地连接 2 状态"对话框，如图 6-3 所示。

步骤 2：单击"属性"按钮，弹出"本地连接 2 属性"对话框，如图 6-4 所示。

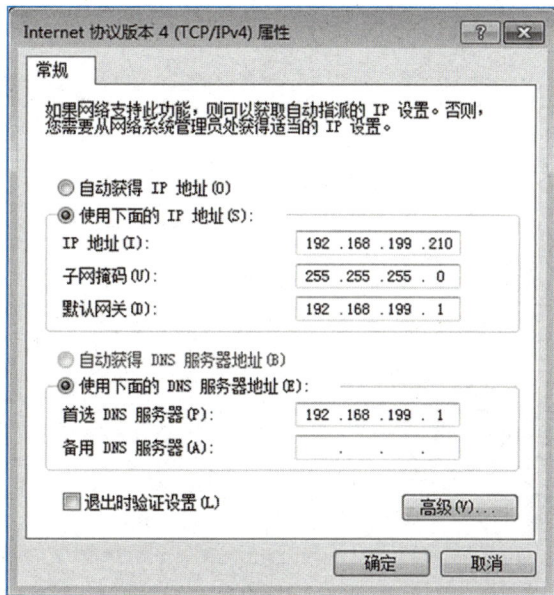

步骤 3：选中"Internet 协议版本 4（TCP/IPv4）"复选框，然后单击"属性"按钮，在弹出的"Internet 协议版本 4（TCP/IPv4）属性"对话框中填写相应信息，单击"确定"按钮，如图 6-5 所示。

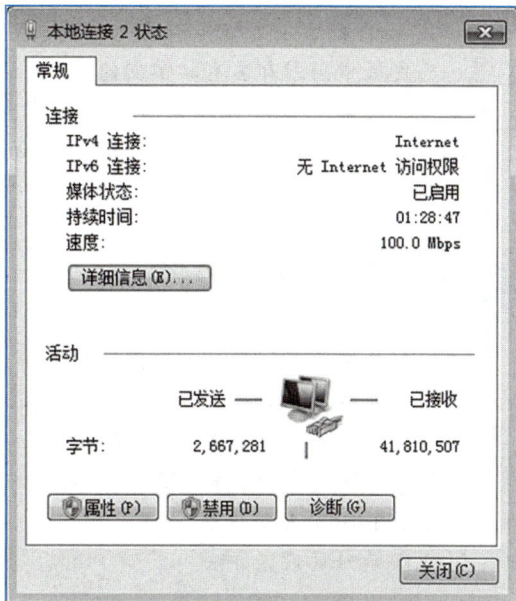

图 6-3　"本地连接 2 状态"对话框

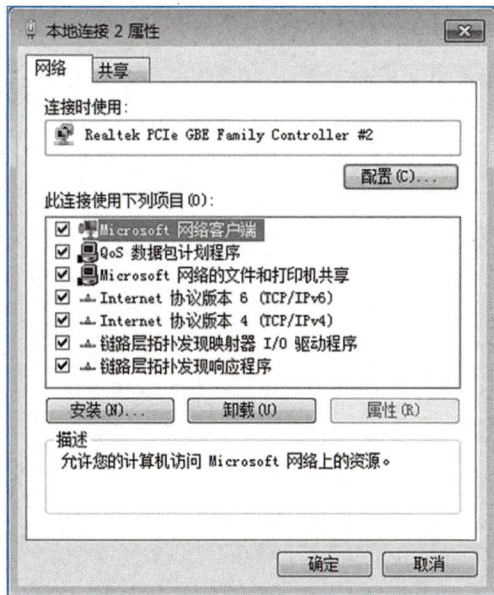

图 6-4　"本地连接 2 属性"对话框　　图 6-5　"Internet 协议版本 4（TCP/IPv4）属性"对话框

## 知识拓展

下一代因特网（NGI）是地址空间更大、更安全、更快、更方便的因特网。NGI 涉及多项技术，其中最核心的就是 IPv6 协议，它在扩展网络的地址容量、安全性、移动性、服务质量（QOS）以及对流的支持方面都具有明显的优势。

IPv4 的地址分布极其不均衡，美国、欧洲等发达国家和地区占有数量巨大的地址资源，而发展中国家却占有非常少的地址资源，这种不均衡严重阻碍了发展中国家信息技术和产业的发展。目前 IPv4 定义的有限地址空间已被逐渐耗尽，形成 IP 地址短缺的局面。2004 我国第一个 IPv6 主干网 CERNET2 试验网正式开通并提供服务。

## 项目小结

本项目系统地介绍了计算机网络和因特网基础知识，包含计算机网络的基础知识、因特网的基础知识和 IP 地址的设置。通过对本项目的学习，应重点掌握以下知识点：

（1）计算机网络的发展、组成及分类。

（2）因特网的基础概念、IP 地址和域名。

（3）TCP/IP 的参数设置。

（4）IP 地址的设置方法。

# 电子邮件收发

## 项目概述

电子邮件是 Internet 应用最广的服务之一，通过网络的电子邮件系统，用户可以用非常低廉的价格（不管发送到哪里，都只需负担网费即可），以非常快速的方式（几秒钟之内可以发送到世界上任何你指定的目的地），与世界上任何一个角落的网络用户联系。本项目我们要掌握电子邮箱的注册和使用方法，包括收发电子邮件、使用电子邮件中的附件等。

# 任务一　电子邮件概述

## 任务描述

1987 年 9 月 14 日 21 时 07 分，中国第一封电子邮件由中科院高能所钱天白教授从北京发往德国，"越过长城，走向世界"，从此，中国互联网开始蓬勃发展，与世界接轨。本任务将重点讲解电子邮件的基础知识及电子邮箱的申请。

## 知识链接

电子邮件（Electronic Mail，E-mail），它是一种通过 Internet 进行信息交换的通信方式，这些信息可以是文字、图像、声音等各种形式。电子邮件通常包括两个基本部分：信头和信体。信头相当于信封，信体相当于信件内容，是希望收件人看到的正文内容，有时还可以包含附件。信头中通常包含如下几项：

（1）收件人：收件人的电子邮箱地址，多个收件人之间用分号（;）隔开。

（2）抄送：表示同时可接到此信的其他人的电子邮箱地址。

（3）主题：类似一本书的章节标题，它用短语概括描述信件内容的主题。

电子邮箱的地址通常是由英文、数字、下划线组成的字符串，由用户申请邮箱时自行设定，一般不能用中文。

电子邮箱地址的格式：<用户标识>@<主机域名>（"@"符号读作"at"，是电子邮箱地址的专用标识符）。例如，gddgchz@163.com，其中"gddgchz"是用户标识，"163.com"是主机域名，它是网易公司的主机域名。

## 任务实现 ▶

### 一、申请免费电子邮箱

目前，国内的很多网站都提供了各有特色的免费电子邮箱服务。其共同特点是免费的，并能够提供一定容量的存储空间，有些厂商也提供一些增值收费服务，例如企业邮箱需要收费。常见的电子邮箱有 163.com、126.com、sina.com.cn、263.com、qq.com 等，如图 6-6 所示。

图 6-6　常见电子邮箱

可以利用搜索引擎（如百度）输入要查找的内容"免费电子邮箱申请"，在搜索出的免费电子邮箱网站中选择喜欢的邮箱服务厂商，例如 QQ 邮箱。选择 QQ 邮箱的原因如下：

（1）方便易用，随时随地想用就用。QQ 邮箱不仅具有完善的邮件收发、通讯录等功能，还与 QQ 紧密结合，直接单击 QQ 面板即可登录，省去输入账户名和密码的麻烦。新邮件到达随时提醒，可让用户及时收到并处理邮件。

（2）QQ 邮箱的普通邮件附件最大为 50M，邮件正文＋普通附件最大为 55M。注意，一些外部邮箱不一定能收这么大的附件，这时可用支持大文件的超大附件功能来发送邮件。

---

### ⊘ 温馨提示

我们在注册电子邮箱时要选择大品牌，以防电子邮箱厂商倒闭。比较著名的事件是雅虎邮箱退出中国事件。

2007 年 9 月，雅虎中国在推出域名为"@zdyahoo.cn"的"终生邮箱"服务时，给出的承诺是所有电子邮件将被永久保存。然而，由于雅虎中国在中国经营不善，最终退出中国。雅虎邮箱 2013 年 4 月 18 日正式启动整体迁移，并于 2013 年 8 月 19 日停止服务，此后用户的所有邮件和相关的账号设置都被删除且无法恢复。

---

### 二、注册及登录邮箱（以 QQ 邮箱为例）

如果已经有 QQ 账号，可以直接登录 QQ 邮箱（无须注册）；如果未注册过 QQ 账号，可以单击"注册账号"进行 QQ 账号注册，成功后再扫码登录 QQ 邮箱。

步骤 1：打开浏览器，在地址栏输入网址"mail.qq.com"。

步骤 2：如果没有 QQ 账号，则单击"注册账号"，输入账号昵称、密码和手机验证码，勾选"我已阅读并同意服务协议和 QQ 隐私保护指引"，如图 6-7 所示。

步骤 3：QQ 账号注册成功后，返回邮箱登录界面，使用账号和密码登录，或者用手机 QQ "扫一扫"功能登录邮箱，如图 6-8 所示。

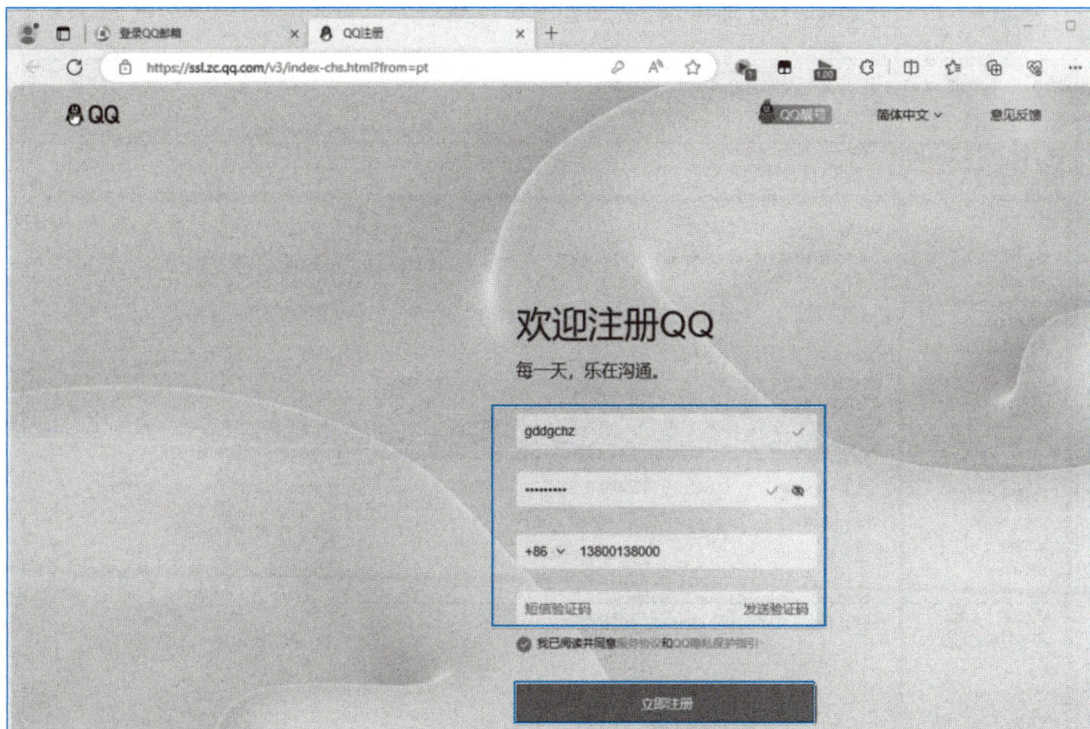

图 6-7　注册 QQ 账号

图 6-8　手机登录成功

**步骤4：**成功登录后，QQ邮箱的主界面如图6-9所示。

图6-9　QQ邮箱主界面

## 三、收发电子邮件

申请到免费的电子邮箱，就可以使用电子邮箱来收发电子邮件了。

### 1.收取电子邮件

**步骤1：**当个人的电子邮箱收到别人发来的电子邮件时，收件箱会提示有未阅读的电子邮件，如"邮件：4封未读邮件"，如图6-10所示。

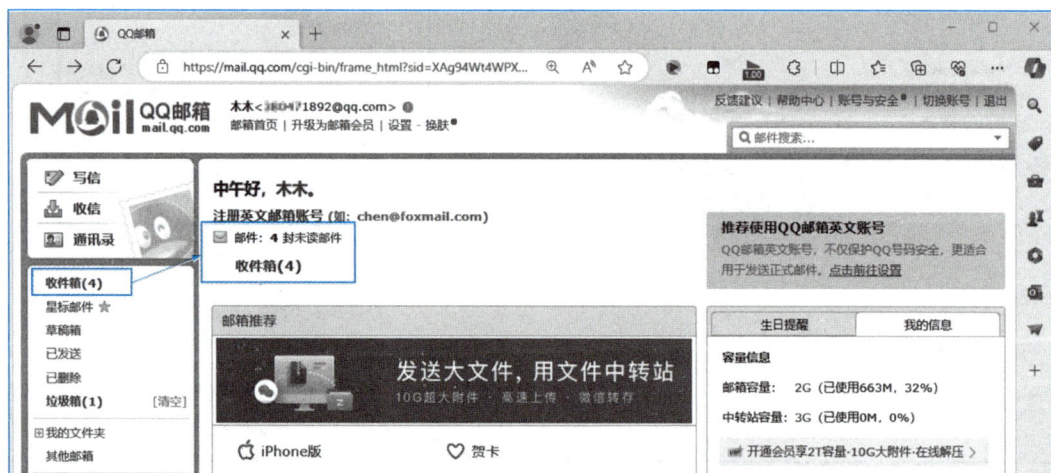

图6-10　查看收件箱

**步骤2**：单击"未读邮件"即可阅读别人发来的电子邮件。

**2. 发送电子邮件**

**步骤1**：单击"写信"，即可打开 QQ 邮箱的写信窗口。

**步骤2**：输入"收件人""抄送"，输入"主题"为"我的第一封邮件"，添加附件"第一封邮件附件"，参考信封的写作规范补充正文内容，如图 6-11 所示。

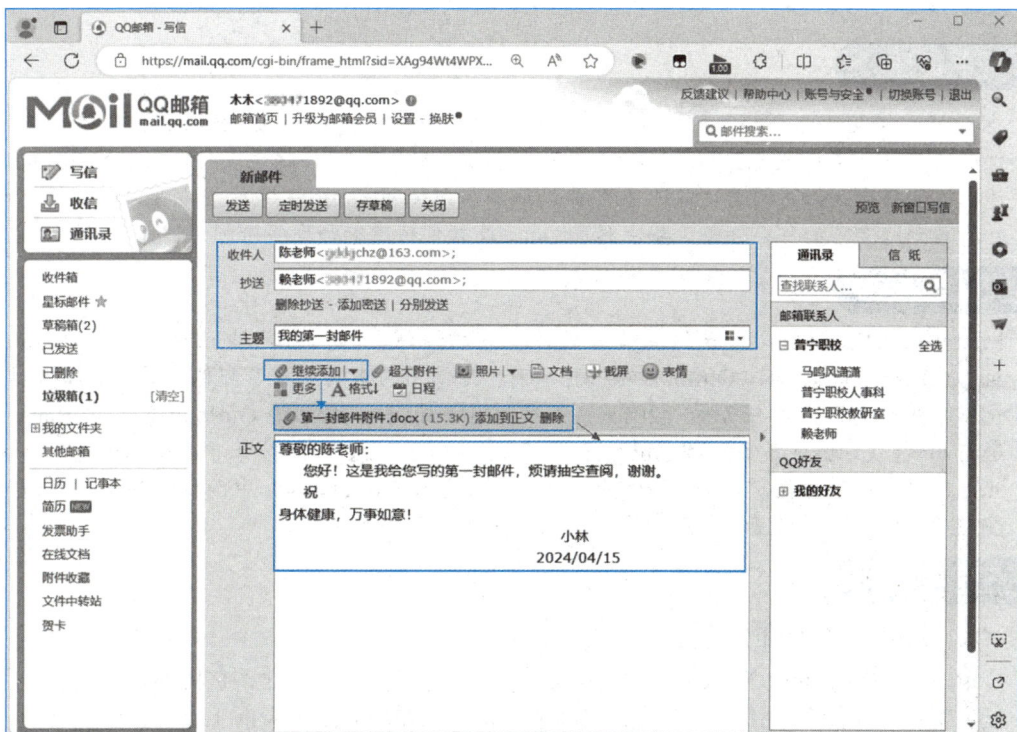

图 6-11　输入邮件的各部分内容

**步骤3**：如果想要美化电子邮件，可以添加"信纸"，最后单击"发送"按钮。

---

### ⊘ 温馨提示

　　电子邮件的写作也要遵守信件的规范，这跟书面信件是一样的，唯一区别是，书面信件的标题直接写在正文上方（空4格），电子邮件的主题则写在特定的文本框处。电子邮件范文如图 6-12 所示。

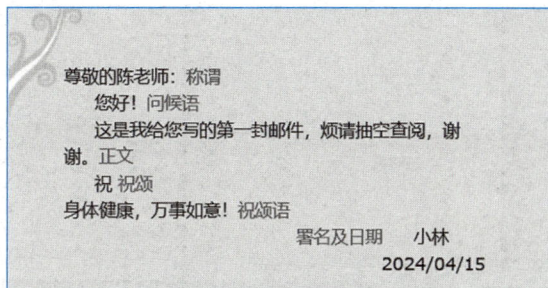

图 6-12　电子邮件范文

# 任务二　Outlook 电子邮件收发

电子邮件收发是电子邮箱的基本功能之一，通过 Internet 可以和互联网上的任何人交换电子邮件。Microsoft Office Outlook 是目前世界上最流行的电子邮件收发软件之一，使用 Outlook 已成为电脑使用者的必备技能之一。本任务将讲解如何使用 Outlook 来收发电子邮件。

小林接到陈老师的作业任务，要求利用 Outlook 软件给陈老师发一份邮件，并附带一个文件。

Microsoft Office Outlook 是微软办公软件套装的组件之一，它对 Windows 自带的 Outlook Express 的功能进行了扩充。Outlook 的功能很多，可以用它来收发电子邮件、管理联系人信息、记日记、安排日程、分配任务等。2018 年 3 月，Android 和 iOS 上的 Outlook 集成 Cortana，在内部进行测试。Cortana 集成允许 Android 和 iOS 上的 Outlook 用户利用语音控制功能来朗读消息。此外，用户能够提问"我的电子邮件内容"，以及阅读由 Outlook 中的特定联系人发送的邮件。2023 年 11 月 30 日之后，微软停用 Outlook 的浏览器扩展程序。

## 一、Outlook 界面介绍

Outlook 是 Microsoft Office 办公套件中的一款电子邮件管理软件，它集邮件收发、日程安排、任务管理等功能于一体，是许多企业和个人日常工作中必不可少的工具。默认状态下，安装 Office 2016 时不会顺带安装 Outlook 软件。

打开"Microsoft Outlook 2016"软件，其界面如图 6-13 所示。

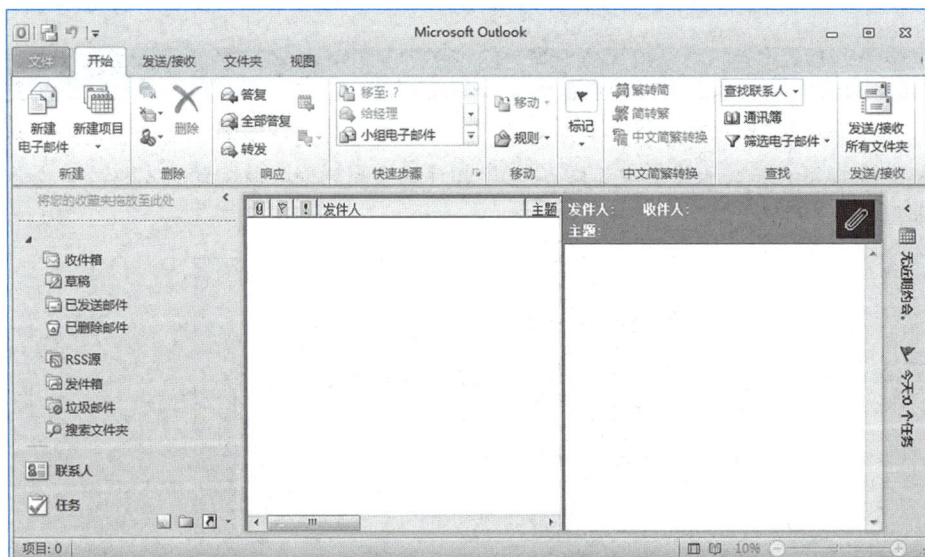

图 6-13　Outlook 2016 的界面

Outlook 2016 的界面分为多个部分，包括导航栏、邮件列表、邮件预览窗格、功能区等。用户可以根据自己的需求，自定义界面的展示和布局，以方便操作和使用。

Outlook 2016 提供了折叠和展开邮件夹、邮件、收件人、附件等的功能，可以帮助用户更好地管理自己的邮箱等。用户可以将不常用的折叠起来，只展示常用的，以避免界面的混乱和干扰。当需要查看被折叠的项目时，只需点击相应的箭头即可展开。

在收发邮件时，需要先配置 Outlook 的账户，进入 Outlook 界面，打开"文件"选项卡，在"信息"中选择"添加账户"（如图 6-14 所示），根据提示一步一步地进行操作。由于我们平时更多地使用网易或者 QQ 邮箱，在全国计算机等级考试时也已经配置好了账户，在此不作详细介绍。

**图 6-14　添加 Outlook 的账户**

## 二、收发邮件

以一级考试常用的 Outlook 仿真软件 Outlook Express 为例讲解如何收发电子邮件。

> **知识拓展**
>
> Outlook Express，Microsoft 自带的一种电子邮件，简称为 OE。它是微软公司出品的一款电子邮件客户端，也是一个基于 NNTP 协议的 Usenet 客户端。Office 软件内的 Outlook 与 Outlook Express 是两个完全不同的软件平台，它们之间没有共享代码，但是这两个软件的设计理念是共通的。

### 1.收取电子邮件

要接收电子邮件，先单击工具栏中的"发送/接收"按钮下载电子邮件，再单击左侧文件夹列表中的"收件箱"，可以看到"收件箱"接收的邮件情况，如图 6-15 所示。通过"附件"按钮可以接收邮件所带的附件（附件可以是 txt 文本，也可以是 docx 文档等）。

### 2.发送电子邮件

**步骤 1：**通过"创建邮件"或"答复"按钮来创建一封新邮件，如图 6-16 所示。

**步骤 2：**输入"收件人""抄送"，输入"主题"为"这是我的第一封邮件"，参考信封的写作规范补充正文内容，如图 6-17 所示。

**步骤 3：**添加附件。单击"附件"按钮，找到考生文件夹下的附件"第一封邮件附件 .docx"，添加进来后单击"打开"按钮，如图 6-18 所示。注意默认附件形式是 txt，可通过下拉列表转换成 docx 文档。

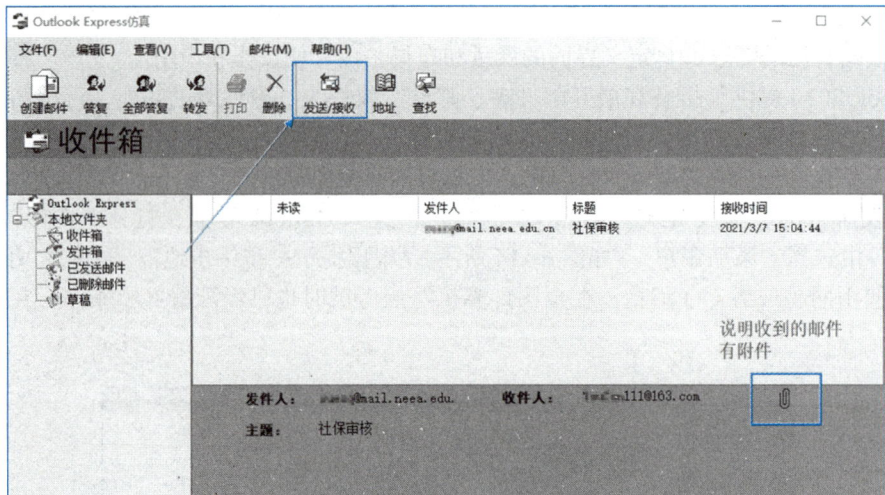

图 6-15　查看发送和接收的邮件

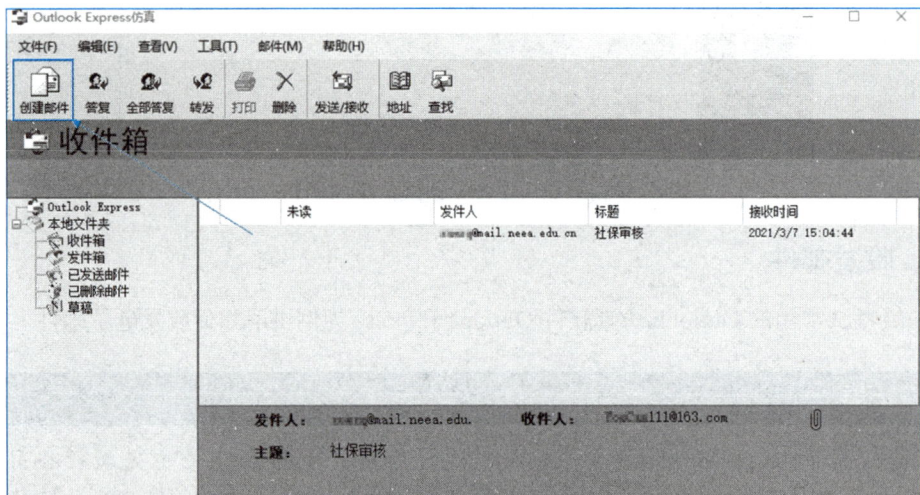

图 6-16　创建邮件

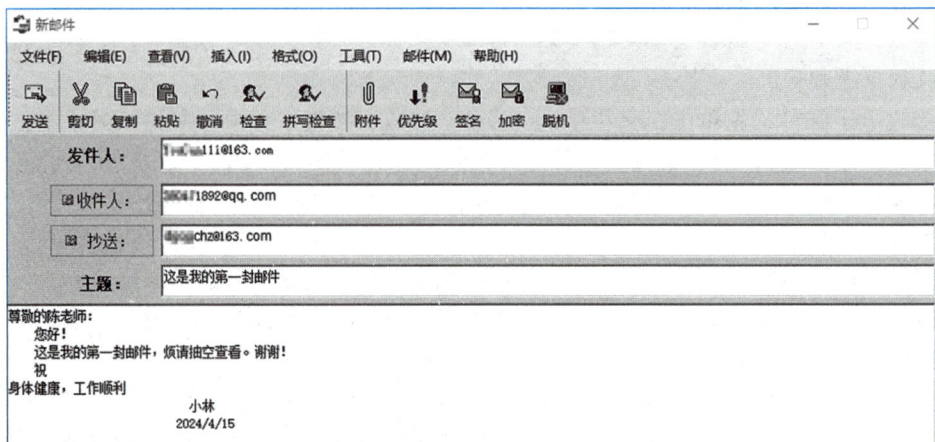

图 6-17　输入邮件的详细内容

步骤 4：检查邮件填写无误，单击"发送"按钮。

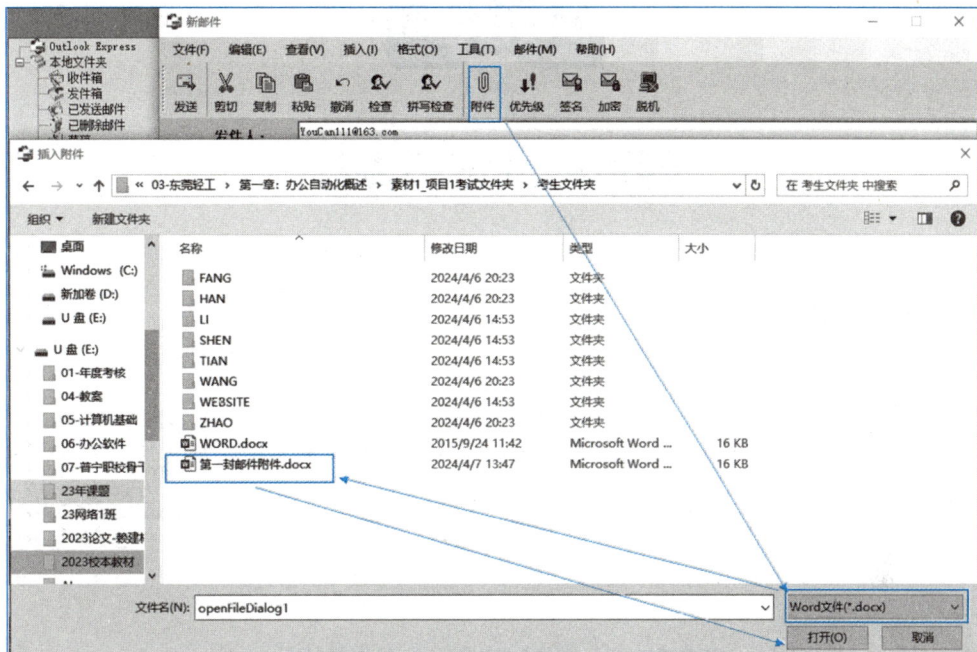

图 6-18　添加附件

## 📝 知识拓展

通常，邮件收发会用到两个重要的协议，分别是 SMTP 和 POP3。

SMTP 是简单邮件传输协议，使用端口号 25。它可以向用户提供高效、可靠的邮件传输方式。SMTP 的一个重要特点是它能够在传输过程中转发电子邮件，即邮件可以通过不同网络上的邮件服务器转发到其他的邮件服务器。

POP 称为邮局协议，用于电子邮件的接收，它使用 TCP 的 110 端口。常用的是第 3 版，所以简称为 POP3，POP3 仍采用 C/S 工作模式。当客户机需要服务时，客户端的软件（如 Outlook Express）将与 POP3 服务器建立 TCP 连接，然后要经过 POP3 协议认证过程，确认客户机提供的用户名和密码是否正确；认证通过后转入处理状态，在此状态下用户可收取邮件，完成后，便进入更新状态，将有删除标记的邮件从服务器端删除掉。至此，整个电子邮件接收完成。

## W 项目小结

本项目系统地介绍了电子邮件收发的相关知识，分为电子邮件概述、Outlook 电子邮件收发 2 个任务进行讲解。通过对本项目的学习，应重点掌握以下知识点：

（1）电子邮件的基础知识。

（2）免费电子邮箱的申请方法。

（3）网页版电子邮件的收发方法。

（4）使用 Outlook 软件来收发邮件的方法。

# 网页的浏览和保存

## 项目概述

因特网是一个信息的海洋，蕴藏着丰富的信息资源。在浏览网页时，面对纷繁复杂的信息，如何迅速、准确地寻找出适合自己的信息呢？本项目将学习如何正确使用浏览器、如何通过浏览器搜索或下载网络资源等知识。只有熟练掌握这些技巧，才能自由自在地遨游在信息的海洋。

## 任务一　认识 IE 浏览器

### 任务描述

浏览器是用来检索、展示以及传递 Web 信息资源的应用程序。Internet Explorer（简称 IE）是微软公司推出的一个功能强大的网络软件，利用它用户不仅可以浏览网页、搜索资料、下载文件、网上购物，还可以收发电子邮件，进行网上聊天、开会等。一台电脑只有安装了浏览器软件，才能进行网页浏览。下面就来认识一下 IE 浏览器。

### 知识链接

IE 浏览器是微软公司开发的一款网页浏览器。它曾经是全球使用最广泛的浏览器之一，但随着时间的推移，由于安全问题、性能问题以及对现代网络标准的兼容性问题，微软公司于 2021 年 6 月 15 日宣布停止对 IE 浏览器的支持，并推荐用户使用更现代、更安全的浏览器，如 Microsoft Edge。由于一级考试考查 IE 浏览器，因此，本任务学习 IE 浏览器的相关知识。

### 任务实现

双击桌面 IE 浏览器图标，或单击"开始"菜单按钮，选择"程序"/"Internet Explorer"命令，启动 IE 浏览器，如图 6-19 所示。

IE 浏览器各部分功能如下。

（1）地址栏：用于输入网站的地址，IE 浏览器通过识别地址栏中的信息，正确连接用户要访问的网站服务器，如图 6-20 所示。

图 6-19　IE 浏览器的界面

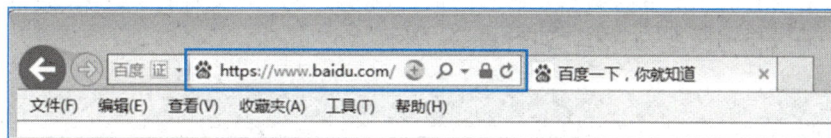

图 6-20　IE 浏览器的地址栏

（2）菜单栏：由"文件""编辑""查看""收藏夹""工具""帮助"菜单组成，可以实现 IE 浏览器的所有设置。

（3）选项卡：从 Internet Explorer 7 版本开始，IE 浏览器可以使用多选项卡浏览方式，以选项卡的方式打开网站的页面。

（4）页面窗口：是 IE 浏览器的主窗口，访问的网页内容显示在此。页面中有些文字或对象具有超链接属性，当鼠标指针放上去之后会变成手状，单击鼠标左键，浏览器就会自动跳转到该链接指向的网址；单击鼠标右键，则会弹出快捷菜单，可以从中选择要执行的操作命令。

（5）状态栏：实时显示当前的操作和下载 Web 页面的进度情况。通过状态栏还可以缩放网页。

# 任务二　IE 浏览器的使用

📖 任务描述 ▶

我们可以通过 IE 浏览器访问并下载信息资源，通过网站的超链接实现在不同网站间的跳转，还能够把自己所喜欢的网站内容保存到本地计算机。那么，如何利用 IE 浏览器畅游互联网呢？本节我们将学习 IE 浏览器的使用。

### 知识链接

虽然，IE 浏览器是一款优秀的浏览器，但由于各种原因目前已经停止更新。市面上的浏览器繁多，以下汇总常见的浏览器，以供参考。

- Google Chrome：谷歌浏览器，以开源、快速、简洁和安全性而闻名。
- Mozilla Firefox：火狐浏览器，以隐私保护和自定义选项而深受喜爱。
- Microsoft Edge：微软用来替换 IE 浏览器的产品，与 Chrome 和 Firefox 兼容。
- UC 浏览器：用在移动设备上，因其轻量级和快速加载网页而受到欢迎。
- 搜狗浏览器：搜狗公司产品，界面设计友好，提供智能搜索建议。
- 360 安全浏览器：由奇虎 360 公司开发，这款浏览器强调安全性，提供了恶意网站拦截和隐私保护等功能。

### 任务实现

#### 一、搜索方式

在 IE 浏览器地址栏中可以输入并访问网址，也可以输入要搜索的关键词或内容进行搜索，按 Enter 键，即可显示搜索的结果，如图 6-21 所示。

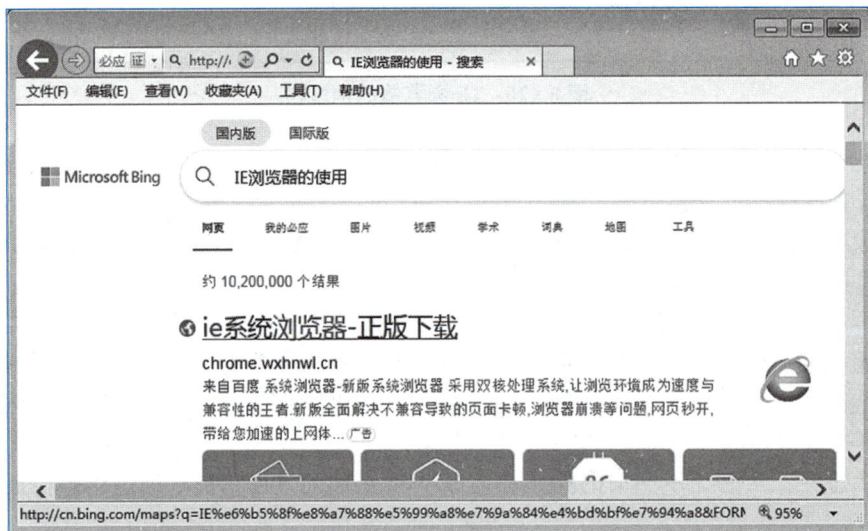

图 6-21 输入内容进行搜索

#### 二、主页的设置

用户可以根据需求设置启动 IE 浏览器后显示的网页主页面。单击"工具"按钮，在弹出的菜单列表中，选择"Internet 选项"命令，弹出"Internet 选项"对话框，在"常规"选项卡中的"主页"文本框中输入要设置的网站网址，如图 6-22 所示，单击"应用"按钮，即可将其设置为默认主页。

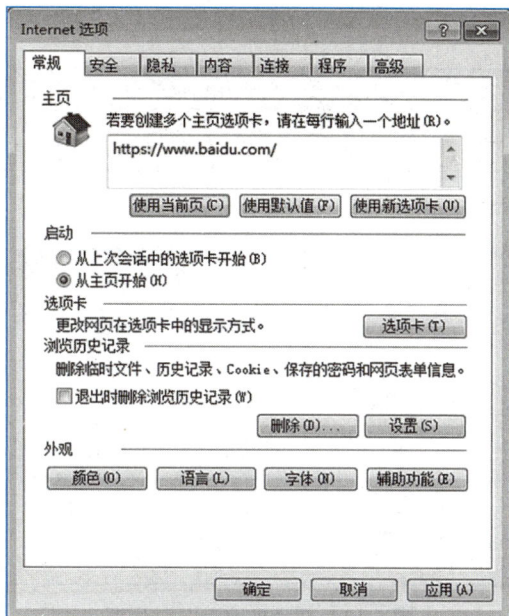

图 6-22 设置默认主页

## 三、收藏网页

利用 IE 浏览器的收藏夹功能可以将需要经常使用或者喜欢的网站保存起来，以便日后快速访问这些网站。

**步骤 1：** 在 IE 浏览器中，打开需要收藏的网页，单击"添加到收藏夹"按钮，如图 6-23 所示。

图 6-23 "添加到收藏夹"按钮

**步骤 2：** 弹出"添加收藏"对话框，可以设置网站的收藏名称和创建位置，默认保存在"收藏夹"中，单击"添加"按钮即可把该网站添加到收藏夹。按 Ctrl + D 键可快速打开"添加收藏"对话框，如图 6-24 所示。

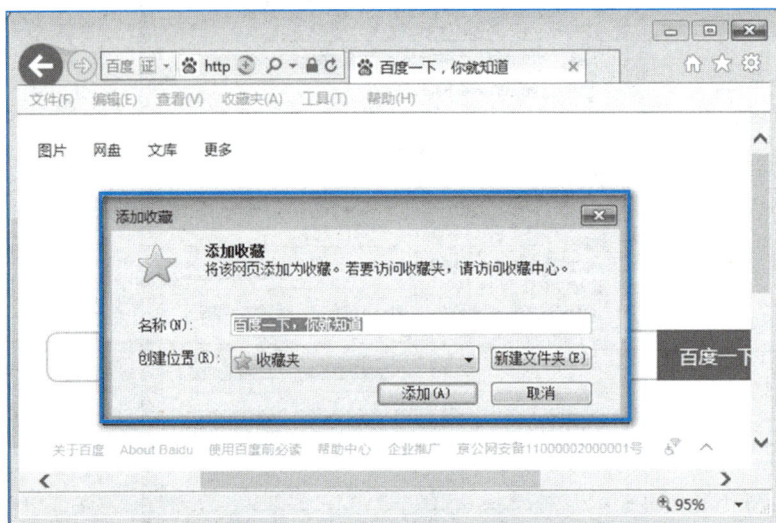

图 6-24 "添加收藏"对话框

## 四、网上下载

网络就像一个虚拟的世界。在网络中，用户可以搜索到各种各样的资源。当遇到想要保存的数据时，可以将其下载到自己的电脑硬盘之中。

> **✓ 温馨提示**
>
> 　　网页文件的保存类型有很多种，用户可以根据保存后的不同用途选择适当的保存类型。
> 　　（1）网页，全部。是按原始格式保存显示网页时所需的所有文件，包括图片、框架和样式表。保存后即使计算机没有接入网络也可以看到联网时的效果。保存下来的文件包括一个 html 文档和一个同名的图片文件夹。
> 　　（2）Web 档案，单个文件。将网页信息、超链接等压缩成".htm"文件，其中有些图片、超链接等只是一个向导，要想看到完整效果还需要接入网络。
> 　　（3）网页，仅 html。只保存".html"或".htm"静态页面，可以看到基本的框架、文本等，但不包括图片、Flash、声音和其他文件。
> 　　（4）文本文件。将网页中的文本信息保存成".txt"文本文件。

### 1. 保存网页上的图片

图片是组成网页的主要元素之一。在浏览网页时，如果遇到比较漂亮的图片，用户可以将其下载并保存起来，以方便以后欣赏和使用。

**步骤 1**：打开一个有图片的网页，在图片的任意位置处单击鼠标右键，从弹出的快捷菜单中选择"图片另存为"，如图 6-25 所示。

**步骤 2**：打开"另存为"对话框，在"文件名"文本框中输入要保存图片的名称，在"保存类型"下拉列表中选择"JPEG（*.jpg）"选项。单击"保存"按钮，即可将图片保存到该文件夹下。

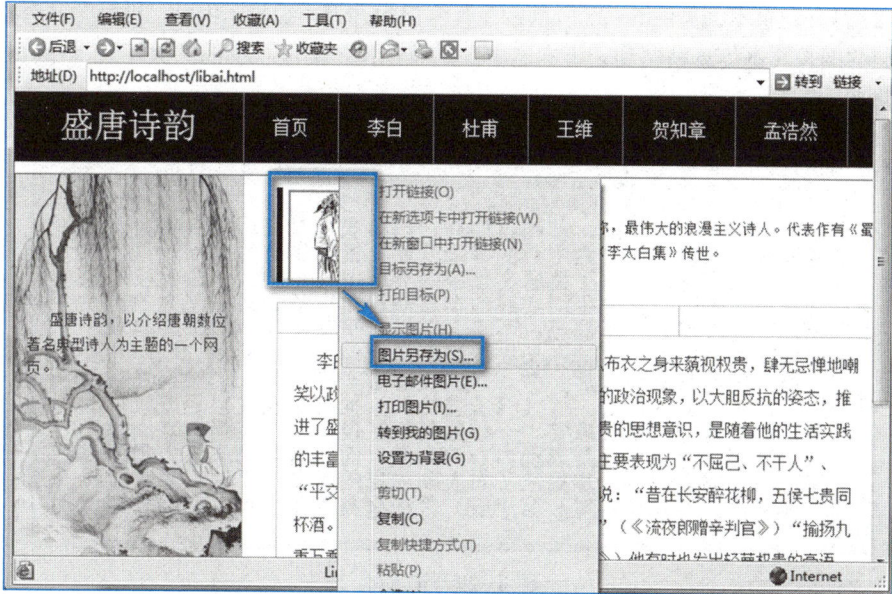

图 6-25　选择"图片另存为"

## 2. 保存网页上的文字

在浏览网页时，不仅可以保存图片，还可以将网页的文字下载下来。

**步骤 1**：打开一个包含文本信息的网页，选中需要复制的文本信息，单击鼠标右键，在弹出的快捷菜单中选择"复制"，如图 6-26 所示。或者按 Ctrl + C 键复制。

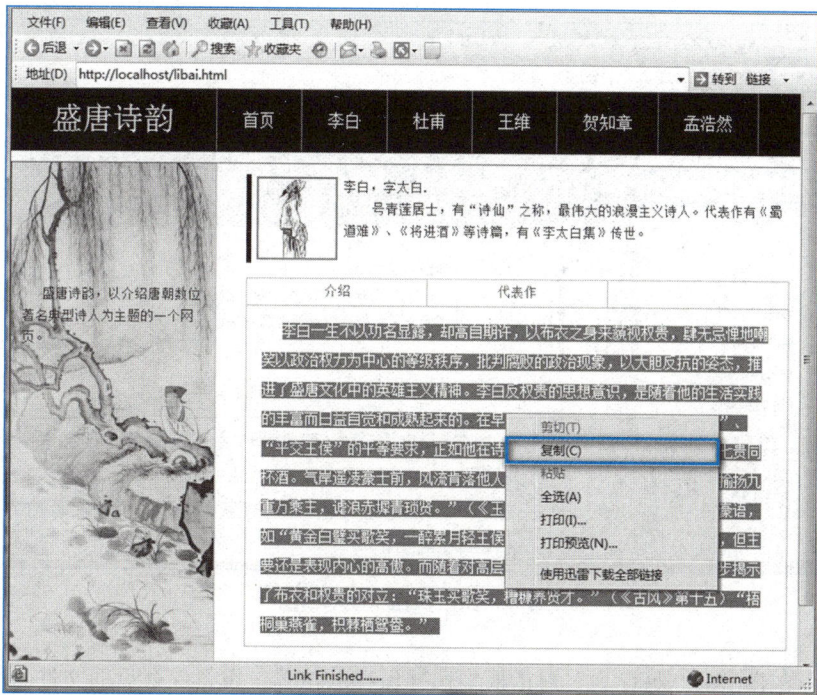

图 6-26　选择"复制"

**步骤2**：打开记事本，如图6-27所示，在其窗口中选择"编辑"中的"粘贴"或者按Ctrl＋V键，将复制的网页文本信息粘贴到记事本之中。然后选择"文件"中的"保存"，将网页中的文本信息保存起来。

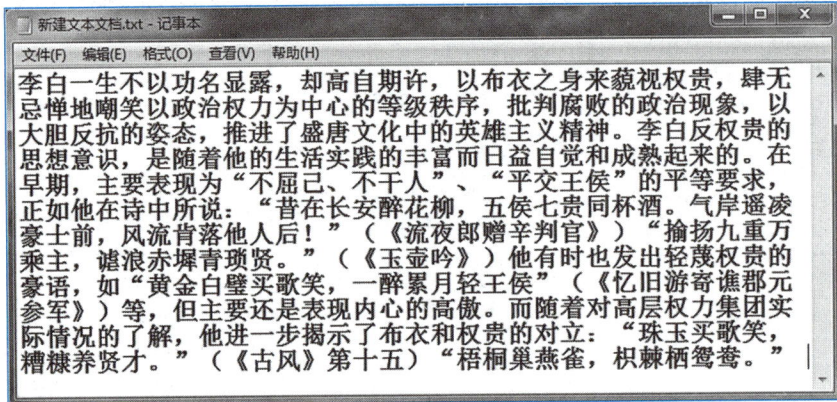

图6-27 记事本

### 3. 保存整个网页的内容

在浏览网页时，不仅可以保存部分内容（如文本、图形或链接），还可以保存整个网页。保存后，用户可以在其他文档中使用它们，也可以通过电子邮件将网页作为附件发送给其他用户。

**步骤1**：单击"文件"，在弹出的下拉菜单中选择"另存为"，如图6-28所示。

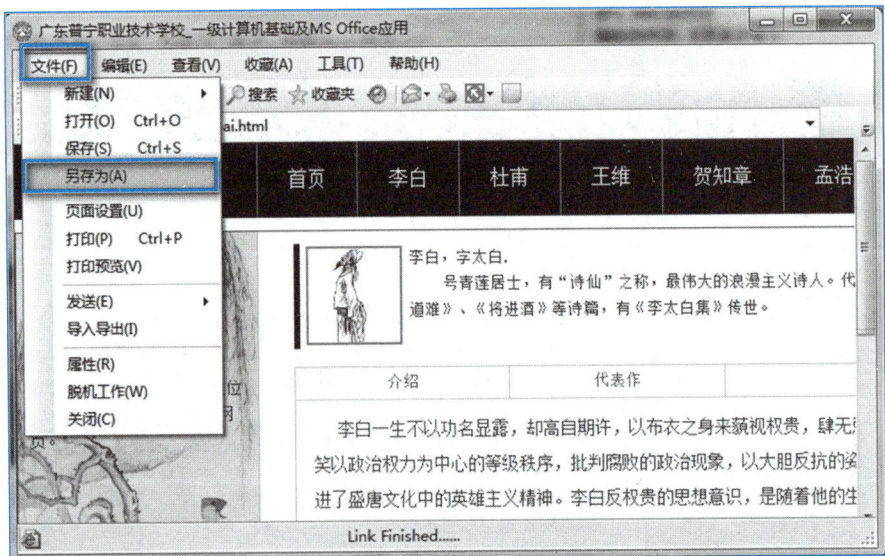

图6-28 选择"另存为"

**步骤2**：在弹出的"另存为"对话框中选择保存的位置，设置保存后的文件名及保存类型，单击"保存"按钮后即可将网页保存在计算机磁盘中，如图6-29所示。

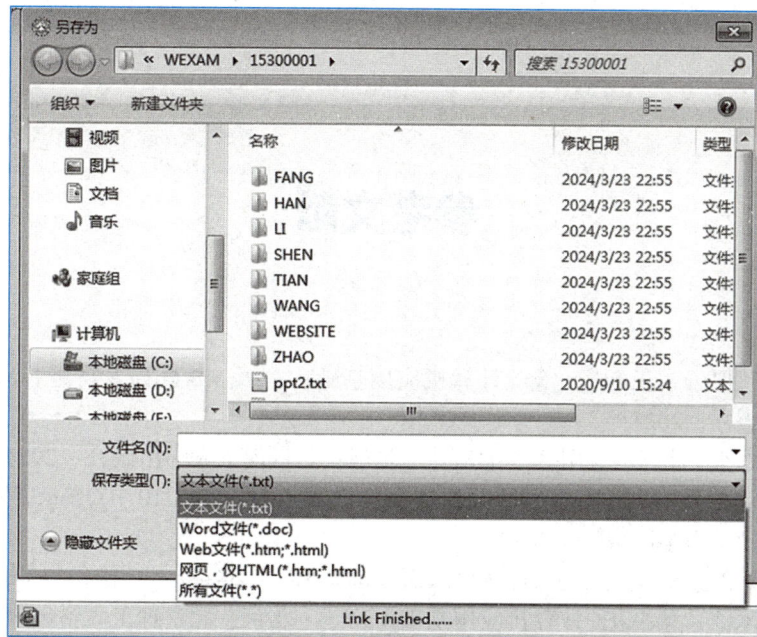

图 6-29　保存整个网页

## 项目小结

　　本项目介绍了使用浏览器上网并查询和下载网上的信息资源等操作。通过对本项目的学习，应掌握以下知识点：

（1）熟悉 IE 浏览器的界面。

（2）使用 IE 浏览器上网浏览信息。

（3）保存和下载网上的信息资源。

# 参考文献

［1］ 陈晓静，解厚云，王嫄嫄，等.计算机应用基础：一级 MS Office 教程［M］.北京：电子工业出版社，2021.

［2］ 石忠，杜少杰.计算机应用基础［M］.北京：北京理工大学出版社，2021.

［3］ 戴春平，涂锐伟.计算机应用基础任务驱动教程：Windows 10 + Office 2016［M］.北京：北京理工大学出版社，2023.

［4］ 秦金磊，李静，王桂兰，等.计算机应用基础［M］.北京：北京邮电大学出版社，2023.

［5］ 黄侃，刘冰洁，黄小花.计算机应用基础［M］.北京：北京理工大学出版社，2021.